JN004496

橋本努［編著］
Hashimoto Tsutomu

ロスト欲望社会

消費社会の倫理と文化はどこへ向かうのか

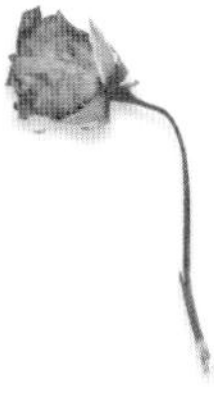

勁草書房

ロスト欲望社会——消費社会の倫理と文化はどこへ向かうのか

目次

目次

序章　消費社会はどこへ向かっているのか?

橋本　努

はじめに

私たちの消費社会は、どこへ向かっているのだろうか。

資本主義の成熟とともに、日本では多様な消費文化[1]が花開いてきた。けれどもその文化は消費主義とも呼ばれ、批判の対象にもなっている。豊かな社会のなかで、消費の文化は成熟していない。もっと賢い消費のスタイルがあるはずではないか。もっと理想的な消費生活があるはずではないか。……

消費社会論はこれまで、このような問題関心から、未熟な消費生活を克服するためのさまざまな方法を探究してきた。では成熟した消費社会とは、どのようなものか。本書はこの問題に、さまざまな角度から応じている。導入となる本章では、戦後日本の消費文化を振り返りながら、現代の消費社会を論じるための「思考の枠組み」を示したい。私たちの消費社会は、消費批判とともにあった。私たちの消費の快楽は、その快楽に対する批判的な吟味とともにあった。けれども時代が変われば、消費社会に対する有効な批判も変化する。時代とともに、消費の快楽も変化する。その変化を歴史的に整理しながら、私たちの消費社会の未来を展望してみたい。

1　三つの消費文化

出発点として参照したいのは、消費社会論の大著を著わした間々田孝夫の研究である。間々田によれば、これまでの消費文化、とりわけ戦後日本の消費文化には、大きく分けて三つの段階があった。第一は「機能的価値」を満たす消費文化、第二は「他者や集団や社会との関係を調整する」消費文化、そして第三は「文化的価値を深く追求しようとする」消費文化である。[2] これら三つの文化は、資本主義の発展のそれぞれのフェーズ（局面）であり、またそれぞれのフェーズの内部においても、これらの三つの文化は層をなしているとされる（表0－1を参照）。

以上の三つの区分は、おそらく、私たちが大枠で合意できるような、消費社会の変遷の構図であろう。三浦展も著書『第四の消費』で、類似の分類を示している。

三浦によれば、これまでの日本の消費社会には、四つのフェーズがあった。第一の消費社会（一九一二〜一九四一年）は、戦前の日本社会である。都市部を中心に、人口の一〜二割にあたる中流階級の人々が、洋風化した生活様式を楽しむようになった。これに対して戦後の日本社会は、第二・第三・第四の消費文化という三つの時期に区別することができる（表0－2を参照）。

第二の消費社会（一九四五〜一九七四年）は、工業化によって大量生産品が普及していく時代である。とりわけ昭和三〇年代（一九五五〜六四年）には、洗濯機、冷蔵庫、テレビという「三種の神器」が普及し、続いて3C（カー、クーラー、カラーテレビ）が普及した。

第三の消費社会（一九七五〜二〇〇四年）は、消費の単位が家族から個人へと変化した時代である。一人で食事し

表０-１　三つの消費文化

第一の消費文化	第二の消費文化	第三の消費文化
住居関係、耐久消費財の家庭用品（冷蔵庫、洗濯機）、大量生産のパン、スーパーマーケット、マクドナルド、便利さとスピード、合理化、効率化、機能性	顕示的消費、被服・履物、貴金属製品、海外高級ブランド、エステサロン、成金趣味、記号的消費、差異化、キッチュ、派手、流行、ディズニーランド	教養娯楽（書籍、映画、美術館、博物館）、趣味的消費、精神的癒し、探検的関心（旅行）、伝統的手工芸品、エコ（リサイクル、自然食品）、創作、スローライフ

出典：間々田［2016: 334-337、表５-１］を参考に筆者作成。

表０-２　消費文化の三段階

	1945-1974	1975-2004	2005-2034
国民の価値観	消費は私有主義だが、家、会社重視	私有主義かつ個人重視	シェア志向 社会重視
消費の傾向	大量消費／大きいことはいいことだ／大都市志向／アメリカ志向	個性化／多様化／差別化／ブランド志向／大都市志向／ヨーロッパ志向	ノンブランド志向／シンプル志向／カジュアル志向／日本志向／地方志向
消費のテーマ	一家に一台／マイカー／マイホーム／三種の神器	量から質へ／一家に数台／一人一台／一人数台	つながり／数人一台／カーシェア／シェアハウス
消費の担い手	核家族 専業主婦	単身者 パラサイト・シングル	全世代のシングル化した個人

出典：三浦［2012: 33、図１-８］から一部抜粋と省略。

表０-３　消費社会の三段階とその批判の準拠点

近代への批判 【外部拠点】	ポスト近代への批判 【知的文化拠点（上部）】	ロスト近代への批判 【内部拠点】
大量で画一的な生産と消費に対する批判。市場と政府の外部にある親密圏・市民的活動域・生産単位としての家などを基点とした。	消費を通じた差異化やアイデンティティ消費の浅薄さに対する批判。高度文化（ハイカルチャー）を基点とした洗練化を目指した。	文化的成熟をめざす消費の実態に対する批判。市場および政府と融和する領域において、自分と同等の他者を媒介とする。

出典：筆者作成。

たりテレビを見たりすることに対応した商品が売れるようになった。

第四の消費社会（二〇〇五～二〇三四年）は、現代の消費社会である。それはノンブランド志向、シンプル志向、カジュアル志向、日本志向、地方志向、つながり、カーシェア、シェアハウスなどによって特徴づけられるという［三浦 2012: 18f］。

以上の間々田と三浦による整理は、細かい点では異なるが、戦後日本の消費社会を三つに区分する点では共通している。ここでこの三つの消費文化の区別を、私が拙著『ロスト近代』で提案した三つの時代区分、すなわち「近代／ポスト近代／ロスト近代」に当てはめて再解釈してみることにしよう。『ロスト近代』で私が関心を寄せたのは、それぞれの時代を駆動している主要な力であった。「近代／ポスト近代／ロスト近代」は、時代の駆動因という観点から、戦後日本社会を三つの局面に区別する枠組みである［橋本 2012: Ch.1］。

まず「近代」とは、ここでは、一九四五年から一九六〇年代にかけての日本社会である。その当時は、①システムの物象化、②人間の疎外（抑圧化）、③勤勉の倫理、④生産と交換の迂回路の発達、⑤現在をがまんする態度、という五つの要因によって、社会が駆動されていたとみることができる。これに対して「ポスト近代」とは、七〇年代から九〇年代中頃までの日本の社会である。この時期には、勤勉に働いて富を蓄積するという「近代コード」と、欲望を増殖させて消費対象を拡大するという「脱コード化」の二つが極となって、資本主義が駆動されていたとみることができる。最後に「ロスト近代」とは、九〇年代半ば以降の現代の日本社会である。ロスト近代においては、近代とポスト近代の駆動因が失速し、人びとはしだいに、欲望消費のバカバカしさに気づきはじめた。人々は自分の欲望を満たすことよりも、自然で本来的な経験や、自分の潜在能力を高めることに関心を向けはじめた。

この「近代／ポスト近代／ロスト近代」の三つの段階は、資本主義の駆動因の変化に注目して、戦後日本社会のフエーズを整理したものである。それぞれのフェーズの駆動因は、「欲求充足」、「欲望増幅」、「潜在的可能性の開発」と呼ぶことができる。近代の資本主義は、人々の欲求充足を駆動因としていた。ポスト近代の資本主義は、人々の欲望を増幅する装置を駆動因としていた。これらに対してロスト近代の資本主義は、人々の潜在的可能性を開発することを駆動因としてきたといえる。しかしそれぞれのフェーズの駆動因は、資本主義に対する批判とともにあった。私たちの資本主義文化と消費の文化は、批判とともに欲望の形態を変容させてきた。「近代／ポスト近代／ロスト近代」の区分に即して、消費文化批判のフェーズを捉えると、表0－3のようになるだろう。次節以下では、この表に示される三段階に即して、それぞれの時代の消費文化とその批判について考察したい。

2　近代の消費社会とその批判

まず「近代」の消費文化とその批判について検討しよう。ここで近代とは、まずもって大量生産・大量消費の社会である。日本では「三種の神器」の爆発的な普及によって特徴づけられる（図0－1を参照）。

大量生産・大量消費の社会は、それ以前の社会から、しだいに「家（オイコス）」における生産の役割を奪っていった。例えば衣服は、それ以前は家庭内で生産されたり修繕されたりしていた。裁縫の技術は「家」の不可欠な機能であった。ところが大量生産・大量消費社会が訪れると、衣服は店で買う（買い替える）ほうが便利になった（表0－4を参照）。すると家は、衣服の生産の一部を担うのではなく、もっぱら衣服を消費する単位《ユニット》へと貶められてしまった。[3] また、大量生産体制によって、大企業が市場を支配すると、私たちはその広告に惑わされて買い物をするようになった。デパートやショッピングモールができると、私たちはそこで長い時間を過ごすようになった。[4]

図 0 - 1　主要耐久財の普及率

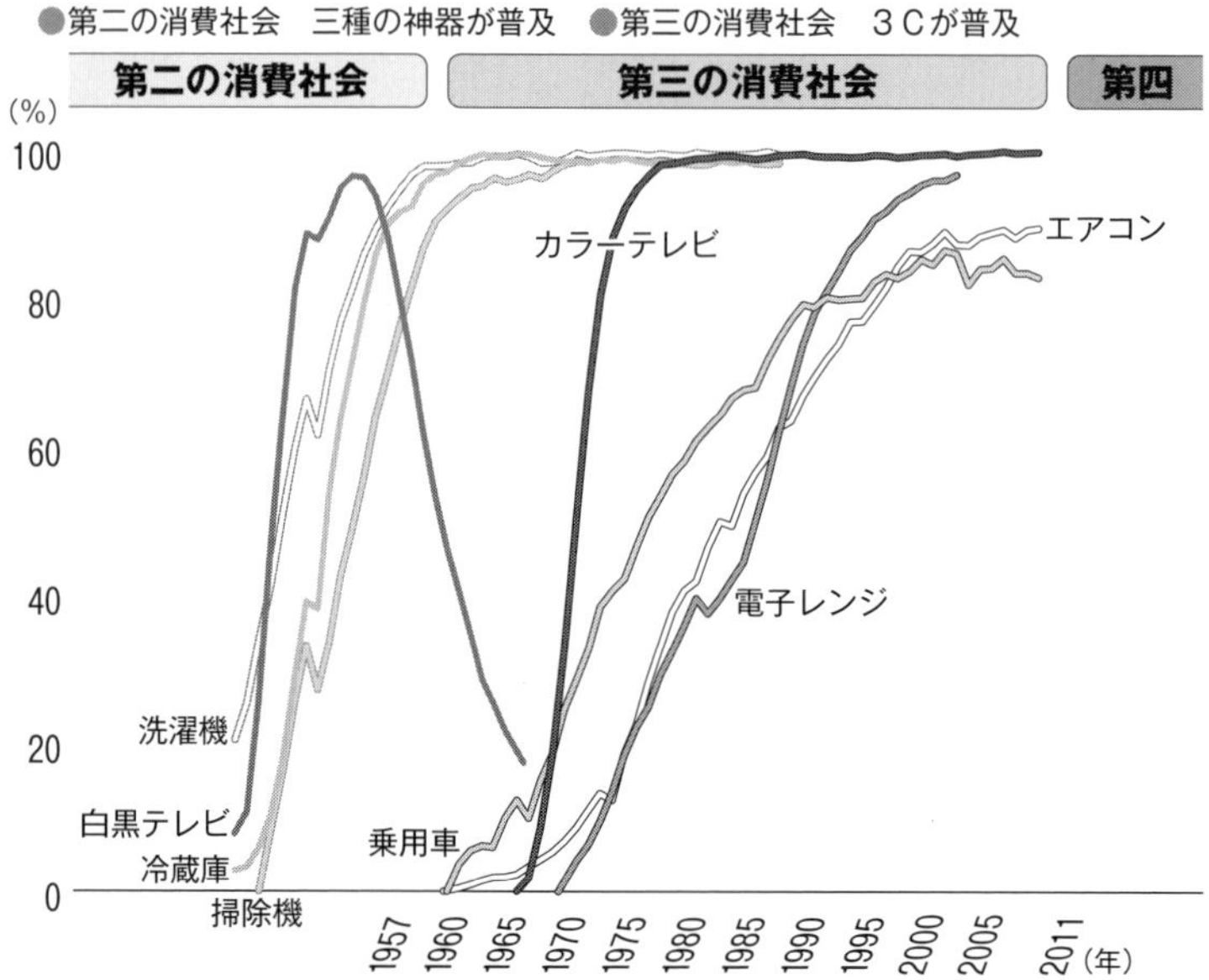

注：耐久消費財の普及率については、以下のホームページも参照。
https://www5.cao.go.jp/keizai3/keizaiwp/wp-je86/wp-je86bun-2-33z.html

出典：三浦［2012:23］より 2 つの図を 1 つにまとめた。

表 0 - 4　1960 年と 1970 年の「必需的な財」の比較

1960 年	1970 年
食料費	
米類	米類
麦雑穀　＊	
パン　＊	
めん・その他	めん・その他
	肉類　＊＊
葉茎類	葉茎類
根菜	根菜
他の野菜	他の野菜
加工食品	加工食品
調味料	調味料
菓子	菓子
果物	果物
	飲料　＊＊
被服費	
	和服　＊＊
	シャツ・下着　＊＊
生地糸類　＊	
履物　＊	
他の被服費	他の被服費

注：＊は、1960 年には必需的であったが 1970 年にはそうではなくなったもの。＊＊は、1960 年には必需的ではなかったが、1970 年には必需的になったもの。ここで「必需的な財」とは、総務庁（当時は総理庁）統計局で作成されたもので、最低必要量がゼロ以上であり、またどんなに価格が高くなっても最低必要な正の消費量が存在するものを指す。『家計調査』参照。1970 年になると、食料費においては、雑穀類やパンという費目が必需的なものではなくなり、代わって肉や飲料（非アルコール）が必需的なものになった。また被服費においては、1970 年になると、布や糸（生地糸類）が必需的なものではなくなり、代わってシャツや下着が必需的なものになった。これは、家庭内で布を加工して服を作るという生産スタイルが失われ、小売店で商品としてシャツや下着を買う生活のスタイルへと移ったことを示している。

出典：牧［1998: 64］の表を基に、一部抜粋して作成。

このように「近代」においては、家の生産機能が縮小し、大企業の広告によって欲望が操られるようになった。こうした近代の社会において、消費文化を批判する準拠点は、なによりもガルブレイスの「依存効果」論に求められた[ガルブレイス 1960：邦訳 199-210]。ガルブレイスは、人々が大企業の生産物とその宣伝に依存することなく、自律的に判断して消費する社会が望ましいと考えた。しかし私たちの自律的な判断力は、社会の中でどのようにして育まれるのだろうか。当時の人々は、そのための基盤を、人々が互いに人格的な関係を結ぶ「（市場でも政府でもない）第三領域」、すなわち、家族や市民団体や地域社会などにおけるコミュニケーションに求めた。近代的で大規模な市場・企業組織・政府組織においては、人々のコミュニケーションは疎外されている。これに対して第三領域においては、大規模な組織に支配されない豊かなコミュニケーションを取り戻すことができる。そのような期待から、第三領域を基点とする消費社会批判が、当時の批判言説とオルタナティヴ実践を主導した。例えばその当時、大量生産・大量消費社会がもたらす負の側面を克服するために、次のような取り組みが生まれた。

（a）手芸やＤＩＹや家政学を通じた「家（オイコス）」の自律機能の回復
（b）商品に対する批判的評価の提供
（c）生協や有機農産物の産消提携団体を通じた、代替的な生産・消費・流通関係の構築

（a）は「家（オイコス）」、（b）は「消費者団体／雑誌」、（c）は「生産－消費団体」をそれぞれ立脚点としている。総じていえば、近代の社会においては、大量生産・大量消費に代わる理想のコミュニケーションを、家や市民団体などの、市場と政府の「外部（すなわち第三領域）」に築くことが共通の関心になっていた。

本書第3章（神野論文）が示すように、近代において家の機能の多くを担ったのは、専業主婦であった。当時は男性が稼いで女性が家を切り盛りするという、性別役割分業が顕著であった。専業主婦の人口は一九七〇年代にピークに達しているが、専業主婦は、家事労働や育児をする一方で、余った時間を趣味に費やすことが社会的に推奨されていた[6]。生け花や茶道などの上流階級がたしなむ趣味のほか、料理や手芸といった中産階級の家庭生活を彩る趣味も流行した。大量生産以前の社会においては、専業主婦たちは、衣服を修繕するという家内生産に従事した。ところが大量生産とともに、安価な衣服が入手できるようになると、衣服を修繕する必要性がなくなり、その代わりに余暇を楽しむ手芸が流行した。手芸は、モノを作るという意味では生産的な活動であるが、余暇を楽しむという意味では非生産的な活動である。手芸作品はやがてマーケットで売られるようになり、新たに「ハンドメイド」という言葉で語られるようになる。しかしその当時、一九八〇年代までの手芸作品は、市場で売ることが道徳的に望ましくないものとみなされていた。市場で売るために作るのでは、生産物からの疎外が生じてしまう。生産したものはあくまでも自分で享受することが道徳的に正しいとみなされた。むろん手芸は、「家」が経済的に自給自足するために営まれるわけではない。しかし趣味としての手芸は、市場から独立した一つの文化拠点となった。大量生産・大量消費社会のなかで、大企業主導の消費文化に依存せず、家を基盤に消費文化を築くためのすぐれた営みが、手芸であった。

第二に、近代においては、消費者団体という第三領域の活動も、消費社会批判の拠点となった。本書第4章（丸山論文）が示すように、消費者団体は、商品テストを通じて、過剰な宣伝を批判したり、悪質な生産・販売を訴えたりするという、消費者を啓発する取り組みを展開した。例えば、雑誌『月刊消費者』（日本消費者協会発行）や『たしかな目』（国民生活センター発行）などは、商品テストの役割を担ってきた。日本消費者協会は、組織の性格としては、財団法人（一九六一年設立、現在は「一般財団法人」）である。これに対して国民センターは、法の整備とともに生まれた特殊法人（一九七〇年設立）である。いずれも政府と市場から独立した、広い意味での市民団体と言えるだろう。日本ではこうした第三領域における団体が中心となって、消費社会の動向を批判的に監視してきた。しかし日本ではこの種の消費者団体が果たした社会的な役割は、それほど大きなものではなかった。これに対して『暮らしの手帖』（一九四八〜）や『通販生活』（一九八二〜）などの商品テスト／商品批判を含んだ雑誌は、一定の成果を収めた。人々はこれらの雑誌を市場を通じて購入し、商品に関するさまざまな知識を得た。これらの雑誌の流通は、批判の観点から必ずしも市場と政府の外部にあるのではなく、むしろ市場の内部に立脚していたことを示している。

第三に、近代においては、生活協同組合や産消提携団体などの消費者グループが、代替的な生産・流通・消費の運動を展開してきた。各種の生活協同組合は、市場で良質な商品を適正な価格で買うための「共同購入」を展開した。また本書第5章（根本論文）が示すように、「安全な食べ物をつくって食べる会」や「所沢生活村」などは、共同購入を超えて、生産者と消費者が顔の見える関係を築くという「産消提携」運動を展開した。例えば、消費者が実際に農作物の生産や流通や販売に関与・従事したり、生産者と親睦を深めて自給のための農場を築いたりした。こうしたオルタナティヴな試みは、市場経済における疎外を克服して、新しい人間的な関係を築こうとするものであった。産消提携団体は、政府と市場の両方から独立した第三の領域に、消費生活の基盤を築いていった。

産消提携運動は、自らが消費するものが、どこでどのように生産されているのかを知り、消費者もその当事者として生産状況や環境に配慮する実践でもあった。この「消費を通じて消費者が環境や適正な労働条件を買い支える」という思想は、日本における環境消費運動や倫理的《エシカル》消費の先駆けでもあり、この時代を代表する消費者団体の「生活クラブ（正式には「生活クラブ事業連合生活協同組合連合会」）に影響を与えている。[7]

「生活クラブ」は一九六五年に、東京都の世田谷区で結成された。当初は、牛乳の共同購入を試みた。一九七二年になると、独自規格の消費材開発を手掛けるようになる。その第一号は「天然みそ」であった。一九七四年には第二の独自消費材となる「粉せっけん」が生まれ、石けん運動[8]が本格化した。

生活クラブでは、組合員は、「商品を買うお客さん」ではなく、「出資・利用・運営」に参加する生協の構成員とみなされる。組合員からの意見を反映して、組合員の主導で「消費材」（商品）の開発を行う。その場合、「消費財」ではなく「消費材」と表現するのは、組合員が自分たちの望むものを生産者に作ってもらう一方で、生産者の持続的な生産を支える義務を負うという、人間的な関係を築くことが目的とされたためであった。生活クラブはこのように、自らのビジネスを「通常の市場の外部」に位置づけた。

生活クラブの顧問の河野栄次によると、一九七〇年代の生活クラブでは、次のような「消費材と消費材生産者の要件」が提案された（のちに「生活クラブの消費材一〇原則」となり、項目や表現も変わるが、基本的な考え方は変わっていない［小澤 2019: 56–57］）。

①　消費者が真に求める「必要」を充足し、社会的に公正で有用なものでなければ存在価値はありません。
②　使用価値を追求したもの
③　生産者の再生産を保障する適正価格であること
④　原材料・生産工程・流通・廃棄のすべての段階における情報公開
⑤　生活に「有用」であり、身体に「安全」であり、環境に「健全」であるもの
⑥　生産者と消費者の対等互恵と相互理解と連帯の条件があること
⑦　国内自給と自然循環の追求——世界の有限な食糧・資源を横取りしたり搾取することをせず、いま以上の「飢

え」と地球資源の危機を拡大しない。

以上の提案は、現代においても色あせていないようにみえる。これらの原則は、「二一世紀になってようやく一般化するようになった企業の社会的責任や、二〇一五年に国連が採択した「持続可能な開発目標（ＳＤＧｓ）」にある「持続可能な消費」の概念を先取りしている」とみることもできる［小澤 2019：57］。生活クラブは、一九七〇年代のオルタナティヴ運動の、一つの成功例といえるだろう。二〇一八年一一月には加入者が四〇万人（世帯）を突破し、ここ数年は、年率三～四％の割合で会員が増えている。[9] 現代における生活クラブの成功は、消費者が生産者の持続的な生産を支えるという考え方が、しだいに市場を通じたやり方に変化してきたからかもしれない。言い換えれば、生活クラブは市場の外部ではなく、しだいに倫理化する市場の内部で発展してきたといえるかもしれない。この市場の倫理化については、以下の第四節で検討したい。

3　ポスト近代の消費社会とその批判

一九七〇年代になると、近代社会はしだいにその構造を変化させて、ポスト近代社会へと移行する。ここで「ポスト近代」の消費社会とは、記号消費が全般化した社会のことである。人々は、商品（モノ）の機能がもたらす効用よりも、商品に付随する記号の意味に敏感となり、その意味に対して追加的なお金を支払うようになった。例えば人は、ある衣服のデザインが、他者との差異を通じて「自分の個性を表現する手段になる」という理由で買うようになった。こうした消費を「記号消費」ないし「差異の消費」と呼ぶ。例えば一九七〇年のＣＭ「モーレッツからビューティフルへ」（富士ゼロックス）は、働きすぎの文化から美しい消費の文化へと移行する時期を、象徴するものであった。

記号消費がしだいに全般化すると、消費社会に対する批判は、その未熟さに向けられた。記号消費それ自体が悪いのではない。知識人や文化人のように、十分な教養に裏づけられた美的判断力を伴うのであれば、記号消費はよいものとみなされた。反対に、贅沢だが洗練されていない消費は批判の対象になった。

この時期を代表する著作に、山崎正和著『柔らかい個人主義の誕生』（一九八四年）がある。山崎によれば、かつて（近代において）青年たちを駆り立てていたのは、第一に自立した生活への願望であり、第二に性への欲望であったが、すでにどちらも容易に満たすことができるようになった。（ポスト近代という）新しい時代に求められているのは、物質的な欲望の充足ではなく、精神的な欲望の充足である。それはまずもって、自分の欲望をオープンにしながら、しなやかな美的趣味を養っていくことである。そこで山崎が提案したのは、モノの消耗を遅らせることに、満足を見出す試みであった。例えば読書の仕方について、「生産的な読書法」という効率重視の読み方がある。しかしそのような読み方をやめて、例えば推理小説の結末にじらされながらも、一つの小説を味わって読んだほうがいい。あるいはまた、おいしい料理を最短時間で作るのではなく、時間を気にせず、五感を使って料理することを楽しんだほうがいい。このように欲望の充足を引きのばすと、私たちは、洗練された精神的満足を得ることができる。山崎はこのように、私たちの消費スタイルを成熟させることに目を向けた。山崎の消費社会批判は、市場を通じた消費社会をその外部から批判するのではなく、いわば市場社会の上部、すなわち、精神的な欲望を満たすために市場を利用するという発想に導かれていた。

ポスト近代において、消費スタイルを洗練させるためのもう一つの視点は、「豊かさとは何か」という問題関心から生まれた。ベストセラーとなった暉峻《てるおか》淑子《いつこ》著『豊かさとは何か』（一九八九年）は、日本におけるポスト近代消費社会の未熟さを、西ドイツの社会を基点に批判した。暉峻は、一九八六年から一年間、西ドイツに滞在する。そのときの経験から、ベルリンの町の美しさに比して日本の町並みが汚いことを嘆いている。ベルリンでは、道路には自転車のための道があり、住宅は道路からずっと退《しさ》って建てられ、木の陰に隠れている。地域ごとに、建物の高さや、いけ垣や、窓にかけられる真っ白なカーテンなどが美的に調和して、なんとも落ち着いた美しい町である。これに対して日本の町並みは、無政府的な土地政策のために、ゴミ箱をひっくり返したような状態である。しかも日本では地価が高騰しており、それぞれの土地にめいっぱい建物が立てられている。日本はその当時、一人当たり名目ＧＤＰでアメリカを追い越したとはいえ、日本人はずっと不自由である、と暉峻は論じたのであった［暉峻 1989: 23-24］。

暉峻の日本社会批判は、日本よりも進んだ先進国の文化と、それを熟知する知識人の「知」を拠点としていた。その視点は、市場や政府の外部というよりも、市場や政府をもっとうまく活用するための啓蒙という意味で、市場と政府の上部、すなわち、文化的に洗練された市場と政府の営みに置かれたと言えるだろう。

このようにポスト近代においては、洗練された市場や、洗練された政府の営み（例えば町づくり）が基点となって、粗野な消費のスタイルが批判された。同時にポスト近代においては、「近代」の消費文化を批判する三つの準拠点――すなわち、（a）「家（オイコス）」の自律性、（b）消費者団体による批判的監視、（c）生活協同組合や産消提携団体によるオルタナティヴ経済――はいずれも、批判の準拠点としては失速した。ポスト近代の消費社会は、記号消費の社会であり、それは同時に、その営みに対する批判を糧にして、文化の成熟を目指す社会でもあった。消費社会批判は、批判の立脚点を消費社会の上部に置くことで、時代をけん引する学問となった。[10] 消費社会論は、自己表現やライフスタイルを文化的に洗練させたいという人々の関心を捉えた。ところがバブル経済が崩壊して、一九九〇年代半ば頃から日本経済が失速すると、時代のモードは「ポスト近代」から「ロスト近代」へと移っていく。次節では、ロスト近代における消費社会とその批判について検討しよう。

4　ロスト近代の消費社会とその批判

ここで「ロスト近代」とは、欲望によって駆動される「ポスト近代」に代わって、諸個人が自分の潜在的可能性に関心を向けるようになった社会である。言い換えれば、人々の潜在的可能性の増大によって、資本主義が駆動されるような社会である。[11] ロスト近代においては、人々は、成熟した消費文化を担うことよりも、自分の潜在能力への関心を自然環境への関心と共振させて、これまでの消費行動を見直すようになった。一つには、バブル経済（八〇年代後半〜九〇年代初頭）が崩壊して以降、勤労世帯の実質可処分所得の伸び率がほぼゼロになったという現実がある。人々は消費を通じた文化的成熟よりも、自然環境に関心を向けるようになった。

他方でロスト近代においては、社会の複雑化とともに、「市場」と「政府」と「第三領域（家庭・市民活動・地域社会）」の三つが相互に浸透していく。例えば、図書館や体育館などの政府サービスは、市場を媒介にして、ＮＰＯ団体が提供するようになった。このように市場と政府と第三領域が相互に浸透すると、消費社会を批判する準拠点は、市場と政府の外部にあった「第三領域」から、市場と政府の内部領域へと移行していく。正確に言えば、第三領域そのものが市場や政府と敵対せずに、むしろ連携する方向に変容していく。ロスト近代おいては、例えば、次のようなことが生じた。

（ａ）「家（オイコス）」の変容

（ａ－１）市場と融和する家（オイコス）：家の営みの一部は、市場融和的になった。例えば「手芸」は

「ハンドメイド」という名称に変わり、ハンドメイドの生産物は市場で売られるようになった。それまで生産者は、モノを売ることに抵抗を感じていたが、しだいに自分の生産物の販売を通じて、人格的に承認される感覚を手にした。

（a－2）非日常の演出からシンプルな日常へ：家（オイコス）の営みに「用の美」を提案する無印良品のような企業が、日本発のグローバルな消費文化を築くようになった。それまでのブランド商品による記号消費やアイデンティティ消費に代わって、「シンプルな良さ」を特徴とする消費文化が支配的となった。

（b）「消費者団体」の変容

（b－1）政府と融和する市民団体：従来、日本の消費者団体は、訴訟を起こす権利をもたなかった。しかし二〇〇七年に「適格消費者団体」が結成されると、消費者被害の未然防止や被害回復などの政府業務は消費団体へ委託され、政府と消費団体が相互浸透していく。

（b－2）政府に代わる「下からの啓蒙①」――市民団体：政府の施策だけでは克服困難な環境問題として、例えば海洋プラスチックの問題がある。環境をめぐる難題に対しては、政府による対応だけでなく、企業や市民が「下からの啓蒙」を企てる道が模索されている。

（c）代替的な生産・消費・流通関係の変容

（c－1）市場と融和する市民的消費運動：生協やフェアトレードは、企業名への信頼や認証システムなどに媒介され、市場を通じて、環境にやさしいオルタナティヴ商品を提供するようになった。

（c－2）　企業に代わる「下からの啓蒙②」――消費者行動：人々は商品の購買に際して、企業の広告よりも、普通の市民が発信するネット情報に影響されるようになった。消費者は、下からの啓蒙によって、オルタナティヴな商品を見つけるようになった。

以上の整理を別の視点からまとめると、ロスト近代における消費文化のオルタナティヴは、第一に、市場や政府と融和する仕方で営まれ（a－1、b－1、c－1）、第二に、非日常の演出よりもシンプルな日常へと関心を移し（a－2）、第三に、下からの啓蒙へと基点を移した（あるいは移すことが模索されている）（b－2、c－2）、といえる。以下ではこれら三つの変化について、具体的に検討したい。

（1）　批判の基点の内部化

三浦展の整理を援用すれば、私たちの「ロスト近代」社会は、それ以前の「ポスト近代」社会から、次のように変化してきたといえる［三浦 2012: 140］。①個人志向から社会志向へ、利己主義から利他主義へ、②私有主義からシェア志向へ、③ブランド志向からシンプル・カジュアル志向へ、④欧米志向、都会志向、自分らしさから日本志向、地方志向へ（集中から分散へ）、⑤「物からサービスへ」の本格化、あるいは人の重視へ。以上の五つである。

このうち、①と②は、消費文化に対する批判の基点を、市場に内部化する変化であるといえる。従来、市場は、利己的で個人主義的な欲求を充足する手段とみなされてきた。利他的な行為や共同的・倫理的な行為は、適切な市場価格を付けることができず、したがって市場の外部でのみ実現しうるとみなされてきた。ところが九〇年代後半以降になると、人々は倫理的な価値が市場を通じて実現できることを理解するようになった。例えば私たちは、フェアトレード商品の購入を通じて、他国の労働者の労働環境を、倫理的に支えることができるようになった。また私たちは、ボランティア活動をした際に、そのお礼を地域通貨で受け取ることに抵抗感がなくなってきた。あるいは私たちは、アパートや自動車などを、市場を通じてシェアすることに抵抗感がなくなってきた。こうした変化を思想的に表現すれば、市場社会は、マンデヴィル的な「私欲と社会的名声への欲望によって突き動かされる社会」から、「倫理的なつながりに快楽を感じる社会」へ転換されてきたと言えるだろう。

　このように、ロスト近代に生まれた消費文化は、人間の欲望を高次化したと言えるかもしれない。狭隘なエゴ（我欲・私欲）を満たす欲望消費から、精神的な欲求を満たす消費への変化をもたらしたといえるかもしれない。倫理的・道徳的に高次の配慮をめぐらす利他主義、経験を通じて学習したいという精神的・人間的欲求、他者とシェアすることで資源を有効に活用するという配慮、シェアを通じて他者と共生する調和志向、他者を圧倒する顕示的消費ではなく質素な生活を示す消費、人間的な魅力を増すことで他人に影響を与えようとする関心（経験を積むことへの関心）、環境への配慮と環境を重視する伝統的な日本文化への敬意、等々。このような関心は、ロスト近代の消費文化において、しだいに育まれてきた。

　ロスト近代の消費文化においては、倫理や道徳が市場と融和的になる。すでに触れたように、近代において専業主婦たちが築いた手芸の文化は、家庭内での趣味に留まっていたが、その後しだいに「ハンドメイド」という言葉に置き換えられて、市場で売り買いされるようになった（本書第3章、神野論文参照）。それまでの手芸作品は、自分の家のなかに飾られることを目的としていた。ところがロスト近代になると、関連する雑誌の特集記事の傾向として、そのようなテーマは少なくなり、代わって女性が外出時に身につけるアクセサリーに関する記事が増え始めた。〇〇年代には、フリーマーケットで作家性の高いアクセサリーが売られるようになり、一〇年代になると、今度はネット販売を通じて、ハンドメイドの作品が売られるようになる。ハンドメイドの作品は、作り手にとってそれほど儲けになるわけではない。それでも作り手は、買う側から人格的に評価される。買い手はハンドメイドの作品を、たんに身につけたいと思うだけでなく、作品の作り手に敬意《レスペクト》を表したいという倫理的な動機を抱いている。売り手と買い手のあいだには、人格の承認関係がある。これは消費社会の倫理的な成熟を示す一つの事例であろう。

市場の倫理的成熟を示す他の事例は、フェアトレード（公正な交易）である。フェアトレードとは、先進国の消費者が、途上国の労働者たちがおかれた劣悪な労働環境や賃金を配慮して、労働環境や学習環境の改善のための費用を込みで、輸入する商品に対して公正な支払いをすることをいう。例えば、コーヒー、バナナ、カカオのような商品に対して、労働者を搾取しない価格を支払うというフェアトレードの運動は、欧州ではすでに一九六〇年代から始まっていた。日本では九〇年代ごろから流行となり、二〇〇二年にはスターバックス、二〇〇三年にはイオンのスーパーで、それぞれフェアトレードのコーヒーが売られるようになった。こうした商品を買う消費者は、市民的な意識の高い人であると思われるかもしれないが、ある調査によれば、フェアトレード商品を買う際の消費者の動機は、政治への関心や弱者への配慮といったものではなく、自分のライフスタイルをよくしたいという関心に支えられている［畑山 2015, 2016］。フェアトレードは、知識人や文化人が上から啓蒙する市民的な活動ではなく、人々が倫理的な事柄を自分の自己実現のなかに織り込んで、個性的なライフスタイルを構築したいという関心に支えられている。フェアトレードの流行は、人々が消費社会批判の視点を内面化して、倫理的な消費社会の構築に積極的になったことを示しているだろう。

またロスト近代においては、市民の消費者運動も、市場や政府と融和的になってきた。それ以前の「近代」における消費者運動は、市場と政府の外部を基点としていた。例えば一九六一年に発足した日本消費者協会は、独自に商品テストを実施した。当時は、表示と商品内容が食い違った「ニセ牛缶事件（一九六〇年）」、睡眠薬や胃腸薬の成分で奇形児の発生が報告された「サリドマイド事件（一九五八～一九六二年）」、食用油にダイオキシン類が混入した「カネミ油症事件（一九六八年）」などが生じていた。こうした事件を受けて、被害者団体や消費者団体は、独立した立場から事業者に抗議するとともに、行政側の対応を求めて活発に運動を展開した［古谷 2017: 64］。

ところが一九六八年に「消費者保護基本法」が制定されると、こうした問題への対応は、政府が事業者に対する規制を通じて行うべきだという考え方が明確に示され、消費者団体は、消費者の権利を守るための法的訴訟権を持たないことが明らかとなった。例えばその当時、保護すべき消費者の利益は、「政府による事業者規制の反射的利益」にすぎないとする判決がいくつか下されている。東京の消費者団体（主婦連合会）が無果汁ジュースの表示をめぐって起こした訴訟（ジュース表示事件）では、最高裁は、「消費者は公正取引委員会の表示規制によって反射的に利益を受けるにすぎない」として、消費者団体は訴えを起こす原告としては適格ではないという見方が示された。これはつまり、日本の消費者団体は、市場にも政府にも依存しない活動基盤をもつ一方で、その社会的役割は、法的には未成熟なものにとどまったことを意味するだろう。

しかし時代が下り、新たに「消費者基本法」（二〇〇四年）が制定されると、消費者は政府から保護される対象ではなく、自律した主体とみなされるようになる。二〇〇五年には「消費者契約法」が改正され、「適格消費者団体」（ＮＰＯ法人。現在、二二団体ある）制度が導入された（二〇〇七年）。この制度によって、国から指定された適格消費者団体は、事業者に対して差し止め請求をする権利を手に入れた［岩本 2013: 21-39］。この訴訟権によって、同団体は、消費者問題を主体的に解決することができるようになった。

けれどもこの適格消費者団体の設立は、第三領域を基盤に活動する消費者団体を法権利の観点から自律させる一方で、本来であれば、政府が引き受けるべき仕事（例えば、賃貸契約をめぐる訴訟への対応など）の一部を、消費者団体に任せたという面もある。政府は、ますます複雑化する消費者問題に対応するために、実態把握のための調査については同団体に委託しつつ、訴訟に関わる業務については同団体の自主的な活動に委ねるという、委託と自律の二重システムを構築した。それまでの政府は、半官半民の消費者協会を各自治体に組織して、消費者啓発や商品テストに取り組んできたが、適格消費者団体においては、同団体を権利の面で自律させつつ、政府がなすべき業務を委ねるという、政府と市民組織の高度な相互浸透がみられる。[12]

こうした制度変革と並行して、政府は二〇〇九年に消費者庁を創設し、消費者行政サービスを集約化した。それ以降、各種の消費者団体のメンバーは、従来の審議会への参加に加えて、政府の消費者政策に深くかかわる機会を手にするようになる。例えば、内閣府の消費者委員会委員あるいは当時の全国消費者団体連絡会の事務局長は、二〇一二年から二年間、消費者庁長官に就任している［古谷 2017: 68］。このような変化もまた、消費者団体が政府との連携を強めて相互浸透を遂げたことを示しているだろう。消費者団体の批判の基点は、政府に内部化されるようになった。

（2）文化的成熟から自然志向へ

次に、ロスト近代における消費文化の第二の特徴をみてみよう。先に挙げた三浦展の「第三の消費社会」から「第四の消費社会」への変化のうち、「(3)ブランド志向からシンプル・カジュアル志向へ」および「(4)欧米志向、都会志向、自分らしさから日本志向、地方志向へ（集中から分散へ）」は、消費において自然らしさを志向する傾向である。ロスト近代の社会においては、人々はしだいにシンプル志向、カジュアル志向、日本志向、地方志向になってきた。

その背景にある大きな要因は、八〇年代後半のバブル経済の崩壊と、その後の経済の停滞であろう。経済の停滞とともに、消費は二極化する傾向がみられる。例えば一九九四年から二〇〇三年にかけて、自動車の市場では、ワンランク上の価格帯の車が八%、ワンランク下の価格帯の車が四%、それぞれ売り上げを伸ばしたのに対して、中間的な価格帯の車は、一二%も売り上げを落としている。似たような消費の二極化は、洗濯機、テレビ、婦人服、食料品小売などにもみられる［三浦 2013: 201］。

消費の二極化と並行して、若年層の所得が全体的に減ってきた。一九九七年の三〇代前半男性の平均年収は約五一三万円であったが、二〇一三年にはこれが四三八万円にまで下がっている。[13] こうした若年層の低所得化は、消費文化を変化させている。二〇〇二年から二〇一二年にかけて、若い男性（三四歳以下）は、料理する時間が増え、食事の内容が居酒屋風になる一方、外食が減っている。他方でマッサージや銭湯やエステで癒されたいというニーズが増えている。これに対して、自動車の購入費は、同期間に三万七、三七九円から六、一二九円へと、約六分の一に減っている。これと対照的に、自転車の購入費は、一・五六倍に増えている。

若い女性（三四歳以下）に注目すると、同期間において、外食と飲酒が増えている。その一方、ファッションと化粧にはあまりお金をかけず、ナチュラルでオーガニックな志向がみられる。総じていえば、若い女性たちの消費においては、非日常な経験の価値が低下し、日常の価値が上昇している。例えば、食卓セット、他の家具、照明器具、カーテン、ベッドなどの寝具類の売り上げは、二倍から三倍に伸びている。加えて、ＤＩＹが人気となり、設備材料費は三・三八倍も伸びている。若い女性たちは「家（オイコス）」の生産機能を回復させつつあるといえるかもしれない。[14]

こうした若年層の消費行動の変化とともに、デパートではモノが売れなくなり、代わってイケアやコストコなどの、低価格でコスパの高い商品をそろえる店が人気を博している。中沢明子と古市憲寿は、これを「遠足型消費」という

表0－5　消費の四類型

	ギラギラ（価格が高い）	価格が安い
キラキラ（記号的）	ルイ・ヴィトン、ディズニーランド	イケア、コストコ、アウトレット・モール
実用的	ロレックス、エルメス	ニトリ、ユニクロ、イオン、百円均一

出典：中沢／古市［2013: 52, 図 2－1］を参考に筆者作成。

言葉で捉えている。[15]「ポスト近代」においては、ディズニーランドのような非日常的空間が、人々の関心の中心にあった。日常生活においても非日常的な演出が試みられた。ところが「ロスト近代」になると、人々は自宅の近くにあって、日常生活にちょっとした楽しみを与えてくれるような場所を好むようになった（表0－5を参照）。

こうした日常生活への回帰は、同時に、「日本志向」とも結びついている。例えば私たちは、「五〇〇万円の海外高級ブランド腕時計」を身につけるよりも、「一〇〇〇円の竹の団扇《うちわ》」を買って夏を過したほうが、文化の正統性を感じることができるかもしれない。日本文化に関心を示す人は、同時に、環境に配慮した節約生活にも関心を示す傾向にある。[16]日本志向と環境志向は、互いに結びついて時代のトレンドになってきた。

もちろん日本人だけでなく、どの国の人々でも、昔は自然と共に暮らしてきたにちがいない。けれども日本人は他国の人々よりも、自然と共生するための知恵をたくさんもっているのではないか。実際、日本人は世界的にみても、環境に気を遣う国民であることがデータで示されている。『世界主要国価値観データブック』（同友館、七〇頁、参照）によると、日本人は「環境に気をつかう」という人が八七・二％と最も高く、次いで「周囲の人を助けて、幸せにすること」も八割を超えている。反対に、「裕福なこと」「安全な環境に住むこと」「冒険し、リスクを冒すこと」「礼儀正しくふるまうこと」「伝統や慣習に従うこと」の四項目については、日本は七ヵ国中、最下位である。この調査結果を踏まえて言えば、最近の日本人は、「礼儀正しいふるまい」や「伝統・慣習への回帰」という点で日本文化に関心をもつのではなく、自然環境を気づかう一つの方法として、日本文化に接近していると言えるだろう。

このようにロスト近代において、日本人は自然環境を配慮するようになってきた。こうした自然志向と呼応して、人々はファッション・ブランドから離れ、ユニクロや無印良品の商品を買うようになった。ユニクロの服を着て見せびらかす人もいるかもしれないが、ユニクロの商品はむしろ「自分はモノを所有したり見せびらかすことには関心がない」というニーズに対応している。無印良品の場合も同様である。本書第7章（鈴木論文）が示すように、無印良品の商品は、「空っぽの器」のようなものである。そこには、消費者のさまざまな思いに寄り添って多様な用途に応じるという自在性がある。他方で、無印良品のデザインは、きらびやかな欲望消費を演出するのではなく、ごく日常的な中庸の生活スタイルに適しており、普通のくらしに節度ある満足をもたらすような美しさがある。無印良品にかぎらず、「無印的」と呼ぶことのできる最近の機能的な商品には、日常生活の中庸さを見直す視点が含まれている。ロスト近代においては、モノをつうじて非日常性や新奇性を演出する消費から、簡潔で節度ある日常生活を送るための消費へと、消費のスタイルが変化してきた。

こうした時代の変化とともに、各種メーカーが仕掛けるブランド戦略は、しだいに通用しなくなってきた。ユニクロや無印良品などの小売——「ＳＰＡ（製造小売）」——は、各種メーカーのブランド商品を売るのではなく、自社で製造するノンブランドの商品を安く売ることで、価格競争力をもつようになった[17]。消費者たちがノンブランドで安くて質の良い商品を買うようになった背景には、シンプル志向、カジュアル志向、日本志向という、消費文化の転換があるだろう。もちろんだからといって、ファスト・ファッション系の衣類は毎年大量に廃棄されており、必ずしも自然環境を志向しているとはいえない。それでも日本人はしだいに、他者との差異を求めるよりも、あるいは非日常的な経験をするよりも、日常生活を洗練させることに関心を示すようになった。

　この傾向は、例えば柳宗悦のいう「用の美」とも共鳴する。[18] 柳によれば、日本の民芸品においては従来、実用性、反復性、低廉性、公有性、法式性、様式性などの高い合理性が追求されてきた。その結果、日本では「真の実用品たることと真の美術品たることは同意義」であるという「用美相即」の思想が生まれた。無印良品の商品には、日本人がこれまで築いてきた「用の美」を継承する要素があるだろう。「用の美」の追求はまた、日本人においては自然環境を配慮する関心と結びついている。ポスト近代の日本人は、自己を演出するための消費や、個性を纏《まと》うための消費を追求したが、これに対してロスト近代の日本人は、「用の美」という自己を超えた日常の上質さに、ますます関心を向けている。

　日常の上質さへの関心は、散らかった部屋をたんに整理するだけでなく、部屋のモノを徹底的に捨てて心の平穏を得るという、ミニマリズムの運動をもたらした。例えば近藤麻理恵が提案する「〈ときめき〉のお片付け」術は、世界的な話題を呼んで、片づけのブームをもたらした。二〇一一年に出版された近藤の『人生がときめく片付けの魔法』（サンマーク、二〇一〇年）は、世界で一、〇〇〇万部以上売れているという。日本ではこのほか、佐々木典士著『ぼくたちに、もうモノは必要ない。』（ワニブックス、二〇一五年）が話題になった。汚部屋を一掃してモノを徹底的に捨てる過程を綴った本書は、同時に、自己嫌悪から自己実現へのステップとして描かれている。

　ミニマリストたちは、徹底的にモノを捨てる。その思想は、消費そのものを拒否する脱資本主義の態度を示してもいる。けれども最近では、ミニマリストたちが厳選して購入した持ち物が、「用の美」に根差した商品であることにも、人々の関心が集まっている。[19] 総じていえば、ミニマリズムの流行は、ブランド志向からシンプル志向への転換を促した。

（3）下からの啓蒙

最後に、ロスト近代における消費文化の第三の特徴、すなわち「下からの啓蒙」について検討したい。先に挙げた三浦展の「第三の消費社会」から「第四の消費社会」への変化のうち、「(5)物からサービスへの本格化」は、下からの啓蒙と密接に関係している。

ロスト近代においては、消費はモノからコトへ、財からサービスへと移ってきた。むろんこうした表現は、誤解を招きやすい。正確に言えば、「モノの差異化による付加価値の追加」という戦略が失速して、それ以外の販売戦略が台頭してきた、と言うべきであろう。

モノの差異化が失速していく事態を示すのは、例えば薄型テレビの市場である。薄型テレビは、それまでのブラウン管テレビに代わって、二〇〇五年ごろから急速に普及した。当時は、三二インチ型で二三～三七万円の価格が相場であった。ところが二〇〇七年には、一〇万円台後半にまで価格が低下し、二〇一〇年には八万円前後になる。すると各社は深刻な業績悪化に直面した。二〇〇九年には、パイオニアがプラズマテレビ事業から撤退、二〇一二年には、東芝が液晶テレビの国内生産から撤退、また、日立も液晶テレビの生産から撤退した。

背景にはさまざまな要因があるが、一つには、消費者がしだいにテレビに多くの機能を求めなくなった、ということがある。「メーカーは人の動きをなめらかに見せたり、より自然に近い色を出したり工夫しているが、普通の人にはなかなか見分けがつかない」（『日本経済新聞』二〇一一年六月一一日）というのが実情であり、つまり人々は差異に敏感ではなく、一定の画質で満足するようになった［白石 2016: 8-28］。消費者が差異に敏感でなければ、薄型テレビの市場は価格競争へと移らざるを得ない。製品が同質的になれば、各社は価格競争によって疲弊してしまう。

こうした価格競争を避けるために、売る側は例えば、顧客をもてなすとか、顧客に何か体験してもらうといった、個別に差異化するのことができる「経験」に注目する必要があるかもしれない。あるいは売る側は、生産の過程で、途上国の労働者を搾取せず、環境にやさしい素材のみを利用するといった、人権と環境に配慮した生産ライン（物語）を商品のプレミアムとすることができるかもしれない。前者は「経験消費」、後者は「トレース消費」と呼ぶことができる。消費者はしだいにこのようなコト消費に関心を寄せるようになってきた。

「コト消費」という言葉は、実はバブル経済の絶頂期（一九八九年）にも使われたことがあった[20]。その当時は「資産形成的ではない消費行為」を意味していた。その後、この言葉の意味は拡張されて、例えばレンタルリース、シェア、体験（聖地巡りなど）、イベント参加、コミュニティ参加、ライフスタイルの消費、情報消費、博物館・美術館・音楽会、モール（空間）の巡回、などにも適用された。ロスト近代においては、さまざまな種類のコト消費に関心が集まっている。コト消費は、他方で次のような「下からの啓蒙」とともに発展してきた。

一つには、インターネットの普及によって、下からの情報が入りやすくなったという変化がある。二〇〇〇年の段階で、世界のトップブランドの第一位はコカ・コーラ社であった。この時点でアマゾンはまだ上位一五位以内にランクしていなかった。ところが二〇一八年には、アマゾンは第三位にランクしている。二〇一八年の第一位はアップル社、第二位はグーグル社であった（表0－6参照）。

インターネットやスマートフォンが普及すると、人々はテレビや雑誌の情報ではなく、ネット上にあふれる情報のなかから、信頼できる口コミを頼りに商品を購入するようになる。従来、商品に関する情報は、売る側の広告とともにあった。ところが近年、商品の情報や評価は、自発的に商品に関する情報や評価を発信する人たちを介して伝播するようになった。

表０－６　世界のトップブランドの変遷

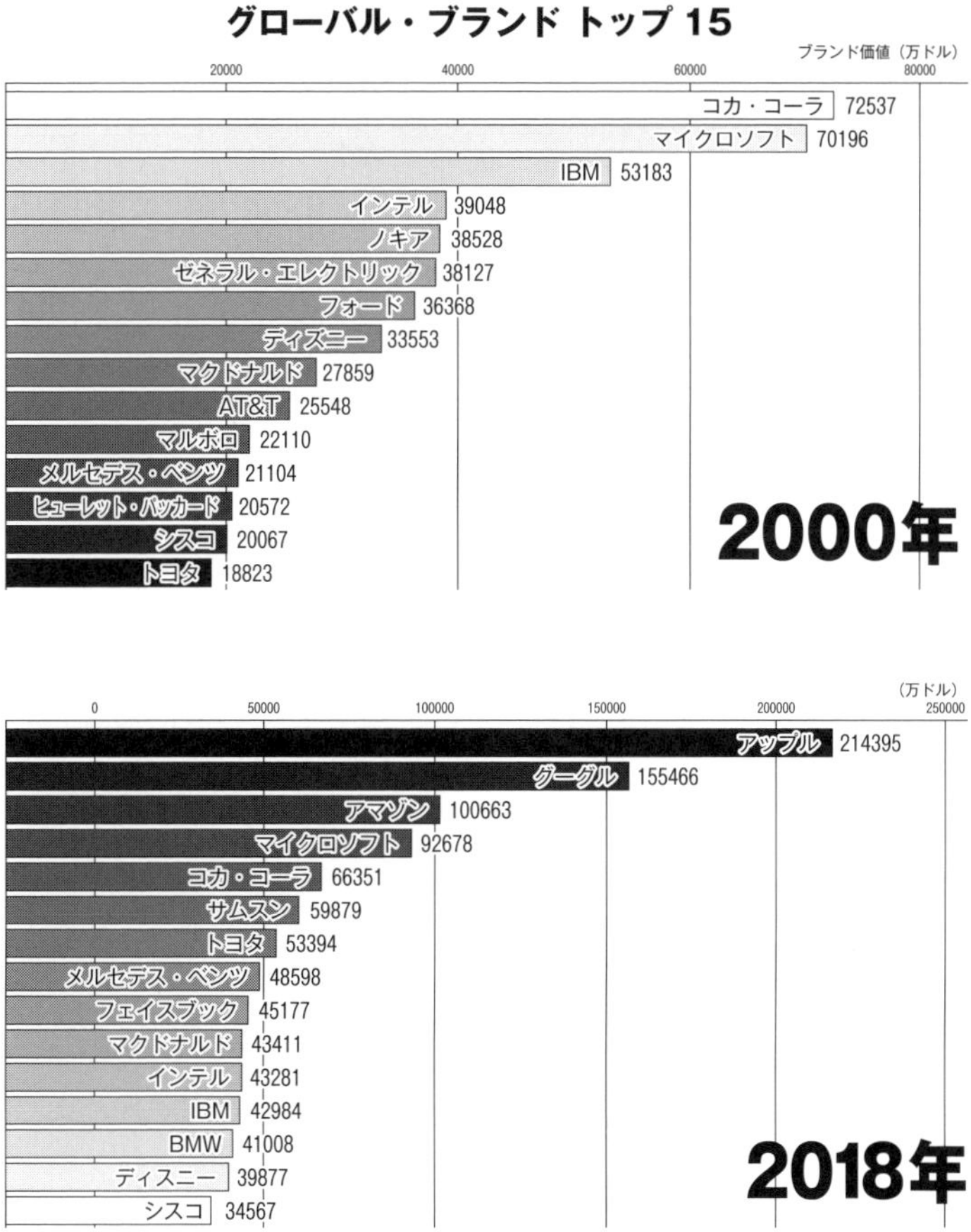

注：イギリス・ロンドンにある世界最大のブランディング企業Interbrandが算出した「ブランド価値評価（Brand Valuation）」の値と順位。

出典：https://gigazine.net/news/20190228-15-best-global-brands-ranking/（2021年1月17日閲覧。

ネット上で積極的に口コミ情報を発信する人たちは、なぜ無償で自発的に情報を提供するのだろうか。それは「心の価値観を共有できる仲間がほしい」とか、「人とつながって、心情や気持ちを交換・交流させたいと思う気持ち」があるからではないか、というのが鈴木謙介等の分析である。ネットを通じてコミュニケーションしたいという動機が、ネット上の口コミを促して、人々の消費を拡大する力となった［鈴木／電通 2007: 154-160］。

　このように、インターネットを通じて商品に関する情報や評価が素人からもたらされることを、ここでは「下からの啓蒙」と呼んでみたい[21]。現代の消費者は、マス・メディアに操作される「大衆」や「分衆」ではなくなった。消費者たちは、ネット上で影響力をもつインフルエンサーなどの、下からの情報に影響されるようになった[22]。その点で、売る側からは予測できない行動をする存在になった。

　むろん下からの啓蒙は、必ずしもコト消費をもたらすわけではなく、物質的な消費を煽ることもある。しかし下からの啓蒙は、私たちが自身の消費生活を見直すうえで、重要な契機を与えている。例えば下からの啓蒙は、環境問題への対応にも必要とされている。本書第6章（斉藤論文）が示すように、日本政府は、地球温暖化などの環境問題を十分に制御できているわけではない。二〇一八年にはEUの主導で「海洋プラスチック憲章」が締結され、プラスチック削減のための数値目標が示されたが、先進国G7のうち、日本とアメリカはまだ参加していない。日本は、一人当たりのプラスチック消費量が世界二位であり、プラスチックのごみに関しては大きな国際的責任を問われているものの、日本政府の対応は後手に回っている。プラスチックごみを劇的に減らすためには、政府の対応に期待するだけでなく、私たち一人一人の実践が大切となる。プラスチックを徹底的に使わない生活をする人たちがインフルエンサーとなって、私たちを啓発すること（「下からの啓蒙」）も期待される。ロスト近代の啓蒙の担い手たちは、これまでのように、消費者団体や自律した家（オイコス）などの第三領域を基盤としているわけではない。あるいは啓蒙の担い手たちは、知識人や文化人のように洗練された消費文化を導く人たちでもない。下からの啓蒙を担う人たちは、市場を通じて生活を営みながらも、率先してプラスチックの利用をやめるという、変革的な実践家である。消費社会を批判するための基盤は、ロスト近代においては、下からの変革的実践に導かれる必要がある。これは見方を変えれば、知識人や文化人が、来るべき消費生活の指針を容易には示すことができないほど、環境問題が深刻化していることを示してもいるだろう。

5　新しい消費理論の動向と現代

前節では、ロスト近代における新たな消費の方向性を、三つの視点に分けて論じてきた。まとめると、第一に、消費文化のオルタナティヴは、市場や政府と融和する仕方で営まれるようになり、第二に、文化的成熟の方向は、非日常の演出よりもシンプルな日常へと変化し、第三に、すぐれた消費行動の啓蒙は、下からの啓蒙へと基点を移している。消費社会を批判する視点の変化について言えば、私たちの消費文化は、第三領域を基点とした批判から、そしてまた洗練された消費文化を基点とした批判から、しだいに倫理的消費、シンプル志向、下からの啓蒙という形態へと変化してきた。この消費社会批判の視点の変化は、私たちが消費社会を論じる際の、思考の枠組みの変化と言えるだろう。

従来、欲望消費を批判的に超えるための方法は、①主体化を通じて欲望を制御するか、あるいは、②文化的に洗練された人たちが築いた精神文化を体現するか、いずれかの仕方であった。現代においても、こうした企ては色あせていない。しかし現代の消費文化の特徴は、別の仕方で欲望消費を克服しようとする点にある。それがすなわち、倫理的消費、シンプル志向、下からの啓蒙による欲望消費の克服である。[23]

こうした変化を受けて、現代消費論の最前線では、一方ではショッピングの道徳性を復権する方向（D・ミラー、一九五四〜）に、他方では快楽の質の進化論的な変化を強調する方向（K・ソパー、一九四三〜）に、それぞれ展開がみられる。本書の第2章（小田論文）と第1章（畑山論文）は、これらの新しい理論を日本に紹介しつつ、新たな知見を加えるものである。

本書第2章（小田論文）は、消費論に関する多数の著作を著わしながらも、まだ日本で紹介されていないイギリスの研究者、D・ミラーの消費理論を扱っている。ミラーはこれまで、主著の『ショッピングの理論』（一九九八年）のほか、『モノ文化と大衆消費』（一九八七年）、『モダニティ』（一九九四年）、『資本主義』（一九九七年）、『ショッピングの弁証法』（二〇〇一年）、『消費とその諸帰結』（二〇一二年）などの単著、さらに多くの共著や編著を出版している。最近はますます旺盛に単著を著わしており、現代の消費論を代表する研究者と言えるだろう。ミラーの関心は多岐にわたるが、彼のオリジナルな視点は、人々が日常的に行っているショッピングの動機が利己的なものではなく、家族のメンバーのための利他的なものだと指摘する点にある。彼はこのような着眼点から、ショッピングの本質は、人類学的な視点から「贈与」の意味をもつこと、そしてまたその贈与は、人々の意識において、ヘーゲル的な弁証法の過程をたどることを、独自の理論によって明らかにしている。

このミラーの独創的な理論が、現在に至るまで日本で紹介されなかったのは不思議である。おそらくその理由の一つは、ミラーの理論的な視角が、政治的には保守主義に結びつく可能性があるからではないか。彼は、倹約の規律と愛情深い関係性が同時に満たされるような保守的な家庭の観点から、浪費的で自己顕示的な消費社会のあり方を批判している。彼はこの家庭道徳を論じる際に、家庭での愛情深い関係をこえる市民的関係性や、家庭内における性別役割分業の不当性については、問題にしていない。その意味で市民派やフェミニズムから批判を受けやすい立ち位置に立っているかもしれない。けれどもミラーのテキストを注意深く読むと、彼は家族的な親密性がもたらす「道徳」とは別に、親密ではない他者を公平に扱う「倫理」の次元を注意深く考察していることが分かる。はたしてショッピングの弁証法は、この道徳と倫理という二つの異なる規範を、より高い次元で止揚できるのかどうか。本書第2章の小田論文は、この問題を検討している。

これに対して本書第1章（畑山論文）は、ソパーの新しい快楽主義的消費論を検討している。ソパーはこれまで、『人間のニーズについて』（一九八一年）、『ヒューマニズムと反ヒューマニズム』（一九八六年）、『自然とは何か』（一九九五年）、『悩ましき快楽』（一九九〇年）などの単著を著わす一方、近年は快楽主義《ヘドニズム》に関する新しい理論をいくつかの論文で発表している。ソパーの理論はすでに、環境思想の観点から日本に紹介されているが、本書ではソパーの快楽主義哲学に焦点を当てている。

ソパーは、環境にやさしい生活が、それ自体として快楽であり、快楽主義の観点からこれを擁護しうると考える。一般に、環境によい消費とか、倫理的な消費というのは、賢い人がする消費だと思われている。賢い人は、自分の頭でよく考えて、例えば「自動車を買うのは環境によくないから、バス通勤できるところに住もう」などと発想する。賢い人は、自分のなかの低俗な欲望を抑えて、洗練された欲望をもって生きることが大切だと考える。こうした賢い人たちは、低俗な欲望を生きる人たちの消費行動を軽蔑するであろう。人々が粗野で低俗な欲望を克服できなければ、環境問題は解決できないとみなすであろう。

ところがソパーは、まったく違った発想をする。そもそも人間の欲望というものは、すべて同じ快楽であって、粗野とか洗練といった区別をする必要はない。私たちは、洗練された高次の欲望を求める必要はない。むしろ自分の快楽原則に従って、生理的に嫌なものは避け、生理的にいいと感じるものを取り入れればよい。私たちの快楽の感覚はすでに社会化されているので、環境問題への関心が高まれば、結果として環境にやさしい生活に快楽を感じるようになるだろう。例えば、自動車に乗るのは生理的に嫌だ、と思う人が増えるであろう。生理的感覚のこのような進化を期待できるとすれば、私たちは自分の生理的な直観に従って、快楽原則で生活すればうまくいく。反対に、人々に「賢い消費をしよう」と訴えても、人間はそれほど賢くないのだから、うまくいかないであろう。ソパーはこのように、進化論的な観点から、快楽の変容を内に含む快楽主義の消費哲学を展開した。この哲学は私たちの生理的感覚の変容に期待する点で、「下からの啓蒙」に連なるものであろう。

ソパーのように、進化論に期待を寄せる消費論は、Ｊ・ミラーの『消費資本主義！』〔ミラー 2017〕にもみられる。本書ではＤ・ミラーを取り上げたが、このＪ・ミラーの本については扱わなかった。けれどもＪ・ミラーの『消費資本主義！』は、ヴェブレンの顕示的消費論を批判して、新たに「自己愛刺激的な消費論」を展開している点で興味深い。以下に簡単に紹介しよう。

例えば、二〇〇七年に発売されたｉＰｏｄ（デジタル・プレーヤー）の第六世代「Classic」がある。音楽であれば五万曲、動画であれば二〇〇時間分を収める容量を誇り、時代をリードする商品となった。商品のデザインは洗練されており、多くのファンを熱狂させた。ｉＰｏｄの最大の魅力は、他人に見せびらかすことよりも、消費者の自己愛を刺激する点にあった。すでにソニーのウォークマンは、音楽を外に持ち出す道具として、一九八〇年代に世界的なヒット商品となっていた。ウォークマンは音楽を持ち歩く姿を顕示する商品であり、ｉＰｏｄはこの点ではウォークマンに何も足さなかった。ｉＰｏｄの新しさは、大量の音楽や動画を持ち歩くという、快楽のポテンシャルを増した点にあった。ユーザーたちは、いつでもどこでも好きな音楽や動画にアクセスする「可能性」を手にしたことに、潜在的な快楽を得た。これは、ヴェブレンが想定した社交的で名声を求める消費とは異なり、自分の夢想にふける快楽を刺激するものであろう。ロスト近代の到来とともに、消費のフロンティアは、顕示的な消費から自己愛刺激的な消費へと変化してきた、とみることができる。

　ではｉＰｏｄなどの自己愛を刺激する商品は、社会的には何を表現しているのだろうか。Ｊ・ミラーによれば、商品がもつ特徴のシグナルは、社会の舞台裏に隠されていなければならないという。例えば独身男性向けのスポーツ車は、「これを運転すれば若い美人の注意をうまく引くことができる」とほのめかすけれども、直接そのような広告をしたら反証されてしまう。実際にはスポーツ車に乗っても、モテるわけではない。同じコストをかけるなら、別のもっとよい手段があるだろう。では、なぜ独身男性はスポーツ車を買うのかと言えば、それは商品を見せびらかして若い美人の視線を引き付けることよりも、より現実的には、商品の技術的なすばらしさに自己愛的な快楽を得る、という理由づけになる。「この製品の技術的性能を自分の個性的なかっこよさに転換して、社会的な利得を得られるのは自分しかいない」という具合に、耽美的な自己愛の世界を築くこと。これがスポーツ車を消費する動機の核心になければならない。

　多くの人にとってスポーツ車は不要であるが、にもかかわらずこうした商品がたんにユーザーの自己愛を刺激するだけでなく、その人たちに社会的なステイタスを与えるとすれば、それは技術の職人芸的な部分に関わるといえるかもしれない。かつてヴェブレンは、顕示的消費の対極に、物づくりの職人芸を位置づけた。ところが私たち現代人が顕示する消費の対象は、この職人芸的な技術を示す商品へと向かっている。例えばトヨタのレクサスは、その精巧な技術力を顕示する商品である。商品の広告もまた、他人に見せびらかす効果よりも、技術力を誇る方向へ転換している。現代の顕示的消費は、職人的な技術を賛美する力をもった自己への耽美的自己愛を媒介として、社会的なステータスを表現するものになってきた。

むろん、批判的な読者たちは、スポーツ車やレクサスなどの高級車は、それがユーザーの自己愛を満たしたり職人技を誇るといっても、端的に言って必要ない商品であり、これらは消費文化の成熟を示す商品ではない、と言われるかもしれない。たしかにそのような側面はある。しかしJ・ミラーの分析が面白いのは、こうした顕示的な商品を含めて、現代の消費社会においては、消費者がこの複雑な社会の中で、商品を通じて自らの「社会的適応度」を示すことに関心をもつ、と指摘する点にある。進化論的な観点からみると、私たちは例えば、知性、開放性、堅実性といった点で、社会に適応していることを示さなければならない。そして消費は、そのための手段になるというのが彼の着眼点である。[24] スポーツ車やレクサスを買う男性は、必ずしも女性を惹きつけるわけではないが、資本主義社会の再生産に貢献しており、その意味ではこの社会のなかで、すぐれた適応力を示している。この社会的適応度という視角は、消費社会を分析する際の応用可能性に開かれているだろう。

ひるがえって直近の社会に目を向けると、二〇二〇年一月以来の新型コロナウイルス感染拡大の影響で、人々は外出を避けて自宅に籠ることが多くなった。一九九〇年半ば以降の「ロスト近代」社会は、倫理的消費、シンプル志向、下からの啓蒙をもたらしてきたが、新型コロナウイルスはこれらに加えて、「巣ごもり消費」という、対面的接触の希薄な消費をもたらした。例えば風俗店や飲食店やカラオケ店など、接触や大声をともなった対面的コミュニケーションは、ウイルスの感染を拡大するリスクが高い。対面的なコミュニケーション全般が不要不急とされ、できるかぎりの自粛を求められるようになった。二〇二〇年三月～五月の決算で、デパートやアパレル業界では、売り上げが半減したところもある。その一方で、家具大手のニトリやホームセンターなどは、売り上げを大きく伸ばしている（表0－7参照）。[25] この他、外食店の売り上げが落ちる一方で、食品スーパーの売り上げが伸びている。

表0-7　小売大手の2020年３～５月期決算

	売上高	純損益
ニトリHD	1737 (3.9)	255 (25.4)
DCMHD（ホームセンター）	1258 (8.6)	81 (75.0)

注：単位は億円。カッコ内は前年比の増減率。HDはホールディングス。

また米国の四月～六月決算をみると、巨大ＩＴ産業の業績は好調で、アマゾンの売り上げは前年同月比で四〇％増、アップルは一一％増、フェイスブックも一一％増となっている[26]。人々は新型コロナウイルスの影響下で、自宅に籠りながらネットを通じて消費するという、新しい消費スタイルへの移行を余儀なくされた。これは半ば強制的であって、いつまで続くのかは不明である。自粛の背後にある人々のストレスは深刻である。今後、コロナ禍の人々が、自粛のストレスをいかに発散させていくのかは分からない。しかし消費論にとってより大きな問題とは、私たちの欲望消費はどのような方向に克服されていくのかである。新型コロナウイルスは、私たちの社会を苦境に陥れた。しかしこの苦境は同時に、私たちがこれまで、いかに不要不急の欲望を充足させてきたかを明らかにした。私たちは、この災禍をどのように受けとめ、消費社会をいかに変容させるべきなのか。その答えの一端は、現代消費論のフロンティアとして編まれた本書の各章で、さまざまに明らかにされるであろう。

注

1　「消費文化」は、二〇世紀後半の先進諸国に現われたとされる［Lury 1996: 1］。

2　間々田は、次のように述べている。「第一の消費文化では、消費者は、便利でスピードが速く、身体的に楽で手間の省けるものを求める。また、大きく力強いものを求め、消費量の多いこと、性能は変わらず安いことを喜ぶ傾向にある。それに対して第二の消費文化では、消費者は人に自慢できるもの、自分の存在感を示せるもの、流行に合ったもの、目立つもの、変わったものを求めることが多い。また第三の消費文化では、消費者は質的に優れたもの、精神的に満たされるもの、長く使えるものを求め、環境負荷の高いもの、社会的不公正につながるものを避ける傾向にある」［間々田 2016: 322-323］。さらに「第四の消費文化」として、間々田は消費を減らしていく文化、すなわち「ゼロ消費」を、時代の傍流として位置づけている。

3　その一方で、ホームセンター市場の年間売り上げは、一九七三年の一一〇億円から二〇〇三年の三兆九二一〇億円へと増加し、その後はほぼ横ばいに推移している。「年間総売上高とホームセンター数の推移（推計値）」（日本ＤＩＹ協会のホームページ）を参照。https://www.diy.or.jp/i-information/association/jigyo/transition.html（二〇二一年一月一六日閲覧）

4　米国では、一九七〇年代初めに「ＵＳニューズ&ワールドリポート」が行った調査で、人々が自宅と職場以外でもっとも長い時間を過ごすのがショッピングモールだということが明らかになった。アンダーヒル［2006: 28］参照。

5　素人が自分で何かを作ったり直したりすること。Do it yourself の略。

6　趣味という言葉が日本でどのように誕生したのかについて、神野［1994］参照。

7　生活クラブは生協の一つであるが、添加物の基準などで他の生協よりも基準に厳しい。北海道から兵庫県まで分布する「生活クラブ生協」などを含め、三二の生活協同組合で構成される生協の連合会である。

8　りんを含む合成洗剤をやめ、天然油脂を主原料とする粉石けんを使う運動。

9　二〇一八年の生活クラブの組合員数は、三九万七九〇九人（前年比、三・三％増）、供給高・供給実績は九〇四・二億円。https://seikatsuclub.coop/excludes/rengou/img/about/vision/2019thinkandact.pdf（二〇二一年一月一七日閲覧）

10　雑誌『現代思想』は一九八二年五月号で「〈消費社会〉の解読」を特集した。『現代思想』はその後、一九八九年五月号で、「ＨＩＧＨ ＳＴＹＬＥ　ポスト大衆社会の階級論」を特集している。

11　詳しくは橋本［2012: 第1章］を参照。

12　各適格消費者団体の収支構造を参照。例えば、消費者支援ネット北海道のそれは同団体のホームページで開示されている。適格消費者団体の差止請求権と消費者行政担当者による行政処分は機能的に重複するとの指摘について、町村［2019］を参照。行政と適格消費者団体の連携の現状について、田中［2015］を参照。一方、最近では、消費者市民をつくる会（一般社団法人）、サステナビリティ消費者会議、食のコミュニケーション円卓会議、Food Communication Compass（フーコム）などの政府から独立した消費者団体も生まれている。

13　国税庁「民間給与実態統計調査」平成二五年（二〇一三年）、参照。平均消費性向、とくに若者のそれが長期的に低下傾向にあることについて、松田［2009］および『平成二九年版消費者白書』の第1部第3章第1節「⑵若者の消費支出について」を参照。

14 三浦［2017: 37, 51, 61, 68-69］。

15 中沢／古市［2013］。

16 「日本が「とても好き」な人は環境問題に「関心がある」二八・〇％、「まあ関心がある」五七・九％であり、合計すると約八六％である。／対して、日本が「好きではない」「あまり好きではない」「好きでも嫌いでもない」人の合計を分母にすると、環境問題に「あまり関心がない」二六・七％、「関心はない」一二・〇％と、四割近くが無関心である。／逆に、環境問題への関心別にみると、関心がある人は日本が「とても好き」が四一・三％であり、対して「あまり関心はない」「関心がない」人は「とても好き」が一五％前後しかない」［三浦 2010: 115-116］。

17 田村［2011］は、ファッション、スポーツ用品、自動車の分野以外では、消費者のブランド・ロイヤルティを獲得することが難しくなってきたと指摘する。

18 柳［1941→2006: 67］。寺西［2017: 334］も参照。

19 例えば『ミニマリストの愛用品』宝島社（ムック）、二〇一九年、参照。

20 「コト消費」という言葉は、すでに一九八九年に使われていた。『日経流通新聞』の記事「現代版貴族、今をリッチにエンジョイ——瞬間貴族の横顔（消費最前線）」（一九八九年九月二三日）に、次のような文章がある（川上［2017: 37-38］より引用）。「つかの間に王侯貴族の気分を味わう若者たち。その消費行動は高級志向という消費トレンドの中でも異彩を放つ存在である。彼らは決して資産を持っているわけではない。いや持つことをあきらめたために、一瞬の快適さに身を沈めることが可能になったのだろう。（中略）そこで、稼いだ金をどの方向に使うか、という問題になる。こうした金の行き先の一つが新しい消費。かつての一点豪華主義のモノ消費から、時間や空間などソフトに積極的に投資するコト消費へと流れている。ひと時でも、自分なりの生活の楽しさを追求、リッチ感を味わおうとしているのだ。高級外車をリースで楽しむ若者が増えているのはその一例だ。」

21 その背後にある経済の変化は、情報技術関連商品の日用品化であり、物価指数品目への追加である。物価指数の計算には、家計の消費支出の中で重要度が高く、価格変動の点で代表性がある商品が選ばれるが、二〇〇〇年から二〇一五年にかけて、情報技術関連では以下の商品が組み入れられた。二〇〇〇年：移動電話通信料、パソコン（デスクトップ型）、パソコン（ノート型）、携帯オーディオ機器。二〇〇三年：パソコン用プリンタ、インターネット接続料、（デジタルカメラの価格変動を「カメラ」に合成）。二〇〇五年：カーナビゲーション、移動電話機、専門学校授業料、テレビ（薄型）、ＤＶＤレコーダー、録画用ＤＶＤ、ＤＶＤソフト、プリンタ用インク、放送受信料（ケーブル）。二〇〇八年：家庭用ゲーム機（携帯型）、（ＩＰ電話通信料の価格変動を「固定電話通信料」に合成)。二〇一〇年：ＥＴＣ車載器、電子辞書、メモリーカード。二〇一三年：（スマートフォンの価格変動を「携帯電話機」及び「携帯電話通信料」に合成。）二〇一四年：（タブレット端末の価格変動を「パソコン（ノート型）」に合成。）二〇一五年：ＥＴＣ車載器の廃品。「二〇一五年基準　消費者物価指数の解説　Ⅳ消費者物価指数の沿革」（総務省統計局）を参照。https://www.stat.go.jp/data/cpi/2015/kaisetsu/pdf/6.pdf（二〇二一年四月七日閲覧）

22　首都圏在住の二〇歳から六五歳の男女二、三二〇名に対するネット調査（二〇〇九年六月実施、澁谷［2013: 341］参照）では、「掲示板やＳＮＳなどインターネット上のコミュニティではどのような人の意見・情報が参考になりますか」という質問への回答は、専門的な知識を持った人の意見よりも自分と似た人の意見を参考にするという結果になった（表０－８を参照）。これは「下からの啓蒙」を意味しているだろう。正確に言えば、自分と近い人からの啓蒙なので「類似性に基づく横からの啓蒙」といえる。

表０－８　インターネット上のコミュニティで参考にする情報発信者

生活レベルが自分と同じような発信者	41・5％
住まいに対する価値観が自分と似ている発信者	37・7％
年齢や家族構成が自分と近い発信者	36・9％
同じ物件の検討者や購入者	33・0％
専門家など業界事情に詳しい発信者	25・3％

この他、野村総合研究所（ＮＲＩ）のウェブ調査「生活者一万人アンケート」（第八回、二〇一八年）によれば、商品について、「使っている人の評判が気になる」と答えた人は、二〇〇〇年には一四％であったが、二〇一八年には三六％にまで増加している。以下のホームページを参照（二〇二一年一月一七日閲覧）。https://www.nri.com/-/media/Corporate/jp/Files/PDF/knowledge/report/cc/mediaforum/2018/forum272.pdf

23　日本ではシンプル志向の消費について、三浦展がさまざまに論じている［三浦 2009a, 2009b, 2016］。倫理的消費については、海外ですぐれた著作が多数出版されているものの、これらを日本に紹介する良書がない。

24　J・ミラーの議論は、この点でガッド・ザッドの進化論的消費論の成果に依拠している。Saad［2007, 2011］を参照。

25　「コロナ、小売りを直撃　3～5月期、観光地・オフィス街で苦境」『朝日新聞』二〇二〇年七月一〇日朝刊、九頁、参照。

26　「米巨大IT好決算　コロナ禍、デジタル化需要つかむ　4～6月期」『朝日新聞』二〇二〇年八月一日朝刊、七頁、参照。

文献

Lury, Celia［1996］*Consumer Culture*, Cambridge: Polity Press.

Saad, Gad［2007］*The Evolutionary Bases of Consumption*, Mahwah, NJ: Lawrence Erlbaum.

Saad, Gad［2011］*The Consuming Instinct: What Juicy Burgers, Ferraris, Pornography, and Gift Giving Reveal About Human Nature*, Amherst, NY: Prometheus Books.

アンダーヒル、パコ［2004］『なぜ人はショッピングモールが大好きなのか』鈴木主税訳、早川書房。

岩本諭［2013］「日本の消費者市民社会」岩本諭／谷村賢治編『消費者市民社会の構築と消費者教育』晃洋書房、所収。

小澤祥司［2019］『日本一要求の多い消費者たち』ダイヤモンド社。

川上徹也［2017］『「コト消費」の嘘』角川新書。

ガルブレイス、ジョン・ケネス［1960＝2006］『ゆたかな社会　決定版』鈴木鉄太郎訳、岩波現代文庫。

澁谷覚［2013］『類似性の構造と判断』有斐閣。

白石弘幸［2016］『脱コモディティへのブランディング』創成社。

神野由紀［1994］『趣味の誕生　百貨店がつくったテイスト』勁草書房。

鈴木謙介／電通消費者研究センター［2007］『わたしたち消費』幻冬舎新書。

田中菜採兒［2015］「現地調査報告　適格消費者団体の現状と課題：大阪府・京都府・兵庫県の3団体を事例に」『レファレンス』六五巻二号、所収。

田村正紀［2011］『ブランドの誕生　地域ブランド化実現への道筋』千倉書房。

寺西重郎［2017］『歴史としての大衆消費社会』慶応義塾大学出版会。

暉峻淑子［1989］『豊かさとは何か』岩波新書。

中沢明子／古市憲寿［2013］『遠足型消費の時代』朝日新書。

橋本努［2012］『ロスト近代』弘文堂。

畑山要介［2015］「倫理的消費者の意識構造」間々田孝夫編『消費社会の新潮流』立教大学出版会、所収。

畑山要介［2016］『倫理的市場の経済社会学：自生的秩序とフェアトレード』学文社。

古谷由紀子［2017］『現代の消費者主権』芙蓉書房出版。

牧厚志［1998］『日本人の消費行動』ちくま新書。

町村泰貴［2019］「適格消費者団体による差止請求制度の課題」『日本経済法学会年報』四〇号、所収。

松田久一［2009］『「嫌消費」世代の研究』東洋経済新報社。

間々田孝夫［2016］『21世紀の消費』ミネルヴァ書房。

三浦展［2009a］『シンプル族の反乱　モノを買わない消費者の登場』ベストセラーズ。

三浦展［2009b］『無印ニッポン　二〇世紀消費社会の終焉』中公新書。

三浦展［2010］『愛国消費』徳間書店。

三浦展［2012］『第四の消費』朝日新書。

三浦展［2016］『毎日同じ服を着るのがおしゃれな時代〜今を読み解くキーワード集〜』光文社新書。

三浦展［2017］『中高年シングルが日本を動かす』朝日新書。

三浦俊彦［2013］『日本の消費者はなぜタフなのか』有斐閣。

ミラー、ジェフリー［2017］『消費資本主義！　見せびらかしの進化心理学』片岡宏仁訳、勁草書房。

柳宗悦［1941→2006］『民藝とは何か』講談社学術文庫。

山崎正和［1984］『柔らかい個人主義の誕生』中央公論社。

I

消費論の最前線

消費社会にとって「快楽」とは?

第1章　快楽としてのエシカル消費――ケイト・ソパーによる認識論的転回

畑山要介

はじめに

エシカル消費は社会や環境に配慮された消費として、日本でも消費者庁の積極的な推進やＳＤＧｓの流れの中で注目度を高めている。その広がりはフード、ファッション、ツーリズムと多岐にわたり、私たちの日常でも目に触れる機会も多くなってきた。特にファッションでは、フェアトレードやオーガニック、そして動物に配慮した衣服がＮＰＯや社会的企業の活動にとどまらず高級ブランドに導入されるようになった。さらに今日では女性ファッション誌で大々的な特集が組まれ若者向けブランドで展開されるようになり、またユニクロのようなＳＰＡ（製造小売）も導入しはじめるなど、より手に取りやすい商品として大衆化が進み、着実に消費のモードとなりつつある。

だが一方、エシカル消費は市民的美徳にもとづく政治的行為であると考えられ、消費社会への抵抗と関連づけられてきたという経緯がある。社会的格差や環境破壊はグローバル資本による消費化の弊害であり、エシカル消費はそれらに警鐘を鳴らす反消費主義の運動だと言われてきた［Klein 1999］。反消費主義の立場からすれば、現状はエシカル消費が消費主義的に促進されており、倫理的であること自体が快楽に還元されてしまっていると否定的に捉えられる。

さらには、政治課題はたんなるショッピング・ガイドとなり、新たな消費欲求を刺激するブランドになってしまったとさえ批判される［Heath and Potter 2004］。エシカル消費は間違った仕方で普及しつつあるのだろうか。エシカル消費が消費社会の一部となった今、その位置付けをめぐる反省的考察が求められている。

その鍵となるのが、哲学者のケイト・ソパーの議論である。[1] ソパーは社会や環境に配慮する消費者の欲求充足を擁護し、エシカル消費の積極的な可能性を展望する。擁護とは言っても、ソパーは無反省的な消費主義を肯定するわけではなく、市民性を自己利益から切り離すべきだとする見方こそが市民性から消費を排除してきたという批判的な論点に立脚する。そして市民的理念が消費者自身の「良い生活」に織り込まれているあり様を捉え、その良い生活を追求する「もうひとつの快楽主義」としてエシカル消費を再定式化する。

従来であれば、エシカル消費は人々がいかに自己の関心を断ち切って「賢い消費者」となることができるかという問題として考えられてきた。しかしソパーの議論を通じて、私たちはエシカル消費、さらにはその先にある持続可能な社会のモデルを快楽という別の角度から構想できるようになる。

エシカル消費は「賢い消費」でなくてはならないのだろうか。以下ではソパーの理論の再構成を通じて、もうひとつの快楽主義の観点からこの問題に答えていきたい。

1　エシカル消費の快楽性

エシカル消費をめぐるソパーの視点の特徴は、これまで自己利益とは切り離されたものとされていたエシカル消費を自己利益の追求として理解する点にある。それは、社会・環境的配慮が個人の自己利益に内部化されているという状況を理論的に再定式化する試みであった。ソパーは「もうひとつの快楽主義（alternative hedonism）」という枠組みを用いて、その分析視座を提示する。

もうひとつの快楽主義とは、近代産業社会における物質的なライフスタイルの副産物（騒音、汚染、危険、ストレス、健康リスク、過剰な廃棄物、景観の破壊）によって楽しみや満足の源が失われそれらが実現できない状態において、そうした副産物を避けつつ、それとは異なる仕方での消費のなかに楽しみや満足を見出す態度である［Soper 2007: 211］。ソパーは例として、自動車での移動が騒音や汚染、渋滞など不快な副産物を生み出すため、ウォーキングやサイクリングに切り替えるという行動を説明する。自動車による副産物を避けるという側面を見れば、これは一種の禁欲に見えるが、ソパーはそこにウォーキングやサイクリングそれ自体の固有の楽しみを人々が見出していると捉え、既存の消費社会では味わえない快楽性の追求としてそれらを把握する。ファストフードを避けたり、フェアトレード商品を選んだりすることも同様に、そうした快楽性のもとで理解できるとソパーは言う。

このもうひとつの快楽主義という概念は、特定の種類の態度や行動の類型（たとえばカウンターカルチャー）を指すものではない。それは、今日における人々の状況を産業社会的な消費主義に対する憂鬱として捉え、そこでは満たされなかった様々なもうひとつの楽しみの先取りとしてエシカル消費を捉える、という理論的な枠組みである［ibid.: 212］。重要なのは、ソパーの議論は消費を通じた欲求充足の追求に対するアンチテーゼとして社会や環境に対する配慮を唱えるものではなく、従来的な消費主義のなかでは満たされなかった欲求の充足に向けられたものとして社会や環境への配慮を捉えるものだという点である。つまり、欲求の充足という形式それ自体の否定ではなく、人々にとっての「良い生活」の意味内容の差異と多様性に目を向けることで、近代産業社会の視座では「禁欲」にしか見えなかった行為の快楽性に言及しているわけである。

ソパーの快楽主義の重要なモデルとなっているのは、一九世紀のアメリカ市民社会論に大きな影響を与えた詩人H・D・ソローである。ソローは自然に囲まれた田舎で自給自足の生活を過ごしたが、彼はその生活をけっして禁欲として表現せず快楽として表現した［Thoreau 1854］。ソローにとって「物質主義的ライフスタイルは、味や匂い、音、そして散歩や読書といった活動を人々が楽しみを享受する可能性を減退させてしまうもの」にほかならなかった［Trentmann 2007: 153］。ソローの自給自足はその失われた快楽の獲得へと向けられたものであった。

ソパーが捉えようとするのは、ソローのように既存の消費主義に落胆しその不満を埋めるべく別様の仕方での消費の楽しみを追求するあり方だと言える。しかしソパーの議論は、他者や社会への顧慮を自己の欲求充足に還元することで消費の市民的側面を見落としているのではないかという疑問も生じさせる。以下では、消費と市民性を対立させるA・センに対するソパーの批判を通じて、どのように消費と市民性の関係が位置づけ直されるのかを見ていこう。

2　フクロウを守るのは誰のため？

消費者と市民は長らく相反するものとみなされてきた。消費者は私的な楽しみや達成を考慮するものとして概念化される一方、市民は自らの欲求と欲望を越えて公共財（コモンズ）を視野に入れる非‐利己的な主体として概念化されてきた。エシカル消費も、「利己的」な消費者と「熟慮ある」市民という二項図式にもとづいて論争されてきた。ソパーは、この二項図式そのものに疑いを差し向け、議論の前提それ自体を再構成する［Soper 2007; 2008］。

ソパーによれば、新古典派経済学の特殊な「経済人」の想定は、消費者を狭い意味での経済的利益の概念化に押し込めることで利他や熟慮といった市民的側面を捨象してしまった。だがその想定は既に広く批判され、今日ではむしろ他者志向的な動機が社会科学における行動の説明においてより中心的役割を占めるようになった。そのもっとも優れた理論のひとつがセンの理論であると言う。ソパーは、経済人という想定に批判的な立場という点ではセンと軌を一にする。しかし、センの理論は市民意識と個人生活を分裂させることで成り立っていると批判を向ける。

センは「その人の手に届く他の選択肢よりも低いレベルの個人的厚生をもたらすということを、本人自身が分かっているような行為を他者への顧慮ゆえに選択する」あり方をコミットメントとして定義し、自己利益の追求（生活水準の達成）と排他的に区別されたそれを市民性の条件に据える［Sen 1977: 邦訳 134］[2]。センは社会的な公正や環境保護が人間の「生活水準」の達成と無関係な理由にもとづくべきであることを主張し、市民性は消費と切り離されたものだと強調する。

それがもっともよく表れている箇所として、ソパーは絶滅が危惧されるニシアメリカフクロウの保護をめぐるセンの主張を取り上げる。センは「私たちの生活水準（living standard）はフクロウの存在の有無にはほとんど、あるいは全く影響されることはないが、しかし人間の生活水準とは関係なく、フクロウを絶滅させてはならないと私は強く信じている」［Sen 2004: 10］と論じる。ここでセンは市民という役割への参加を、生活水準の維持者としてのより受動的な行動とは別のものとして提示しているとソパーは言う。センは「生活水準」の概念を経済成長（ＧＤＰ）の文脈で使用しているが、消費者はその生活水準の維持者にすぎず、したがって自らの生活水準と切り離して社会を見据える市民的コミットメントが環境保護において重要だとセンにおいては主張されることになる。

ソパーがここで批判するのは、市民と消費者の相互排他的な図式化である。というのも、生活水準を経済成長と捉えるセンの想定は実は「経済人」の裏返しであるとも言える。つまり、センは「純粋な経済人」というモデルを批判する一方、消費者的態度（生活水準の向上）を批判する際には「純粋な経済人」というモデルを蘇らせてそれを消費者に投影している。フクロウの保護と生活水準の向上の排他的な関係を支えているのは、新古典派とセンに共有されている自己利益の概念定義だとも言える。

ここでソパーが主張しているのは、自己利益とコミットメントの区別そのものに対する批判である。ソパーの狙いは、センが提起した図式と対比しながら、自由、環境保護、持続可能性に関する市民の関心が「生活水準」の維持と結びついた「良い生活」（good life）の実践や概念化と密接につながっていると主張することである［Soper 2007: 208; 福士 2016: 45］。つまりソパーは、個人の生活水準を生活の質という観点から再概念化することで、フクロウの保護を個人の生活水準の向上としてみなすことを可能とする新たな理解の枠組みの必要性を主張しているのである。

以上のようにソパーは、センも暗黙的に維持している「経済人」的な消費者像そのものを批判し、生活水準の向上として他者や社会への配慮を捉える見方を提示する。したがって「エシカル消費はけっして、自己の目下の個人的な関心を越えて世界に責任を負うようになる反省的で責任ある行為として理論化されるのではない」［ibid.: 217］。フクロウを守るのは誰のためか、ソパーならこう答えるだろう。それは、フクロウのいる世界に住みたいと願うほかならぬ私たち自身のためであると。

3　消費は意味的体験である

はたして快楽が市民社会の原理であってよいのであろうか。ソパーは個人の消費的関心のなかに市民的な理念が織り込まれているところにエシカル消費を捉えるが、こうした図式転換を理論的に理解することができても、それは結局、快楽を追求する人間を肯定し、市民性を快・不快の原理に還元しているだけではないかと疑念を持つ人もいるに違いない。たしかに、快楽や欲求という言葉は何か非社会的で動物的な原理に聞こえる。そこでソパーの快楽主義の発想を「意味」という観点から理解することで、この疑念を解消していきたい。

ソパーの問題意識は、二〇世紀の左派理論の逆説にある。人間の快楽性を肯定する快楽主義は一部の左派から強い批判を受けてきたが、その批判の根底にあったのは物質的な欲求充足を人間に本来的なものとみなす「自然主義」であると逆に批判を向ける［Soper 2011: 55］。消費論の文脈における自然主義とは、必要性を超える欲求を消費主義に植え付けられた剰余、強欲、贅沢とみなし、消費主義への抵抗を人間の自然な欲求充足への回帰と同一視する視角である。環境保護を、最低限の物質的必要性を満たす本来的な生活様式への回帰として捉える禁欲主義的な反消費主義がそれにあたる。

一方、物質による精神の物象化や疎外を批判し、産業と商業に対する精神性の自律を重視したのはT・アドルノであった。アドルノは、有用性の観点から余暇や娯楽を否定的に捉える自然主義的な消費観を批判し、文化的行動を否定することは「あらゆる具体的な幸福の要求の否認へと進み、人間を彼自身の労働の単なる機能に還元せざるをえない」［Adorno 1955: 邦訳 121］と論じる。アドルノの消費批判は産業化・商業化の過程における快楽性の喪失に対する批判であった。ソパーは、アドルノの快楽主義的な消費主義批判を支持する。しかしアドルノの批判は、産業化された文化を享受する消費者の欲求を市場に植え付けられたものと捉え、「暗黙のうちに、欲求に対する真正な語りを通じて意識的な経験へのいかなる訴えをも排除」してしまった［Soper 2011: 57］。アドルノは自然主義を批判する他方、産業化・商品化されない真正な文化のなかに本物の欲求や快楽を想定し、それを行為者当人の経験に先駆けて措定するという点で、それは自然主義の裏返しであったとも言える。

ソパーは「高尚なものから距離を取り、日常的な消費の些細なものに目を向け」ることでアドルノの快楽主義の刷新を試みる［ibid.: 58］。その出発点として、ソパーは物質的欲求（生物的欲求）と精神的欲求（文化的欲求）という二項対立的な区別を問いに晒す。ソパーは、「食べる」ということひとつ考えてみるにしても、食べ物に対する生物的欲求は社会的に影響された統覚や経験を常に含んでいるので、人間が物理的欲求を満たす際の特定の様式は精神的な性向を抜きに説明できないと論じる。いっけん生物的・物質的欲求を満たしているように思われる場合でも、そこには必ず審美的で象徴的次元が反映されている。人間はパンのみで生きているわけではない。それどころか「人間はたんにパンへの欲求を満たしているときでさえも、常にそれ以上の何ごとかをおこなっている」［ibid.: 57］のである。

ここで論点となっていることを、「意味」の問題として考えることができる。人間は自らを取り巻く世界を固有の観点から解釈し、その世界のなかで対象を意味あるものとして位置付けている。物質的には全く同じものを消費しているように見えても、当人の意味によっては全く異なる別種の体験として理解されるし、逆に異なるものを消費しているように見えても同種の体験として理解される［畑山 2016］。アドルノは物質性ではなく精神性のなかに「真の意味」や「真の欲求」があるとした。しかし、精神を通してはじめて物質は私にとってリアルなものとなるならば、あらゆる欲求充足は常に私の意味的体験として理解できるはずである。ソパーの理論も消費を意味的体験として理解することで、快楽を物質と精神の組み合わせの問題として再定式するものと捉えることができる。

この点についてソパーが言及するのが、人類学者のM・ダグラスとG・マクラッケンの消費論である。人類学の消費論は、私たちが自然で客観的なものとして考えている物質の特性が実は私たち自身の認識の産物であること、そしてその認識がきわめて文化的なものであるという視座に立脚している。この人類学の視座を補助線に、消費の快楽が意味的体験であるということをより詳細に見ていこう。

ダグラスは身体的欲求さえも精神的なものであるという観点から、あらゆる物質的所有物は社会的な意味を担うとともに社会関係を作り出し維持する機能を持つと論じる。そして、消費とは出来事の流れに意味を付与する儀礼の過程であり、選ぶ財によって可知的な世界を構成することだと言う［Douglas and Isherwood 1979: 邦訳 103–104］。消費財は物質であると同時に精神作用の産物だということになる。またマクラッケンは、意味を恣意的なものと考える記号消費論に抵抗して、意味はあくまで消費者自身にとっての意味であり、その意味が文化的な形成物だという点から消費を分析する。消費はコミュニケーションやカテゴリー化を目的としたシンボル行為であり、自己や集団のアイデンティティや理想が関わる独特の合理性が備わった文化的営みだと論じる［McCracken 1988: 邦訳 153, 197］。ダグラスとマクラッケンは、非‐本来的なフィクションとして批判されてきた商品のイメージやその社会的価値を意味という観点から救い出す。彼らが目指すのは物理的経験と精神的経験を分割するデカルト的二元論の解体であり、財の意味を社会的関係のなかで捉え返すことである［Douglas and Isherwood 1979: 邦訳 114–115］。

　ここで、「美味しさ」というものについて考えてみよう。私たちは舌上で味覚成分の含有量を測定して食事の味を判断しているわけではない。物質的には同じ物であっても、そのときの気分やどこで誰と食べているか、その場の雰囲気や盛りつけ、何かの記念日であるか、その料理に思い出があるか、などによって味は変わってくる。さらには、人によってはその食事や素材が作られる過程や作り手の顔を知っているということ、その食事によって何が破壊され守られているかを知ることで味が変わることもある。私たちがふだん「美味しさ」と呼んでいるものは、こうした意味を通じて構成された体験を含んでいる。

　ソパーの言う「パンへの欲求を満たしているときでさえも常にあるそれ以上の何ごとか」とは、この意味的体験にほかならない。もうひとつの快楽主義の理論は、消費者自身にとってその消費が何を意味しているかを理解することから出発することで、物質的消費の精神的側面、すなわちその消費の合理性を捉えるという方法に基づいている。つまり、センのように自己の関心から切り離されたものとして社会や環境の保護を理解するのでもなければ、アドルノのように当人の経験に先駆けて「真の欲求」を措定するのでもなく、消費者自身の置かれた環境やその人の抱くアイデンティティや憧れ、こだわり、そしてその人のなかで描かれるストーリーといった固有の文脈のもとでその行為の合理性を理解するということである。

こうした理解は、エシカル消費においても同様に差し向けられる。フェアトレードコーヒーを飲むのはそれが「美味しい」からであるし、毛皮を身につけないのはそれが「おしゃれ」だからである。それらを「美味しい」「おしゃれ」と体験する当人の動機や世界像、そして彼らが準拠している文化を理解することではじめてエシカル消費がどのような意味を持つのかが説明される。ソパーのもうひとつの快楽主義は、こうした体験を「既存の消費主義への落胆と別様の消費の楽しみの追求」という状況のもとで理解するものにほかならない。

4　エシカル消費は私たちの日常と地続きである

ソパーがセンやアドルノを批判する中で救い出したのは、日常的な消費の陳腐で平凡で些細な局面にある楽しさや美味しさの体験である。「陳腐な（banal）」とソパーが表現するとき、そこには無反省で愚かな消費主義として名指しされてきた自己の必要性を満たそうとする大衆的消費も含まれる。大量生産されたインスタント食品も個人的な思い出と関連付けられることでノスタルジックな美味しさを持つことがあるし、それと同様に、物質的には味とは関係のないはずのフェアトレードコーヒーも個人の内的関心と関連付けられることでエシカルな美味しさを持つ。雰囲気やイメージを「虚構」に過ぎないという記号消費論は、意味的な体験によって消費が支えられている点を見逃していたとも言える。[3]

こうした意味的体験として消費を理解した上で、あらためて、産業化された商品を「楽しくない」「美味しくない」として避ける人々のあり方を把握するのがもうひとつの快楽主義である。アドルノの快楽主義は、ある楽しさや美味しさを体験に先駆けて「真」とするものであり、それはある意味で、産業化・商業化された消費主義への忌避を倫理的・文化的な真正性の中に位置付けるものであった。環境保護言説の啓蒙的な反消費主義も同様に、平凡で陳腐な日常的消費を愚かなものとしてそれを改めさせようとする点で「上から目線」であり、一種のエリート主義に陥りかねないとも言える。

一方、ソパーは社会や環境を破壊する消費主義への忌避感覚が日常的消費の審美性と地続きとなっていることを捉える。ソパーは、エシカル消費と日常的消費は、ともに消費者自身には意味的に体験されているという点では異なるものではないという観点から、エシカル消費が纏《まと》わされてきた倫理的・文化的な真正性という一種のアウラを相対化する。いっけんすると、エシカル消費は高尚な道徳性やモチベーションに支えられた特別な行いのように思えるが、しかし、行為者が自己の関心のもとで対象と自己を結びつけることで欲求を充足しているという点では日常的消費と変わりはなく、異なるのはあくまで準拠している文化の内容に過ぎないとも言える。

誤解してはならないのは、これは産業社会的な消費主義への迎合ではなく、むしろ消費主義に対する批判の再構築であり、さらに言えば消費主義批判そのものの認識論的転換を含んでいる。消費主義の問題は、それが精神的快楽を阿片のように人々に与えるからではなく、むしろ快楽を剥奪しているからである。したがって、消費主義に対する批判の矛先は、それが「物質的に志向された欲求と官能的な欲求のいずれの満足の源も「脱‐精神化」してしまう」[Soper 2011: 59] という点に向けられるべきだとソパーは言う。したがって、消費主義批判は「禁欲の理論」ではなく、近代産業社会下の特殊な「消費主義」によって阻害されてしまった精神的満足を追求する「快楽の理論」に基づくべきであるとソパーは主張する。消費主義的な形態を制限することで健康でゆったりとした生活を楽しむことができるので、より直接的に感覚的な楽しみを高めることができる。その意味で、持続可能な消費を求めることは、より気の合うライフスタイルを求めることでもある。そのようなライフスタイルは物質的資源の節約になるだろうが、しかしそれによって達成度が低くなり報酬が少なくなることがあったとしても、それは必ずしも簡素化や禁欲であるわけではないのである［Soper 2016: 19］。

　エシカル消費は、それが廃棄物の抑制や他者への配慮につながるように見えるので、いっけんするとそうした消費者は禁欲しているように思えてしまうが、そこには快適なライフスタイルや楽しみの追求として理解できる体験がある。もうひとつの快楽主義の枠組みで捉えるならば、エシカルな消費者は高潔な精神を備えているのでも高尚な文化を嗜《たしな》んでいるのでもない。エシカル消費の楽しみは平凡などこにでもある消費欲求に根付いたものであり、その可能性は日常的な消費に開かれていると言える。

　もうひとつの快楽主義の立場から今日の文化変容を捉えるならば、エシカル消費や持続可能な消費と呼ばれる消費は「人間の繁栄（human flourishing）」の追求という一般的形式で理解されなければならないとソパーは論じる［Soper 2011; 2016］。その前提にあるのは、楽しさや豊かさといった人々の自己利益を固定的なものとみなすのではなく、それらが常に人々によって意味づけられるものであり、その意味内容が感覚的・知覚的に変化し続けていくものとみなす視角である。ソパーはエシカル消費が形式としては陳腐な日常的消費とは変わらないとみなすが、しかしその内容すなわち人々の具体的な状況定義が変化しているという点にエシカル消費の特徴を見出しているとも言える。何が魅惑的であり、何がつまらないか、ソパーはそうした審美的感覚のゲシュタルト変容に着目するのである。

ソパーはこのゲシュタルト変容を次のように説明する。「もうひとつの快楽主義は豊かな消費者とは何かという感覚と知覚に働きかけ、今後数十年に渡って自己利益と感情的反応の劇的な変化をもたらすだろう。このゲシュタルト変容の重要な側面は審美的な相対化と再秩序化であり、それによって、かつてであれば魅惑的で魅力的なものとして知覚されてきた商品は、うってかわってその非持続的な資源利用や騒音、再利用不可能な廃棄物の排出ゆえに煩わしくて醜いものとみなされることになる」[Soper 2011: 62]。

このようなゲシュタルト変容は、結果として「生活水準」の指標を変化させる。つまり、審美的感覚の変容に伴って、これまでは生活水準を下げると認識されていたことが、生活水準を高めるものとして再認識されるようになるということである [Soper 2016: 20]。社会や環境の保護の促進は、それ自体が人間社会の繁栄の指標となる。楽しみや生活水準の抑制ではなく、ゲシュタルト変容した楽しみの追求と生活水準の向上のなかに社会変革を見る「もうひとつの快楽主義の政治的想像力」を提示することこそがソパーの狙いであったと言える。

5　定常経済とは私たちのリアリティの変容である

ソパーの提起する快楽主義の想像力は、定常経済あるいは「脱成長」と呼ばれる持続可能な社会のモデル化において大きなインパクトを与えることになる。というのも、持続可能な社会の形成は一般的に私たち一人ひとりの意識の問題だとされ、個人の意識変革を促さなければならないということが半ば自明の前提とされてきたからである。そのような考え方を「個人変容モデル」と呼ぶならば、ソパーの快楽主義はそれに対して「文化変容モデル」と解釈することができる。この文化変容モデルは、定常経済とは何かを従来とは異なる角度から考えるきっかけを与えてくれる。

個人変容モデルは、社会が人間の意識から成り立つという前提のもと、社会が変わるためには個々の人間のモチベーションが変わらなければならないという発想に基づいている。[4] 一方、ソパーの文化変容モデルでは、何をもって「良い生活（＝人間の繁栄）」とみなすかという定義の側が移り変わっていく。このモデルでは、個人のモチベーション自体は常に一貫して良い生活という形式をとるのであって、一人ひとりの人間の意識や欲求が向上するわけではない。変化するのは何をもって良い生活であるかという文化の側であり、それは個人意識に外在する社会的リアリティの変容である。この考え方は、一種の社会実在論と言っていい。

だが持続可能な社会が生活水準の向上にもとづいているという主張は、いっけんすると矛盾しているように思われるかもしれない。というのも社会や環境を破壊してきたのは、まさに生活水準を向上させようとする近代産業社会の人間の営みだからである。だからこそ、センのように自己の生活水準への関心を越えて市民的な意識を育むべきだという考え方が広い支持を受けてきた。しかし、すでに見てきたように、センは生活水準を経済成長という近代産業社会の文脈でしか捉えなかった。ソパーのように生活水準の向上を良い生活や人間の繁栄という一般的形式として捉えるならば、それは文化によって様々な内容をとりうるし、それによってはじめて近代産業社会を相対化できる。近代産業社会は非文化的なのではなく、ひとつの特殊な文化に過ぎないのである。

人間社会の発展というスケールで考えてみるならば、部族社会の贈与も、ピラミッドの建設も、ピューリタンの世俗内禁欲も、経済的利潤の追求も、それぞれ全く異なるリアリティを持つ文化に準拠しながら、いずれも等しくそれぞれの良い生活、すなわち人間の繁栄を目指す営みであるという見方もできる。つまり、私たち近代人が精神的に高度な営みをしているというよりも、何が良い生活の指標であるかが異なるだけであって、その指標を当たり前のものとして日常を営むという点では、未開人と近代人は見た目上は全く異なる行為をしていても、人間の繁栄の達成という意味で等価なことをしているのかもしれない、ということである。定常経済もそれと同様の見方で把握するならば、その新たな社会における環境保護の追求は、近代産業社会における経済成長の追求の機能的等価物になるはずである。つまり、定常経済とは人々が良い生活を捨て去ることでもなければ高度な欲求を持つことでもなく、環境保護が当たり前のリアリティのなかで人々が日常を営むということではないだろうか。これが文化変容モデルの考え方である。

快楽や欲求は非-社会的で動物的な原理だと思われているが、何が快楽であるかはその社会における良い生活をめぐるリアリティと結びついている。快楽も欲求も社会の相関物にほかならない。だとすれば、定常経済とは何が快楽となるかという文化の問題であり、それを個人の心理や意識の発達に還元することはできない。ただし、それは市民性や道徳性がもはや必要ないということではなく、市民性や道徳性それ自体が文化であり人々の日常と地続きだということである。センが日常と市民性を断絶させたとすれば、ソパーは日常として市民性を再構成し、「徳の高さ」や「賢さ」として特権化されてきた市民性を、誰もが求める「良い生活」として救い出すことで、皆が高い意識を持たずとも社会や環境の保護を素朴に当たり前と考える社会を定常経済のモデルとするのである。

定常経済を個人の意識の水準の高さの問題と捉え、いかに人々が「賢く」なるかを考えてきた人々にとっては、この発想は受け入れがたいかもしれない。だが逆に考えれば、そのような個人意識への還元に潜むのは、物質的欲求を追求する人間をどこかで低俗で野蛮だとみなす目線ではないだろうか。既に見てきたように、こうした目線は自然主義の裏返しであり、一種のエリート主義にもつながっている。啓蒙は市民社会を個人の反省の問題に還元しすぎていたのかもしれない。それに対し、快楽的な定常経済のモデルは、個人の反省には還元されない社会の反省にもとづく市民社会の形成を示唆する。その意味で、快楽主義は反省を否定する反-啓蒙ではなく、反省の脱人間化による「啓蒙の啓蒙」だとも言える。

6　「賢い消費」を越えて

ソパーの理論を経ることで、私たちは冒頭の問いに次のように答えることができる。エシカル消費は、必ずしも自らの関心を断ち切るという意味での「賢い消費」ではないし、そうある必要もない。フェアトレードのコーヒーが美味しいという理由で飲む人や、エコ素材のファッションがおしゃれだという理由で好む人は、自身にとっての魅力や快楽を素朴に追求しているという点でその道徳性が高いわけでも欲求が精錬されているわけでもない。その形式自体はあくまで陳腐な消費と変わらないのであって、賢いとされる内容はその人が準拠する文化の特性にある。[6] エシカル消費の台頭が示しているのは、私たちが準拠する文化の変容のひとつの兆候だと言える。

センは自己の関心を断ち切ることを、アドルノは高い精神性を求めることで、両者はいわば「上からの啓蒙」として批判を展開した。自己の生活水準を満たそうとする陳腐でありふれた大衆の日常は低俗なものと批判され、変革を促される対象でしかなかった。一方、ソパーの理論を通じて私たちが得ることができるのは、生活水準を満たそうとする大衆の日常として社会や環境への配慮がなされてはじめて持続可能な社会と呼べるという認識である。エシカル消費がブランドや雑誌を通じて人々の快楽の対象として商品化されることは、社会や環境の保護が文化になるということであり、それは個人の反省には還元されえない社会の反省の成果であると言える。

もちろん、それは自己と切り離した「賢い消費者」の存在やその意義を否定するものではない。しかし、誰もが熱い市民運動家や高尚な文化人、高徳な聖人君子になれるわけではない。ある特性や能力を備えた人間でなければ市民社会に参加できないのであれば、それは啓蒙の再封建化ではないだろうか。エシカル消費は、人によって様々に異なる多様な意味的体験を許容することで、上からの啓蒙から排除されていた人々や、そこから一歩引いていた人々を市民社会に誘う「下からの啓蒙」と呼べるのかもしれない。

注

1　ソパーは批判的実在論［Bhaskar 1975］を批判的に継承する立場から自然論や欲求論を再構築してきた［Soper 1995; 桑田 2014］。ソパーは、「自然主義」（自然を人間に外在した本来的なものとして捉える立場）と「構築主義」（自然を社会的な構築物として捉えその実在性を否定する立場）の双方に対する批判を軸に、その両者の間で自然や欲求を理論化し、人間の叡智や感情にもとづく環境保護論を展開している。

2　この排他的な二項図式は、善き生（well-being）をめぐる議論に至るまで一貫している。「純粋に他者への顧慮の成就によって生じる幸福は、いかなる意味においても、彼の生活水準を向上させることなしに個人の善き生を高める」［Sen 1993: 37］ものとされる。なお、ソパーの「良い生活（good life）」は生活水準の向上と結びついているという点において、センの「善き生」とは明確に異なっている。

3　J・ボードリヤールの記号消費論は、個人に外在する客観的な記号体系のなかで物と意味が恣意的に結び付いており、生産も消費もその秩序に従っていると考える［Baudrillard 1968］。それは、文化を記号体系のコードとして物質性や機能性さえも文化的構築であると構築主義の立場をとる一方、それを「虚構」や「強制」とすることで記号体系に絡めとられない本質的な自由を常に理論の背後に併せ持ち続けるという矛盾を抱える。自然主義と構築主義が深い底で繋がっていることを、ボードリヤールの理論は示している。

4　個人変容モデルの典型は、欲求段階説にもとづく脱物質主義化論［Inglehart 1977］である。欲求段階説は人間のモチベーションが生理的欲求から精神的欲求へと高度化する過程として社会発展を捉え、持続可能な消費も精神的消費としてモデル化されている［間々田 2016］。このモデルは、明らかに物質と精神の二元論にもとづいている。

5　たとえば、より多くのお金を稼ぐことでより人間が繁栄できるというリアリティのもとでは日々一生懸命働き稼ぐが、しかし神の栄光を増すことでより人間が繁栄（この繁栄を近代社会の現世的な意味で理解してはならない）できるというリアリティのもとでは、日々一生懸命祈りを捧げる。両者とも見た目上は異なる行為であるが、それを行っている人間は「繁栄のために日々努力している」という点では等価なことをしていると言える。

6　「賢さ」それ自体が社会の相関物であると言える。したがって、ここでの帰結が意味するのは「賢い消費者」という表現の否定というよりも、社会と切り離された自然的原理としての「賢さ」があるという考え方の相対化である。人々が賢くなることで社会や環境に配慮するようになるのではなく、社会や環境への配慮がその人の生活水準を高めるがゆえに結果としてそれが賢いと呼ばれるようになる、そうした文化変容が重要だということである。

参考文献

Adorno, Theodor W. ［1955=1996］ *Prismen: Kurturkritik und Gesellschaft*, Berlin: Suhrkamp. テオドール・アドルノ『プリズメン　文化批判と社会』渡辺祐邦／三原弟平訳、筑摩書房。

Baudrillard, Jean ［1968=1980］ *Le Système des Objects*, Paris: Gallimard. ジャン・ボードリヤール『物の体系　記号の消費』宇波彰訳、法政大学出版会局。

Bhaskar, Roy ［1975=2009］ *A Realist Theory of Science*, Leeds: Leeds Books. ロイ・バスカー『科学と実在論　超越論的実在論と経験主義批判』式部信訳、法政大学出版局。

Douglas, Mary and Isherwood, Baron ［1979=1984］ *The World of Goods: Towards an Anthropology of Consumption*, London; New York: Routledge. メアリー・ダグラス／バロン・イシャウッド『儀礼としての消費』浅田彰／佐和隆光訳、新曜社。

Heath, Joseph and Potter, Andrew ［2004=2014］ *The Rebel Sell: Why the Culture Can't be Jammed*, Toronto: Capstone. ジョセフ・ヒース／アンドルー・ポター『反逆の神話　カウンターカルチャーはいかにして消費文化になったか』栗原百代訳、ＮＴＴ出版。

Inglehart, Ronald ［1977=1978］ *The Silent Revolution: Changing Values and Political Style among Western Publics*, Prinston: Prinston University Press. ロナルド・イングルハート『静かなる革命　政治意識と行動様式の変化』三宅一郎ほか訳、東洋経済新報社。

Klein, Naomi ［1999=2001］ *No Logo: Taking Aim at the Brand Bullies*, Toronto: Knopf Canada. ナオミ・クライン『ブランドなんか、いらない　搾取で巨大化する大企業の非情』松島聖子訳、はまの出版。

McCracken, Grant ［1988=1990］ *Culture and Consumption: New Approaches to the Symbolic Character of Consumer Goods and*

Activities, Bloomington: Indiana University Press. グラント・マクラッケン『文化と消費とシンボルと』小池和子訳、勁草書房。

Sen, Amartya［1977=1989］“Rational Fools: A Critique of the Behavioral Foundations of Economic Theory,” *Philosophy and Public Affairs*, 6(4): 317–344. アマルティア・セン「合理的な愚か者　経済理論における行動理論的な基礎への批判」『合理的な愚か者』大庭健／川本隆史訳、勁草書房、一二〇－一六七頁、所収。

Sen, Amartya［1993］“Capability and Well-being,” Martha C. Nussbaum and Amartya Sen eds., *The Quality of Life*, Oxford: Oxford University Press, 30–53.

Sen, Amartya［2004］“Why We Should Preserve the Spotted Owl,” *The London Review of Books*, 5 February, 10–11.

Soper, Kate［1995］*What is Nature: Culture, Politics and the Non-Human*, New Jersey: Wiley-Blackwell.

Soper, Kate［2007］“Re-thinking the ‘Good Life’: The Citizenship Dimension of Consumer Disaffection with Consumerism,” *Journal of Consumer Culture*, 7(2): 205–229.

Soper, Kate［2008］“‘Alternative Hedonism’ and the Citizen-consumer,” Kate Soper and Frank Trentmann eds., *Citizenship and Consumption*, Basingstoke: Palgrave Macmillan, 191–205.

Soper, Kate［2011］“Alternative Hedonism, Cultural Theory and the Role of Aesthetic Revisioning,” Sam Binkley and Jo Litter eds., *Cultural Studies and Anti-Consumerism: A Critical Encounter*, Oxford: Routledge, 49–69.

Soper, Kate［2016］“Towards a Sustainable Flourishing: Ethical Consumption and the Politics of Prosperity,” *Ethics and Morality in Consumption: Interdisciplinary Perspectives*, Routledge: 11–25.

Thoreau, Henry, David,［1854=1991］*Walden: or, the Life in the Wood*, Boston: Ticknor and Fields. ヘンリー・デイヴィッド・ソロー『森の生活 ウォールデン』佐渡谷重信訳、講談社学術文庫。

Trentmann, Frank［2007］“Citizenship and Consumption,” *Journal of Consumer Culture*, 7: 147–158.

桑田学［2014］「自然　経済にとって自然とはなにか」橋本努編『現代の経済思想』勁草書房、二八九－三一四頁、所収。

畑山要介［2016］『倫理的市場の経済社会学　自生的秩序とフェアトレード』学文社。

福士正博［2016］「ケイト・ソパーの『もうひとつの快楽主義』　持続可能な消費との関連で」『東京経済大学会誌（経済学）』二八九号、三七－五六頁、所収。

間々田孝夫［2016］『21世紀の消費　無謀、絶望、希望』ミネルヴァ書房。

第2章　供犠としてのショッピング——ダニエル・ミラーの人類学的消費理論

小田和正

はじめに

社会人類学者のＤ・ミラーは、現代のイギリスを代表する消費論の大家である。彼はフィールドワークを通じて、現代人のショッピングの営みを新たな視点で描き出している。ミラーによれば、現代人の消費行為は個人主義的でも快楽主義的でも物質主義的でもない。ショッピングの営みは、多くの場合、家族や親族といった「親密な他者」のためになされる。それは献身的な営みであり、自己犠牲的で、利他的な贈与を含んでいる。むろんそうはいっても、親密な他者のための消費は、自然環境を保全するとか、発展途上国の労働者を配慮するといった「倫理」までを含んでいるわけではない。道徳的な消費の営みは、しばしば親密圏の外にいる人たちへの倫理的な配慮を欠いている。ミラーが見出すのは、日常生活の消費が示す道徳性と、それとは対立的に現れる倫理的な消費の相克である。いったい私たちの道徳的な振る舞いは、なぜ倫理と矛盾するのだろうか。本章では、ミラーの消費論について紹介しつつ、その達成を批判的に検討したい。

1　供犠としてのショッピング

ミラーは日常的なショッピングの営みを供犠（sacrifice）とのアナロジーによって捉えている［Miller 1998a］。供犠とは捧げものをする儀礼である。彼によれば、日常的な消費にもこの供犠の要素がある。

供犠についてのミラーの理解は、とりわけＨ・ユベール／Ｍ・モース［Hubert et Mauss 1899］に多くを負っている。彼らから引き出される供犠の特徴とは、①供犠が常にそこで捧げられる犠牲（victim）の消費行為であること、②しかしそれがたんなる消費行為ではなく、その対象（犠牲）が諸々の儀式の手順のなかで神聖化され、神に捧げられたのちに再び世俗化されるという、上昇と下降の運動の最終局面に位置していること、③供犠の儀式では、生産物が浪費されるが、それはたんなる浪費を超えて、超越的なものとの関係を築くための手段になること、この三点である。ここからミラーが導く供犠の本質的な機能は、超越的な力（つまり神）との関係を構築するという機能である。供犠はたとえば、家畜や農産物のような労働による生産物を、日常的な食糧供給としてではなく、神との関係のなかで、神のもつ超越的な力を受け取る手段として消費することを可能にする［Miller 1998a: 75-83］。こうした供犠理解のもとで、ミラーが大胆に主張するのは、私たちの日常的な消費の営みもまた、神聖化と世俗化という上昇と下降の運動のなかで親密な他者との関係を構築する機能をもっている、ということである。

彼のショッピング理論は、ショッピングと供犠の関係をその類似点に応じて三つの段階に分けている。以下、その三つの段階をそれぞれみていこう。

（1）　供犠とショッピングの第一段階——過剰のヴィジョン

現代の日常的なショッピングの営みと供犠の儀式には共通性が見出される。その第一の段階は、「過剰のヴィジョン」である。ショッピングと供犠はともに、過剰なものを蕩尽（dissipation）する、いい換えれば極端な支出をする、という面がある。

たとえばG・バタイユ［Bataille 1986］が論じるように、供犠は、生産労働からの解放として位置づけることができる。私たちはたとえば、労働を通じて家畜を生産する。ふだんはその家畜を必要に応じて消費するが、しかし供犠においては、その有用な家畜が神への捧げものとなる。供犠において、人々は家畜を殺戮して神に捧げる。このような儀礼を通して、人々は有用性の地平から脱し、それによって至高の体験へと至ることができる。

ミラーによれば、現代のショッピングもまた、このような供犠と似た側面がある［Miller 1998a: 94-95］。ショッピングは、それまでお金を得るためになされてきた労働が消費へと変化する瞬間である。支配的なショッピング言説においてショッピングは、さまざまな苦難や達成、ときには憤りを伴う体験としての労働を通して蓄積された成果（お金）を破壊するものとして特徴づけられる。ショッピングは、何かを侵犯する自由である。それはこの上なく気分を高揚させるひとときをもたらすものとして表象される。

ミラーはこのように、ショッピングと供犠がいずれも、①労働の成果を消費へと移行させる瞬間を表すものであり、②労働からの侵犯的な解放を意味する、という二つの点を指摘している。こうした言説の基底には、私たちが生存の必要からすでに免れているという、「純粋に過剰なヴィジョン」［ibid.: 95］が前提されている。

このヴィジョンでは、浪費はそれ自体、社会的生活から脱文脈化された目的となる。その買い物客は、個人化された快楽主義の命ずるところにしたがって純粋に遊蕩するものと想像される。ショッピングは、あらゆる社会関係や諸々の義務によって定義されるものから切り離されることを空想する、ある種の絶対的な自由を客体化（objectify）するようになる［ibid.: 96］。

このように、ショッピングと供犠は、過剰なものを蕩尽するという考え方を共有している。むろん現代のショッピングは、神に捧げものをする供犠と違って、個人主義的で快楽主義的な営みであるといわれるかもしれない。しかしミラーはこのような考え方を批判している。ショッピングと供犠は、一見すると異なるようで、第二段階においてさらなる共通点をもっている。

（2）供犠とショッピングの第二段階——対象の神聖化と関係の確立

ミラーが次に着目するのは、供犠を行う多くの社会では、壮大な供犠が催される一方で、日常的に習慣化した供犠も営まれている、という点である［ibid.: 98］。日常的に行われる供犠は、その社会の消費の主要な形式を表している。日常的な供儀は、有用性の地平にとどまっている。それは、実用的な目的を達成する実践という性質を帯びている［ibid.: 98–99］。

むろん、供犠とショッピングに共通する特徴は、たんにそれらが日常的な消費形式であるという点にあるわけではない。ミラーによれば、供犠とショッピングの本質は、一定の儀式を通して信仰／献身（devotion）の対象を神聖化し、そうした神聖な対象との関係を確立することにある。この対象の神聖化と、その対象との関係の確立が、供犠とショッピングの第二段階である［ibid.: 99–100］。

まず供犠についていえば、ユベール／モースが論じるように、「あらゆる供犠に含まれている自己放棄の行為は、しばしば個人の意識に対して集合的力の存在を想起せしめることにより、まさしくそれらの理想的存在を維持する」［Hubert et Mauss 1899: 邦訳 110］。供犠には、労働によって生み出された成果をすぐには消費しないという自己否定が伴っている。そしてこの自己否定は、消費する人が理想的な存在との関係を確立する重要な契機となる。

ショッピングにおいてこれと類似する過程は、日常的な倹約（thrift）の営みのなかに見出されるだろう。典型的な事例としてミラーが挙げるのは、高齢者による倹約の営みである。彼の調査によれば、日常的に倹約を行う高齢者は、それによって貯蓄されたお金を、自分のためではなく、たいていの場合は孫へのプレゼントを購入するために費やす。高齢者の倹約は、「後続する家系についての感覚（the sense of descent line）」［Miller 1998a: 102］を創り出すことに寄与している。遠く離れて住む孫たちであっても、日々の倹約の営みによってその存在が日常的に再構成され、そのようにして客体化された対象が、家系としての「家」という超越的な感覚をもたらすというのである。このような日常的な倹約による対象構成とその神聖化のメカニズムは、高齢者だけでなく独身の若年世代にもみられる。人々が愛の関係のなかにいることを望むなら、このような感覚は作用しはじめるという［ibid.: 102–103］。恋人へのプレゼントは、倹約とともに、神聖な愛の関係を取り結ぶ作用をもっているだろう。

このように、供犠とショッピングの第二段階において、人々の意識は倹約を通じて世俗的なものから引き離され、聖なる領域に想像上の理想的対象が創り出される。しかしこの第二段階で構成された意識は、第三段階では、特定の具体的な愛の対象へと引き戻されることになる。

（３）供犠とショッピングの第三段階——関係の弁証法的な再確立

　第二段階の倹約によって構成される対象は、買い物客がもつ価値や目的の客体化として創り出される想像上の理想の対象である。その対象は、しかし第三段階では、個別具体的な現実の対象（たとえば実際の妻や夫、子どもや孫）へと引き戻される。と同時に、その具体的対象は、理想の妻や子どもといった第二段階で構成された表象をなおも帯びつづけ、それによっていわば、現実と理想のあいだにズレが生じるという［ibid.: 106–107］。ショッピングの目的は、理想の他者へ捧げることなのか、それとも現実の他者に捧げることなのか。ミラーによれば、日常の消費にはこのズレを調停する機能があるという。ショッピングはさまざまな配慮や妥協を含んでいる。消費は、消費する人が再び、現実とうまく関係を結ぶことができる過程である。そこには関係性を再確立するという特徴がある。

　この第三段階では、倹約によって蓄積された資源が、まずショッピングによって神聖化された後に、購入された商品が家族の成員などに与えられる［ibid.: 107］。この過程は、実際の供犠と似ている。供犠においては、捧げものによって神が構成されるが、捧げられた物はその後、供犠に参加した人々に分け与えられるからである。

　ここでミラーは、家族に食事を準備する女性（主婦）に焦点を当てている。家族に食事を準備するという女性の行為が、古代の供犠において共同体に食事を準備する行為と類似していると彼は考えるからである。

　供犠としてのショッピングの第三段階では、倹約というかたちで一般化される献身として存在していた超越の要素は、愛の継続的な媒介者（instrument）としての女性と、その女性が購入品というかたちの供犠の残余をもち返って与える人々との関係に向けられる献身的な愛の特定の表現へと変化する。ここで愛とは、献身の一般性が特殊性へと引き戻される弁証法的な変容である［ibid.: 108］。

　つまりこの第三段階においては、いったん理想的な対象に捧げられたものが、今度は具体的な特定の他者に向けられる。そこには、他者とのあいだに関係を再確立するメカニズムがある。むろんミラーが挙げる例では、女性が家庭で献身的に振る舞うという、ジェンダー間の不平等を前提としており、これについてはフェミニズムからの批判もあるだろう。実際ミラーも、女性の家庭内労働の搾取とその再生産をフェミニストの観点から批判するM・L・デヴォールト［DeVault 1991］を参照しつつ、その点に留意している。しかしそれでもなお、ミラーは献身としての愛の神聖性を擁護しているようにみえる［Miller 1998a: 109］[1]。彼は関係における正義の基礎として「平等」を強調するフェミニズム的な愛の概念を「エロス的愛」と呼び、これに「アガペー的愛」を対置している。そのアガペー的愛とは、理性に基づくのではなく、最愛の他者に溶け込むことを通して、自己を失うこと自体を目的とするような無条件の愛である［ibid.: 123］[2]。ミラーが自身の調査に基づいて描き出すのは、近代資本主義の内部で、そうしたアガペー的な愛の関係が商品を通じて築かれる、ということである。

　ミラーが代表的な例として取り上げるのは、世代を超えて購入されつづけるハインツやケロッグなどの長寿商品（たとえばハインツのトマトスープ）である。それらの商品は親から子に受け継がれ、親の役割モデルを媒介し、それによって血縁集団（descent group）としての家族を築くことに寄与している［ibid.: 142］。このような長寿商品は、親子のあいだの思い出と強く結びつき、各人の人格と切り離せない関係にあるがゆえに、譲渡不可能性（inalienability）という性質を帯びる。譲渡不可能性とは、一九八〇年代から文化人類学の領域で議論されはじめた概念であり、その主要な論者の一人であるA・B・ワイナーは、所有者の本来的なアイデンティティが吹き込まれているために、容易には手放すことができない、あるいは何が起こっても本来の所有者に固有の仕方で属していると認識される所有物の性質を表すために、この言葉を用いている。ワイナーによれば、そのような譲渡不可能な所有物は、典型的には家族や血縁集団内で受け継がれ、それによって過去を現在へと運ぶ伝達手段としての役割を果たしている［Weiner 1985: 210; 1992: 6］。ワイナーを含め文化人類学では、この譲渡不可能性の概念に基づき、譲渡不可能なものが贈与の対象となり、譲渡可能なものが商品交換の対象となる、という議論が展開される［古瀬 2006: 2］。

しかしミラーが指摘するのは、私たちの社会では譲渡可能な商品交換の対象が人々の関係を確立するための媒体となり、そのことを通してそれらの商品が譲渡不可能性の性質を獲得するということである。たんなる贈与ではなく、消費行為によって、譲渡不可能なものの感覚が生み出される［Miller 1998a: 146-147］。かつてK・マルクスは、近代資本主義の勃興とともに、牧歌的な家族関係が破壊され、商品（貨幣）が物神崇拝されるという病理を指摘した［Marx und Engels 2008: 23; 邦訳 45; Marx 1962: Kap. 1.4; 邦訳 第一章第四節］。資本主義社会においては、関係性が流動化し、商品（貨幣）こそが関係性を結ぶ媒介物となる。ミラーによれば、「生産と流通の諸力を通して完全に疎外されることで、それら関係の属性は、価値創造という人間的プロジェクトで再び満ち溢れた消費を経るようになる」という［Miller 1998a: 151-152］。資本主義においては、人々は完全に疎外される一方で、人間的な消費の営みを再生できるというのである。

ショッピングと供犠はいずれも、何らかの対象を媒体として、消費を通して神や親密な他者との関係を構築する。それらはその第三段階において、第二段階で理想として構成された他者と現実の他者との齟齬を調停する弁証法的過程となる。そこには価値創造という人間的な企てがある。資本主義のもとで消費者は、たんに資本主義の論理に従属するのではなく、アガペー的な愛を実践することができる［ibid.: 153］。こうしたショッピングの人間的な実践を、ミラーは「ピーナッツバター理論」というユニークな理論を用いて説明している。この理論は、弁証法としてのショッピングという彼の議論の中核をなしている。

2　道徳的消費と倫理的消費

(1)　ピーナッツバター理論

アガペー的愛の実践としてのショッピングは、個人主義的で快楽主義的、あるいは物質主義的な消費という広く流布された従来の消費観とは根本的に異なるものであり、ミラーはそれこそが日常的なショッピングの中心にあると主張する。そうした実践をもっともよく体現しているのは、自身を主婦とみなす女性たちであり、彼女らのショッピングの特徴をミラーはピーナッツバター理論として定式化している［Miller 2012: 70］。ピーナッツバターは、子どもたちに何を買い与えるべきかという問題に日々直面している母親たちが好んで購入する商品である。その理由は、それがしばしば子どもたちが食べたがるジャンクフードに比べて健康的な食品だと考えられているからであり、同時に子どもたちが好きな食べ物でもあるからである。母親たちは、健康に良いものを食べさせたいという自分たちの欲求と、それとは異なる子どもたちの欲求とが、重なり合う商品を買う傾向にある。端的にいえば、これがピーナッツバター理論である。

　この理論は、前節でみた第三段階でのショッピング実践の具体的な在り方を理論化したものであり、購入者が抱くあるべき理想としての対象と現実の対象との齟齬を調停しようとする、広く行われている弁証法的な試みである。これはアガペー的愛を表現する実践的な技術であり［ibid.: 85］、それゆえに人々による道徳的な消費の側面を明らかにする。ミラーにおいて消費は、諸々の消費財が文化的生活やアイデンティティの主要な表現手段となるがゆえに、国家や市場、科学、そして労働と結びついた疎外性（alienability）の否定となりうるものとして捉えられる［ibid.: 56–57］[3]。そしてそのような消費はたんに個人的な選択や自己表現の過程ではなく、他者との関係を（再）確立し、愛を表現する技術ともなるがゆえに、譲渡不可能な生活（inalienable life）の基盤となる。ピーナッツバター理論はそうした人々の消費行為の一つの原型（prototype）を示している。

だがその一方で、ミラーによれば、ピーナッツバター理論に象徴されるような道徳的消費（moral consumption）は、フェアトレード商品や環境に配慮した商品の購入といった、倫理的消費（ethical consumption）[4]には必ずしも結びつかない。むしろ両者はしばしば相反する関係にある。

（2）道徳的消費と倫理的消費の矛盾

フェアトレードや環境への配慮は、倫理的に正しい営みである。この点に正面から異を唱える人は、それほど多くないかもしれない。実際ミラーはロンドンでのフィールドワークを通して人々がそうした倫理的消費の重要性について十分に知っており、会話のなかでさまざまに話題にしていることを確認している。しかし彼の調査によって明らかになったのは、倫理的消費の重要性への自覚が、人々の実際の消費行為にはほとんど結びついていないということであった［ibid.: 87］。

では、なぜそのような著しい不一致が生じるのか。彼によれば人々の日常のショッピングに支配的な影響を与えていたのは、倹約への関心であり、お金を節約するためにセールで買い物をすることは、その人々が将来への備えや自分の家族のために賢く買い物をしていること、その意味で道徳的な個人であることを示している。反対に、オーガニック食品であれフェアトレード商品であれ、あらゆる形式の倫理的消費は、通常の商品を買うよりも値段が高いと認識されており、したがって倫理的な商品を買うことは、倹約と引き換えになされると意味づけられていた。すなわち、地球や遠い他者についてのより射程の広い問題への倫理的関心は、実際には常に自分の家族や世帯に対する道徳的関心を犠牲にするものだとみなされていたのである［ibid.: 88-89］。ショッピングにおける倹約の実践を通した他者の構成という第二段階と、ピーナッツバター理論に象徴されるアガペー的愛の弁証法的実践としての第三段階という彼によるショッピング理論は、したがってここでは、人々がその自覚ほどには倫理的な消費を行わない理由を説明する理論ともなる。問題は、人々が快楽主義的、個人主義的、物質主義的であるという点にあるのではなく、むしろ人々が倹約的で道徳的であるからこそ倫理的であることができないという、消費における道徳と倫理の矛盾にある［ibid.: 89］。

　ミラーはしかし、このショッピングにおける道徳と倫理の矛盾について、ヘーゲル哲学を基礎にして、弁証法的に調整する可能性を検討している。次節では、そうしたミラーによる考察についてみていくことにしよう。

3　ショッピングの弁証法――その可能性と現状

　ミラーはショッピングを、あるべき理想と現実の状態との矛盾を調停する弁証法的契機として捉え、G・W・F・ヘーゲルの人倫（Sittlichkeit）の概念――人々がモダニティの諸制度と調和する倫理的社会――を理解するためのもっとも重要な手段になりうると位置づけている［Miller 2001: 177］。ここでミラーは、家族、市民社会、国家というヘーゲルによる弁証法の区分を、発見法的な観点から修正し、親族関係（kinship）、地域社会（community）、市民社会（civil society）、政治経済（political economy）という四つの水準に分けて考察している。このうち、道徳的消費と倫理的消費の矛盾という観点から論じられるのは、最後の二つの水準、すなわち市民社会と政治経済の水準での弁証法的過程である。

ヘーゲルが市民社会の領域を個人と統治を媒介するものとみなしていたように、ミラーにおいても市民社会の領域は、道徳的消費と倫理的消費――ミラーがこうした用語法を用いているわけではないが――とが弁証法的に調停される領域とみなされる。ここでミラーがヘーゲルから明示的に受け継いでいる論点は、個人の主観的な欲求の充足が、常に他者の欲求や労働、所有物を手段として達成されるがゆえに、「諸個人は自らの知識や意志、振る舞いを一般的な仕方で規定し、自らをそうした連関の連鎖の一環に位置づけなければならない」[Hegel 1986: 343: 邦訳358] というヘーゲルの議論である [Miller 2001: 195]。「一般的な仕方で（auf allgemeine Weise）」自らを規定するとは、共同体（市民社会）の作法にしたがうということであり、ヘーゲルにおいてはこうした欲求充足の過程が特殊性（個人の主観性）を一般性（共同性）へと陶冶するものとして捉えられていた [Hegel 1986: 343: 邦訳358]。

ミラーにおいて諸個人の主観的志向性を他者や世界的なスケールでの倫理性へと媒介する役割を果たすのは、環境保護言説やコスモポリタン的言説などの倫理的言説であり、彼によれば、そうした言説を通じてはじめてショッピングは特殊性を一般性へと調停する営みとなりうる [Miller 2001: 194]。しかしミラーによれば環境保護の言説が比較的洗練されたかたちで流布し情報量も豊富であるのに対して、消費が生産者に対して与える影響については断片的であり情報が不足している [ibid.: 196]。また前節の最後にみたように、消費者はたとえ倫理的消費の重要性を十分に自覚していたとしても、自分の家族や親族に向けられる道徳的消費に倫理的消費を優先させるわけではない。

そこでミラーがさらにヘーゲルから引き出すのは、そうした倫理的言説が主張する一般性へと到達するには、その一般性を法律のかたちで具体的に表す必要があるということである。一般性の具体的表現として法律を定めることで、法律はたんに裁定を下すだけでなく、諸個人が自分の欲求を理解する手段にもなるからであり、それによって諸個人が倫理的な選択を行うことを可能にする生産や流通の在り方を整備するからである［ibid.: 195; cf. Hegel 1986: 370: 邦訳384］。ミラーによれば、倫理的な消費行為を実現するには人々の主観的志向性を変える必要があり、そのためには法律による倫理の外部化が弁証法的条件となる［Miller 2001: 199］。これは、市民社会による倫理の涵養とそれによる人々の消費行為の方向づけの失敗を国家によって補うという点で、すでに市民社会の水準を超えており、政治経済の水準として位置づけられる。

しかしこの政治経済の水準でまず彼が問題とするのは、商品の原料がどこからきているのか、その有害性についての科学的コンセンサスは何かといった高度に専門的な問題に関して、消費者は匿名的で官僚的な政治的判断に依存せざるをえないということである。また他方では、彼が批判的な意味で「ヴァーチャリズム（virtualism）」[5]と呼ぶ政治経済の専門家の思考様式においては、消費者の実際の消費行為が抽象化され、数式や学術的修辞に置き換えられることで、みえなくなってしまう。彼が問題視するのは、そうした匿名的な官僚制度への広範囲に及ぶ責任の委任やヴァーチャリズム的な思考様式には、つまり政治経済の水準には、あるべき理想像が欠けているがゆえに、それが「現実(real)」[6]となることもないという点である。つまり、政治経済の水準では弁証法の契機が存在しない[7]。弁証法の過程で陶冶されるべき諸個人が、ヘーゲル的な意味で、客観的にも主観的にも疎外されている［ibid.: 198, : 200–201］。ミラーはこの点を十分に説明していないが、ここで客観的に疎外されているというのは、消費者が必要な情報を得ていないために、即自的（an sich）な段階にとどまるということを意味するだろう。たとえば、消費の営みが生産者に対して与える影響について知らないとか、それを補うための政治経済の政策が、匿名性やヴァーチャリズムによって抽象化されすぎているということであろう。これに対して主観的な疎外とは、消費者が矛盾に気づき、情報を十分に得ている点では対自的（für sich）な段階であるが、しかし政治経済の水準で、あるべき理想が不在であるがゆえに、弁証法の契機を適切に見出せないという事態を指しているだろう。

以上のようにミラーは、ショッピングにおける道徳と倫理の矛盾を止揚するための弁証法が機能していないとみた。倫理の判断は、人々の生活に根差した道徳的判断を離れて、政府の官僚的な視点で追求される。しかしその判断はあまりにも抽象的で、人々はリアルなものとして受け止めることができないとみた。これに対してミラーは、消費が生産者に対して与える影響について、発展途上国における人類学者による諸々の研究が参考になるとし、人類学の役割に期待を寄せている［ibid.: 196–197, 204–205］。

4　考察——問題の整理と弁証法的契機の所在

ショッピングにおける道徳と倫理の対立は、しかし、本当に解消できないものだろうか。最後にこの問題を考えてみたい。最初に、道徳的消費と倫理的消費の主な相違点を確認すると、第一に、これら二つの消費には、その行為が向けられる他者に違いがある。道徳的消費は、家族や親族の成員といった親密な他者に向けられる。これに対して倫理的消費は、発展途上国の労働者や自然環境といった、消費者の親密圏からみると、遠くの他者、またそれゆえに抽象化された他者に向けられる。第二に、これら二つの消費を駆動する原理に違いがある。道徳的消費は、親密な他者へのアガペー的愛を原理として動機づけられるが、これに対して倫理的消費は、遠くの他者に対する公平性や、自然

表2－1　道徳的消費と倫理的消費の相違点

	道徳的消費	倫理的消費
志向対象	親密な他者	遠い他者（途上国の労働者・自然環境）
原理	アガペー的愛	正義・公平性
犠牲	自己の労働とその成果（お金）	自己の労働とその成果（お金）、および道徳的関心
贈与／交換形態	贈与	交換
維持・再生産の単位	共同体（家族的な関係）	共同体を超えた生産条件

出典：筆者作成。

環境を保護すべきであるという、正義を原理として動機づけられる。第三に、道徳的消費は、自己の労働とその成果（お金）を犠牲として捧げるが、これに対して倫理的消費は、自己の労働とその成果（お金）だけでなく、自分が属する共同体への関心も犠牲にして、遠くの他者を配慮する。第四に、道徳的消費は、親密な他者に対する献身的な贈与行為であるのに対して、倫理的消費は、基本的には交換（トレード）の行為である。第五に、道徳的消費は、自分が属する共同体を形成したり維持したりすることに貢献するが、これに対して倫理的消費は、諸々の商品の生産を可能にする自然環境や労働者の労働環境を再生産することに貢献する。後者の場合、消費者が寄与しているのは、共同体を超えた生産の条件である。以上の相違点を整理すると、表2－1のようになる。

　では、これらの相違点はどこから生じるのだろうか。結論からいえば、これらの相違は、産業革命以降に進展した生産と消費の分離という社会経済的な構造によって生じていると考えられる。たとえば、ミラーとともに『ヴァーチャリズム』という論集を編んでいるJ・G・キャリアーは、一八世紀初頭まではアメリカやイギリスでも家内工業（cottage industry）を営む世帯が商業生産の基本単位であったとし、初期工場生産から近代工場生産へ移行するにしたがって家族関係と生産関係が分離していく様子を描き出している[Carrier 1998]。ミラーが供犠とのアナロジーで描き出す、ショッピングを介して確立される家族的関係は、分業化がいっそう進展した資本主義的経済システムのなかではもはや商業生産の単位ではなく、もっぱら消費の単位としてのみ存在している。そしてまさにこのことによって、関係の対象は親密な他者に限定され、生産条件の維持への関心から切り離れたアガペー的愛がその親密な関係を形成する主要原理となった。たとえばもし、耕作地や放牧地、家内工業における諸々の生産設備などの生産条件の維持や再生産が、家族や共同体の関心と結びついているなら、アガペー的愛であれ、エロス的愛であれ、純粋に愛だけが関係形成の原理となることはできなかったはずである。

産業革命以前の共同体においては、生産の単位と消費の単位は、基本的に分離していなかった。共同体の維持と生産条件の維持への関心は、不可分に結びついていた[8]。これに対して産業革命以降になると、家族や共同体における消費の営みは、社会のなかで生産の条件を維持するという関心から切り離されていく。するとアガペー的な愛を原理とする道徳的消費と、自然環境や発展途上国の労働者への配慮を意味する倫理的消費は分離してしまう。道徳的消費と倫理的消費の相克関係は、生産の単位と消費の単位の分離、またそれによる関心の分離という、近代以降の社会経済的な構造から生じる帰結であり、生産の単位が家族や共同体から分離すると、生産条件への配慮はもはや家族や共同体の水準ではなく、市民社会や政治経済の水準での正義や公平性という異なる原理の問題となる。

なお倫理的消費に関しては、自然環境への配慮としての倫理的消費と、途上国の労働者への配慮としての倫理的消費のあいだに、大きな違いがある。自然環境については、誰もがそのなかで生活していることから、身近な対象として実感をもちやすいかもしれない。その代替不可能性（宇宙船地球号）や、多くの宗教や文化のなかで畏怖や信仰の対象とされてきたという歴史・文化的背景から、現在でも神聖な対象として感じられることもあるだろう。加えて、私たちが自然環境を配慮するとき、そこには私たちの将来世代への配慮も伴っている。自然環境は、このようにして、私たち自身の共同体への関心と結びついている。これに対して、途上国の労働者への関心は、まさに顔のみえない遠くの他者であるがゆえに、代替不可能性や将来世代への配慮といった実感を伴いにくい。遠くにいる他者が、同じ人

表２－２　倫理的消費間の相違点

	自然環境への配慮	途上国の労働者への配慮
志向対象	自然環境および将来世代	途上国の労働者
身近さ／神聖性	あり	なし
代替可能性	なし	あり
消費の抑制による貢献可能性	あり	なし
言説の多寡	多	少

出典：筆者作成。

間として共感の対象となるとしても、アガペー的な愛の対象のように神聖化されることは考えにくい。また自然環境の場合には、私たちは消費を抑制することで配慮することができるのに対して、途上国の労働者の場合には、消費を控えるというかたちで配慮することは難しい［間々田 2016: 432］。以上のような違いを整理すると、表２－２のようになる。

これらの相違点からみれば、自然環境への配慮に比べて、途上国の労働者への配慮は先進国の消費者の関心の対象になりがたく、またそれゆえにアガペー的愛を原理とする道徳的消費との溝もいっそう深いといえるかもしれない。消費が生産者に対して与える影響についての言説が不足しているという点も、おそらく一部は、このような倫理的消費間の違いに由来しているだろう。

他方で、これら二つの倫理的消費は、いずれも国民国家の枠組みを超えるという点では共通している。ミラーがヘーゲルの弁証法を受け継ぐ際に、ヘーゲルにおける国家の水準を政治経済の水準に置き換えていたのはまさにこのためである［Miller 2001: 197］。ところが結局のところ、ミラーにおいては、倫理的消費というものが、官僚制と法律を前提とする政府の政策を必要とするため、そのことがかえって弁証法の不全を帰結している。消費における道徳と倫理の矛盾を調整するためには、ミラーが述べるように、消費者の主観的な志向性を変える必要がある。たとえば消費者の関心に、生産条件への関心を組み入れる――あるいは取り戻す――必要がある。しかし、倫理的消費のために必要な関心は、家族や共同体だけでなく国家の枠組みをも超えており、政府が倫理的に経済関係や消費動向を方向づける主導的な役割を担うことは、単純には期待できない。

確かに、ビニール袋を有料化するなど、政府の政策で自然環境へ配慮する倫理的消費が可能になることもあるが、私たちは政府の対応を待っていたのでは、諸々の問題に対して十分に対処することができない。倫理的消費が実効的であるためには、政府に頼るだけでなく、個人や家族や共同体、あるいは市民社会の水準で、従来とは異なる生産と消費の実践が必要になる。また、そうした動向に呼応する企業の実践も必要になる。しかしそのような営みは、政府から自律したかたちで、すでに生じているのではないか。[9] ミラーも言及するように、消費者の主観的志向性の源泉が、とりわけメディアや買い物客同士のコミュニケーションによって強化される言説にあるとすれば [ibid.: 196]、そうした言説やその言説を支える市民社会以下の水準で、諸々の消費と生産の実践を位置づけなおす必要がある。倫理的な消費が道徳的な消費と矛盾しないためには、いい換えれば、これら二つの消費をうまく弁証法的に止揚しうるとすれば、私たちはその起点を、市民社会以下の水準に求めなければならない。[10]

おわりに

本章では、家族や共同体を配慮する道徳的消費と、共同体を超えた他者を配慮する倫理的消費の相克について論じてきた。けれどもこの二つの消費は、弁証法的に止揚することができるのではないか。そのためには、どのような弁証法が考えられるだろうか。前節の考察から導かれるのは、消費者の関心に、生産条件（自然環境や途上国の労働者）への関心を組み込むことである。

理論的な可能性からいえば、まず生産と消費の構造的な分離を緩和するという道筋が考えられる。たとえば、スローフード運動やプロシューマーの活動は、生産と消費を融合する試みとして位置づけることができる。しかし以下では、これらとは別の方向性について検討したい。

ミラーも指摘するように、オーガニック食品を購入するといった環境保護へ資する倫理的消費は、それを購入する人やその家族の健康を配慮するという動機からなされることもある。あるいはそのような動機からなされることのほうがむしろ多い［Miller 2012: 87］。とすれば、ピーナッツバター理論があるべき理想と現実とを調停する弁証法的試みであったように、オーガニック食品の購入は、道徳と倫理の矛盾を調停する一つの弁証法的契機になりうるだろう。家族の健康への関心から、オーガニック食品を購入する。たとえばオーガニックなピーナッツバターを購入する。そのようなショッピングが日常的なものとなれば、私たちは食品の生産と消費のかかわりについて、日々の生活のなかで関心をもつだろう。購入される商品が農薬・薬品の使用削減などの基準をクリアしたフェアトレード商品（輸入品）であれば[11]、私たちは途上国の労働者にも配慮するようになるであろう。

日々の生活のなかで、自然環境や途上国の労働者を配慮するショッピングをすれば、道徳的消費と倫理的消費は矛盾しない。前節の表２－１では道徳的消費と倫理的消費の相違点をリスト化したが、これらの相違は決定的な相克を意味するわけではない。消費において家族を配慮するという道徳的関心は、その商品の生産条件への関心と重なる場合がある。そしてそうした重なるケースに、消費における道徳と倫理の矛盾を止揚しうる起点があるのではないか。人々の消費行為の中心には、個人主義や物質主義ではなく、親密な他者への道徳的関心があるというミラーの消費理論から導かれるのは、ヘーゲルに依拠する彼の結論とは反対に、以上のような人々の道徳的関心を起点とした弁証法の可能性であるように思われる。それは、道徳的な関心による日々のショッピングを介して、親密な他者のみならず諸々の商品の生産を支える他者との関係を構築するという道筋である。

注

1　彼のショッピング理論は北ロンドンでのフィールドワークに基づいているが、彼によれば北ロンドンはジェンダーの差異に対する保守的な考えが色濃く残っている土地柄であり、主として女性による献身が描かれるのはそのような調査対象の特性を反映したものである。ミラー自身はそのような献身の主体と客体が同性愛的な関係であったり、Ａ・ギデンズ［Giddens 1992］がいうようなコンフルエントな関係（恋愛と結婚と性愛を結びつけるのではなく、その都度純粋な結びつきを求める関係）であることを排除しているわけではない［Miller 1998a: 122, 154-155］。

2　このアガペー的愛についてミラーが引照するのは、Ｕ・ベック／Ｅ・ベック‐ゲルンスハイム［Beck und Beck-Gernsheim 1990］が描出する、自分の仕事や睡眠を犠牲にしつつ幼い子どもに献身する母親たちの姿である［Miller 1998a: 123-124］。

3　こうした疎外性の否定としての消費の可能性をミラーはトリニダードのフィールドワークを通しても描いている［Miller 2012: Ch.1］。トリニダードでのフィールドワークの成果をまとめたものとしてミラー［Miller 2010: 13-23］も参照。

4　倫理的消費の学問的な定義や分類については根本［2014］を参照。また倫理的消費について哲学‐社会学的に考察している本書所収の畑山論文も参照。

5　企業や政府、ＩＭＦ（International Monetary Fund、国際通貨基金）などの国際機関は、統計や数式を用いてモデル化した上で消費行動や経済動向を把握する。そうした抽象的な把握の形式を特徴とする現代の政治経済をミラーはヴァーチャリズムと呼び、実際の消費者の姿をみえなくするものとして批判的に考察している。その際にヴァーチャリズムの代表例として挙げられるのは、ＩＭＦや世界銀行などの国際機関や、社会科学者によるポストモダン的な消費理論である［Miller 1998b: 199-210; 2001: 167-175］。

6　ミラーは引用符つきの「現実（real）」と引用符なしの現実（real）とを意味的に区別して使用している。引用符つきの「現実」はヘーゲルのWirklichkeit（現実）の用法に由来するもので、理念的なものが具体的な形態をとって出現・現実化すること、あるいは理念的なものそのものを指す。他方で引用符なしの現実は、目にみえる実際の状態を意味している［Miller 2001: 179; cf. Hegel 1986: 25: 邦訳 113］。

7　この点、二〇一五年に国連サミットで採択されたＳＤＧｓ（Sustainable Development Goals、持続可能な開発目標）は、政治経済の水準において理想を提示する――ヘーゲル‐ミラー的な弁証法の――試みだといえるかもしれない。ただし、ＳＤＧｓには直接的な法的拘束力はなく、具体的な施策については各国政府に委ねられている。

8　ユベール／モースにしたがえば、そもそも供犠によって神的な存在との関係の構築が試みられるのは、その存在が「生命の真の条件」とみなされているからであり、農作物であれ家畜であれ、それらの生産や利用は人間の力を超えた（自然的な）力によって可能になると考えられているからである［Hubert et Mauss 1899: 邦訳 105］。たとえば農業供犠と呼ばれる供犠形態では、犠牲は耕作地に散布され、それによって土地を肥沃化し、土地に宿る生命力を維持ないし回復させることが図られていた。加えて、そうした儀式を通して、神的な力が宿る土地を利用することに伴われる罪の意識が浄化され、その土地の利用やその生産物の消費が許容されるものとなる［ibid.: 邦訳 73, 78–82］。すなわちこの種の供犠の機能の一つは、いわば生産条件の維持・再生産にあったということである。つまり、超越的な神との関係において生産と消費が行われることで過剰な資源収奪が抑制されていたのである。

9　たとえば家庭での調理や衣服の加工といった営みを含むプロシューマー的活動の拡大や、伝統的な農畜産業の復興やそれによる環境保全を目指すスローフード運動などがその例として考えられる。こうした近年の消費動向については橋本による本書序章を参照。またプロシューマーに関する論考として本書所収の神野論文も参照。

10　ミラーは別のところでも、人間関係のネットワークが諸個人の選好などの特性を形成すると強調している［Miller 2008: 286–293］。このようなミラーの主張に基づけば、人間関係のネットワーク、およびそこでのコミュニケーションにこそ、消費者の主観的志向性を変化させる基盤があると考えなければならないだろう。

11　国際フェアトレードラベル機構が設定している国際フェアトレード基準には、経済的、社会的、環境的基準の三つがあり、環境的基準において農薬・薬品の使用削減、および有機栽培の奨励などが定められている［フェアトレードジャパン 2020］。

参考文献

Bataille, Georges［1973＝1986］*Théorie de la religion*, Paris: Gallimard. ジョルジュ・バタイユ『宗教の理論』湯浅博雄訳、人文書院。

Beck, Ulrich und Beck-Gernsheim, Elisabeth［1990］*Das ganz normale Chaos der Liebe*, Frankfurt am Main: Suhrkamp Verlag.

Carrier, James G.［1998］"Abstraction in Western Economic Practice", in James G. Carrier and Daniel Miller eds., *Virtualism: A New Political Economy*, 25–47, Oxford and New York: Berg.

DeVault, Marjorie L.［1991］*Feeding the Family*, Chicago: University of Chicago Press.

Giddens, Anthony [1992] *The Transformation of Intimacy: Sexuality, Love and Eroticism in Modern Societies*, Stanford: Stanford University Press. アンソニー・ギデンズ『親密性の変容　近代社会におけるセクシュアリティ、愛情、エロティシズム』松尾精文／松川昭子訳、而立書房。

Hegel, Georg Wilhelm Friedrich, [1821= 1986] *Grundlinien der Philosophie des Rechts oder Naturrecht und Staatswissenschaft im Grundrisse: Mit Hegels eigenhändigen Notizen und den mündlichen Zusätzen*, Frankfurt am Main: Suhrkamp Verlag. ゲオルク・ヴィルヘルム・フリードリヒ・ヘーゲル『法権利の哲学　あるいは自然的法権利および国家学の基本スケッチ』三浦和男／樽井正義／永井建晴／浅見正吾訳、未知谷。

Hubert, Henri et Marcel Mauss [1899] "Essai sur la nature et la fonction du sacrifice", in *L'Année sociologique*, 2: 29–138. アンリ・ユベール／マルセル・モース「供犠の本質と機能についての試論」『供犠』小関藤一郎訳、法政大学出版局、一－一九〇頁、所収。

Marx, Karl [1867= 1962] *Das Kapital: Kritik der politischen Ökonomie*, Erster Band, in Institut für Marxismus-Leninismus beim ZK der SED (hrsg.) Karl Marx-Friedrich Engels Werke, Band 23, 11–244, Berlin: Dietz Verlag. カール・マルクス『資本論』第一分冊、岡崎次郎訳、大月書店。

Marx, Karl und Engels, Friedrich [1847/48= 2008] *Das Kommunistische Manifest*, Amsterdam: Mετα Libri. カール・マルクス／フリードリヒ・エンゲルス『マルクス エンゲルス 共産党宣言』大内兵衛／向坂逸郎訳、岩波書店。

Miller, Daniel [1998a] *A Theory of Shopping*, Cambridge: Polity Press.

Miller, Daniel [1998b] "Conclusion: A Theory of Virtualism", in James G. Carrier and Daniel Miller eds., *Virtualism: A New Political Economy*, 187–215, Oxford and New York: Berg.

Miller, Daniel [2001] *The Dialectic of Shopping*, Chicago and London: The University of Chicago Press.

Miller, Daniel [2008] *The Comfort of Things*, Cambridge: Polity Press.

Miller, Daniel [2010] *Stuff*, Cambridge: Polity Press.

Miller, Daniel [2012] *Consumption and its Consequences*, Cambridge: Polity Press.

Weiner, Annette B. [1985] "Inalienable Wealth", *American Ethnologist*, 12(2): 210–227.

Weiner, Annette B. [1992] *Inalienable Possessions: The Paradox of Keeping-While-Giving*, Berkeley: University of California

Press.

根本志保子［2014］「消費　消費者は環境に責任があるのか」橋本努編『現代の経済思想』勁草書房、三一五－三三九頁、所収。

フェアトレードジャパン［2020］「フェアトレードジャパン公式サイト」（二〇二〇年七月九日取得、https://www.fairtrade-jp.org/）。

古瀬公博［2006］「『譲渡不可能性』の概念をめぐって」『一橋商学論叢』一（二）、二五－三五頁、所収。

間々田孝夫［2016］『21世紀の消費　無謀、絶望、そして希望』ミネルヴァ書房。

Ⅱ

家庭（オイコス）を超えて

第3章　承認としての生産＝消費——新たな「プロシューマー」の生成過程

神野由紀

はじめに

近代家族を前提とした性別役割分業を背景として、戦後の日本社会は、男女に「生産する性」と「消費する性」という異なる役割を担わせてきた。しかし消費社会が高度に発展する二〇世紀後半になるとその限界も露呈し、新たな消費文化の生成とともに、女性たちは単なる消費者ではなくなった。例えば家庭内の「手芸」趣味は、一九九〇年代には「ハンドメイド」と呼ばれるようになり、女性たちは自らの作品を積極的に販売し、同時に互いの作品を購入するようになった。こうした女性たちの行動は、何を意味しているだろうか。生産、販売、消費を行う新たなプロシューマー[1]としての女性たちの活動は、利益追求よりも人とのつながりを重視している。そのような特徴をもったハンドメイド文化は、新たな「コト消費」が生成する場として位置づけられるだろう。そこには女性の性役割からの解放だけでなく、顕示的消費を超えた同時代の新しい消費文化の特徴が内包されている。

本章では、手芸の文化がハンドメイドの文化へと転換していく過程について、これをとりわけ女性の性別役割分業の変化という観点から、捉え返してみたい。最初に手芸ブームが一九八〇年代にピークに達するまでの状況を概観し、次に、手芸の担い手が変化し手作り文化もその意味を変化させていくことになる一九九〇年代以降の動向を考察する。具体的には一九八五年にインテリア雑誌の姉妹誌として創刊された『私の手作り』を取り上げて、二〇〇〇年代初頭までの誌面の変化を検討したい。さらに、二〇一〇年代以降に興隆したインターネットでのハンドメイド販売サイト、あるいはサイト主催のハンドメイドイベントで、現在ハンドメイド制作販売を行っている女性に聞き取り調査した結果をもとに、消費と生産・販売の関係が曖昧になった今日の女性の消費文化の実態と意味を明らかにしたい。

1　「女性の家」と手芸

（1）インテリア手芸の時代と女性の自己表現

今日のハンドメイドは、一九八〇年代までの手芸と重なる部分もありながら、異なる特徴も多い。一九八〇年代までの女性の手芸趣味については拙稿［神野 2018］で述べたとおりであるが、以下でその概要について簡単に紹介する。

山崎明子が詳細に述べているように、戦前期の日本における手芸は裕福な家庭の子女の嗜《たしな》みとして導入され、女学校教育にも採り入れられた［山崎 2005］。日常的な家事仕事である和裁と異なり、刺繍や編物といった手芸は洋風の住まいを彩る小物をつくる趣味であり、山の手文化の象徴として多くの女性たちの憧れの対象であった。戦後、既製服の広まりとともに女性が和裁や洋裁から解放されていく中で、手芸が趣味として中流主婦層に広まっていく。増大する専業主婦たちは、それまで憧れだった手芸に没頭するようになり、自宅を自らの手芸作品で飾っていった。戦後、男女平等思想が浸透していく中で、自己表現に対する意識が芽生えていたとしても、女性たちは直接的な表現をとることを嫌った。彼女たちは自らの手芸作品を身に着けることはなく、室内を飾る、あるいは子どもたちの持ち物に施すといった間接的な表現をあえて選んでいる。

西川裕子が述べるように団地をはじめとする郊外の住宅を中心に「女の家」化が進行し、帰宅時間の遅い夫ではなく、女性が住まいのインテリアの主導権を握るようになっていく［西川 2004］。その時女性たちが用いたのが、裁縫の延長としての針と糸によるインテリア手芸であった。女性たちによるインテリア手芸は一九七〇年代になっても衰えず、一九七二年創刊の女性向けインテリア雑誌『私の部屋』でもインテリア手芸は中心的な内容であった。女性たちを伝統的な女の手仕事に向かわせた背景には、『赤毛のアン』や『大草原の小さな家』のような作品を介してのアーリーアメリカンの素朴な生活への憧れがあり、これが一九七〇年代後半からのパッチワーク・キルトの大流行に結びついた。キルトは女性的な手仕事としての手芸を再確認することにもなり、キルトに限らずファブリックを用いた手作りインテリアはこの頃から一九八〇年代に大きな流行となっていく。一時は対抗文化の潮流の中で大量生産・大量消費を批判することから環境への関心を深め、家庭の中から食と安全や環境問題へと関心を強めていった女性たちだが、彼女たちの家事労働以外の時間は、貨幣に換算されない趣味の世界に向けられるべき、という主婦規範から逃れることはできなかった。

（2） 新たな経済活動への模索

戦前から一九七〇年代までの女性による手芸は、家庭内を美しくととのえるための好ましい趣味であり、家事育児に支障をきたさず家の中でできる数少ない趣味ということで、夫や義母からも許容されていた。専業主婦である女性たちが自らの作品を販売して利益を得るということは忌避され、あくまで趣味の範疇として作品制作をすることが求められた。[2] 彼女たちの作品は、所属する手芸教室が開催する手芸の展覧会へ出品された。展示作品には値が付けられ販売されたが、大切な自分の作品を、お金を出して買い戻すというケースも多かったという。

しかしながら一九七〇年代後半、針と糸と布によるインテリア手芸に没頭した女性たちは、前の世代とは異なる価値観も持っていた。自らの作品を販売して「お金儲け」をすることに罪悪感を抱かず、積極的な態度を見せたことは、中でも特筆すべき変化であったといえる。『私の部屋』では、自らの手芸作品を販売するための小さな店を経営するということが、女性たちの目標となっており、それを実践した人の事例が毎号のように紹介されている。すでに一九七〇年代から若い未婚女性たちのファッションによる自己表現は既製服の普及により手軽なものとなっていたが、一九八〇年代になるとこの状況は一層発展し、高額なブランド商品を身に着ける顕示的な消費が旺盛になっていった。自分自身のための消費行動は、主婦の間でも少しずつ見られるようになっていくが、主婦の消費行動の多くは住まいを飾るインテリア雑貨で、この時期見られた手芸作品を販売する店も、多くはそうしたインテリア雑貨を扱っていた。

2　新しい消費文化の萌芽——手作りインテリアから手作りファッションへ

一九九〇年代になると、バブル期を頂点とする日本における顕示的消費の在り方が変容する。一つは、それまでの街頭を舞台とするファッションや飲食店などから、住まいとそのライフスタイルという、より私的な生活へと関心が移っていったことである。そしてもう一つが、記号的な高級ブランド消費への批判から生まれた新たな記号消費である。「渋谷系」「裏原系」などのストリートカルチャーは音楽だけにとどまらず、古着や中古家具など多様な若者文化に拡大し、ブランド消費とは別のマニアックな記号的価値が消費されていった。しかしながら、こうした古着・中古品への関心の高まりは、単なる高度な記号を生み出しただけでなく、若者の間でフリーマーケットという新たな消費の場をつくり出すことにもつながっていく。そしてこの消費文化の転換期に、女性の手作りも影響を受けていくことになった。

（1）インテリア・ブームの興隆

女性―手芸―インテリアという中での手作り志向とカントリー趣味は一九九〇年代まで引き継がれ、カントリーに特化した雑誌も刊行された。[3] その一方で、一九九〇年代になるとインテリアには新たな特徴がみられるようになる。

日本の既婚非農業雇用世帯のうち、専業主婦率は一九九〇年代になると共働き率とほぼ同じにまで減少し、その後は共働き世帯の方が増加していく。[4] 女性の住まいにかける時間が以前に比べて減少する一方、バブル崩壊後の日本では男女ともに「家」と家具雑貨を中心とするインテリアに関心が向けられていった。一九九〇年代のインテリア・ブームを反映し、女性向けには『ELLE DECOR』、男性向けには『Casa BRUTUS』といった雑誌が創刊している。[5] それ以前の『私の部屋』『美しい部屋』などのインテリア雑誌がどれも主婦雑誌の姉妹誌として生まれたのに対して、『ELLE DECOR』『Casa BRUTUS』はどちらもファッション・ライフスタイル雑誌系からの派生である。この頃からインテリアは女性役割としての家庭の美化から、個人の感性を反映させた趣味的な世界へと、その目的と意味が変質していったといえる。こうした変化は、インテリアのファッション化と呼ぶべき状況を生み出した。インテリアのファッション化に伴い、女性のインテリア趣味は手作りよりも既製品の購入が中心となり、さらにそのスタイルもドメスティックな表象としてのアメリカン・カントリーから南仏プロヴァンス風、ナチュラルモダン風、さらにアジアンエスニック風と、流行が短い周期で移り変わっていく。

（2）　女性の手作りの変容　手芸からハンドメイドへ

スタイリッシュなインテリアを商品として購入する風潮が強まり、女性たちがインテリアの中で発揮した手芸への関心は衰退するかのように見られたが、実際には主婦の手作り趣味は一九九〇年代以降も根強く存続していた。『私の部屋』同様、一九七〇年代に創刊し、インテリア手芸を中心に、より広い階層の主婦に人気を得ていた『美しい部屋』（一九七七〜二〇〇七）では、一九八五年から別冊『私の手作り』を刊行している。『美しい部屋』の中で手作りが大部分を占めてしまうため、手作りに専門特化させた雑誌であったが、誌面の「手作り」の対象は初期のインテリア手芸からファッション小物へと大きく変化していく。以下では、一九八〇年代から二〇〇〇年代の手作り観の変化が、女性が家庭から解放される転換期と捉え、その実態を明らかにするため『私の手作り』の記事内容の悉皆調査を行った。

調査対象：『美しい部屋別冊　私の手作り』（主婦と生活社）一九八五年（一号）〜二〇〇五年（四三号／終刊）欠号（一号）

調査の結果、記事内容には、次のような特徴が見られた。

自らの住まいを飾るためのインテリア手芸

創刊当初に圧倒的に多く見られたのが、自宅を飾るための手作りであった。これは拙稿［神野 2018］で述べた一九七〇年代までの女性のインテリア手芸からの延長であるといえる。一九八〇年代半ばの創刊当時に流行していたカントリー・テイストが多く、パッチワーク・キルトだけでなく、ギンガムチェックなど布を用いたカフェ・カーテンや小物、ジンジャーマンやテディベアなどカントリー風のアイコンのアップリケなど、さらにステンシルやトールペインティングなどが紹介されている。自らの住まいを美しくするための手作り、という傾向は特集記事にも強く表れており、「わが家の手作り名場面工夫集」（一九八七年五号）、「大特集　模様替えで美しいわが家」（一九八九年九号）など、女性の関心は専ら「わが家」に向けられていたことがわかる。

戦後続いてきた女性は家庭内に役立つ手芸をすべきという意識は依然根強く、女性たちは、自分自身ではなく間接的な「住まい」を通して自己を表現していた。しかしこうした手作りインテリアの記事が誌面を占める割合は、一九九六年あたりから少なくなっている。インテリア関連の記事は巻頭特集のみになることも増え、多少の増減はあるものの、その減少傾向は続いていく。同時にアメリカン・カントリーの記事も一九九〇年代後半になると陰りを見せ始めて多様化し、先述の『ELLE DECOR』に見られるような、ファッション化したインテリア消費の影響がみられる。

ファッション小物の増加

二〇〇〇年前後になると、減少傾向が見られたインテリア手芸に代わり、自身が身に着けるファッション小物の手作りが急増していく。雑貨の記事は以前にも見られたが、例えば「私の手作りオリジナル雑貨傑作集」（一九九四年一九号）のように、刺しゅうのテーブルクロスやティーコゼー、パンかご、ランプシェードなど　ほとんどが自らの家のための手作り雑貨であり、自ら身に着けるものではなかった。しかし一九九九年二九号になると、記事の中に「バッグ&帽子セレクション　ビーズアクセサリー、携帯ストラップ、携帯ケース」という記事が見られる。その後も少しずつ「今、人気のビーズアクセサリー」「夏のおでかけバッグ」（二〇〇〇年三一号）など、自分が身に着けるファッションやファッション小物の記事が増えている。

手作りの方向性が変わったのが明確にわかるのが「小さな手作り大特集」（二〇〇〇年三二号）である。フェルトペンダントやオーブン陶芸など、住まいに直接関係したものではない新たなファッション小物というカテゴリーは、従来の手作りインテリアとしばらくの間誌面で共存していくことになる。二〇〇一年三五号は「ハンドメイドで楽しむ秋小物」という特集が組まれ、「パート１　インテリア雑貨篇」と「パート２　おしゃれ小物編」というように、二つの手作りが明確にジャンル分けされていく。

ファッション小物の中で特に目立ったのがアクセサリーとバッグである。二〇〇一年以降は常に記事が掲載されるようになる。そして、「大好き！　ビーズと刺しゅう」（二〇〇二年三八号）、「こだわりの手作りバッグ大集合！」（二〇〇三年四〇号）、「いま、バッグは手作りがいちばんかわいい！」（二〇〇四年四一号）など、ビーズを使ったアクセサリーやビーズ刺繡を施したバッグなどの記事が人気を集めている。この頃になると、刺繡もインテリア関連以外で用いられることがほとんどになり、ウール刺しゅう、ビーズ刺繡、クロスステッチなどによるポーチやブックカバー、バッグ、マグネットなどが紹介されている。ここでの刺繡は、一九六〇年代～八〇年代に見られたようなお稽古事として手芸教室で習得する高い技術は重視されず、「おしゃれ」なファッション性に重きが置かれるようになっている。この傾向はパッチワーク・キルトにも同様に見られ、巨大なタピスリーやカバーではなくバッグやポーチに用いられるようになっている。

このように一九九〇年代半ばから二〇〇〇年前後にかけて、女性たちの手作りは、「家庭のため」という制約から解放され、個性の表現として自らが身に着けるファッション小物に向かっていった。手作り品の販売には、次に述べる消費の新たな場の整備が大きく関わっているが、女性が販売行動に向かう背景には、こうした作る対象物の変化が先行していた事実が明らかになった。

図３－１

出典：『私の手作り』主婦と生活社　39号表紙、2003年。

図３－２

出典：『私の手作り』主婦と生活社　34号、2001年、29頁。

フリーマーケットの興隆

小さいファッション雑貨類は、それまでのパッチワーク・キルトや刺繍作品のような長い時間を要することなく比較的短時間で作ることができるが、自分や家族など身近な人が使用するだけでは限界があるので、女性たちは自らの作品を販売するようになる。これを示すように二〇〇〇年三三号には「バザー&フリマで大注目！　の手作り小物」が登場する。記事には「バザーやフリマは自分の手作りした作品を世に出すチャンス。会場で実際にお客さまの反応を見たり、作品に対する意見を交換しあったり、手作り派にとっては最高の舞台です。……ぜひあなたの手作りデビューの参考にして！」とあり、編みぐるみマスコット、アクセサリー、ポーチ、人形、バッグなどの手作り品が紹介されている。

ハンドメイドやフリーマーケットに関する研究は、経済学や家政学の領域でも注目されており、他にない自分だけのものを手に入れるだけでなく、売り手・買い手の双方が販売を介在させたコミュニケーションを楽しむ傾向が指摘されている。不要になったものを仮設的な場所で所有者が直接売買・交換するフリーマーケットは、フランスの蚤《のみ》の市やアメリカのガレージセールなどを起源とし、特に省資源・リサイクルといったエコロジカルな思潮が高まったオイルショック以後のアメリカで広まり、一九七〇年代末には日本でも開催されるようになっている。このフリーマーケットはバブル崩壊後の一九九〇年代の日本で急速に普及し、駐車場や公園、寺社の境内など各地で行われるようになっていく。家電製品や家具などに加え古着なども人気となり、一九九〇年代の古着ブームを生み出していった。こうした新しい消費行動は、高額なブランド品や、同時期に広まりつつあったファストファッションによる没個性的な商品への批判的な態度が根底にあり、自由なストリートカルチャーの中で急速に若者に支持されていった。

フリーマーケットの興隆は、単にバブル崩壊後の購買行動として捉えるだけでなく、ブランドの記号的消費を嫌い、自由で個性的な消費スタイルを若者が支持していった現象として理解すべきである。特に一九九〇年代半ばになると、音楽やファッション、グラフィックデザインなど様々な分野でインディーズのブランド・レーベルが立ち上がり、フリーマーケットはこうしたインディーズの作家たちの販売・発表の場としても機能するようになっていく。二〇〇〇年代になる頃には、このフリーマーケットで手作りの品を販売する女性たちも増えていった。これを裏付けるように二〇〇〇年前後から、『私の手作り』では手作りインテリア記事（「手作りでわが家をもっと素敵にリフレッシュ！」二〇〇一年三四号など）も残る一方で、フリーマーケットで販売する手作り作品の記事が急増していく。同じ三四号には、次のような記事も掲載されている。

> 自分の作品をだれかに買ってほしい！　そんな人にぴったりなのが一日限りで自分の店が開けるおなじみのフリーマーケット。最近は不用品のリサイクルに限らず手作り専門のフリマも続々登場。作品を喜んで使ってもらえて、おこづかいかせぎもできると、手作りファンから注目を集めています。もちろん、上手に売れるかどうかは工夫しだい。そこで実際にフリマを活用している手作り名人たちが、自慢の作品と売り方のコツをご紹介。……

一九八〇年代に見られた「自分の店」はある程度の資金も必要で、実現に至るのはごく一部であったが、こうしたフリーマーケットというハードルの低い販売活動を通して、多くの女性たちは専従の消費者という役割から解放されていくことになる。結婚後も女性が仕事をすることが一般的になっていった一九九〇年代以降、自分の手作りの品を販売してお金を得ることに後ろめたさを感じる女性は年配の世代だけになっていた。

　同誌では、こうした女性たちが手作りするものの変化に合わせ、従来の「手芸」ではなく、「ハンドメイド」という語が用いられるようになっている。この語が本格的に広まっていくのは、上記のようなアクセサリーやバッグなどファッション小物が手作りの中心となり、それを積極的に販売するようになった二〇〇〇年前後であった。中川麻子によると、一九八〇年代までの「ハンドメイド」は製パン、医療機器、自動車、コンピューター、アウトドアなどの、主に産業分野あるいは男性的な工学分野で多く用いられていたが［中川 2019］、一九九〇年代には男性領域での使用が後退し、女性の手作り全般に用いられるようになったという。中川が指摘しているように、その背景には、針と布と糸による「手芸」では収まりきらない多様な手作りが女性の間に広まりつつあり、旧来の家庭イメージから切り離した女性の手作りの再編成があったといえる。『私の手作り』誌上でも、手作りの内容が変化したことで、手芸がハンドメイドという語に置き換えられたといえる。

3　ソーシャルマーケット出現以降のハンドメイド

(1)　ハンドメイド販売サイトの出現

ここまで述べたように、一九八〇年代にピークを迎えたインテリア手芸は、その後一九九〇年代に入る頃から変質し、ファッション小物を中心とするハンドメイドが主流となっていった。新たに若い世代がこうしたハンドメイド市場に参入することで、これまでのジェンダー観にとらわれない新たなもの作りが発生するとともに、消費に対する新しい意識が芽生えていき、新しい生産—販売—消費の場を形成していった。手芸の時代には家庭のための手作りであるという前提が絶対的であり、作品でお金儲けをすることはタブーとされていたが、この規範が崩れていったのである。既に二〇〇〇年前後からフリーマーケットで手作りの品を販売する傾向は見られていたが、二〇一〇年以降決定的な影響力を持つに至ったのが、「minne」（二〇一二年一月〜）や「Creema」（二〇一〇年一〇月〜）といったハンドメイド作品を販売するサイトの出現である。こうした販売のためのＷｅｂ上のプラットフォームの出現により、素人が容易に販売できる環境が整備された。[6]

これらのインターネット販売サイトは間もなく「ハンドメイド・イン・ジャパン・フェス」（二〇一三年〜）「minne ハンドメイドマーケット」（二〇一六年〜）といった巨大ハンドメイドマーケットも開催するようになり、人気作家の作品を買い求める客が会場に殺到した。

出品者は販売額の一〇パーセント程度を販売手数料としてサイトに支払うマーケットプレイス方式である。自分の作品を販売して評価を得たいという一般の女性たちは、生産者であると同時にこうしたサイトにおいては重要な顧客であったといえる。サイト運営会社やハンドメイド材料のメーカーなど、多くの資本が女性たちから利益を得るという構図は、近代初期からの「女性＝搾取される消費者」と共通点も多いといえるだろう。彼女たちの背後には、手作りを可能にするための手芸用品メーカーの販売戦略があり、ホビー産業の側でも詳細な市場調査を行っているのも事実である。[7] しかしそれでも、女性たちは自分の作品を手軽に発信でき、それに買い手がつくということで自己承認欲求が満たされるため、積極的に販売活動に向かい、そして同時に作品を購入する消費者にもなっていった。間もなく、マツドアケミ『ハンドメイド雑貨のお仕事ＢＯＯＫ』（株式会社マイナビ、二〇一三年）や、たかはしあや『売れっ子ハンドメイド作家になる本』（ソシム株式会社、二〇一五年）など、人気作家として成功した人たちによる「好きなことを副業に」「趣味から仕事へ」と銘打った販売するためのハウツー本が次々と刊行され、ディスプレイやラッピング、商品撮影などの工夫が女性たちに伝えられていった。[8]

図３－３

出典：minne 2019年３月、著者撮影。

図３－４

出典：茨城県北クリエイティブプロジェクトHP（https://kenpoku-creative.com/2017/10/11/okanoue2017/）より。

（2）ハンドメイド制作者へのインタビュー調査

上記のような新たなハンドメイドカルチャーの現状を理解するため、学生、主婦、デザイナーという異なる立場でハンドメイド制作・販売を行う三名に詳細なインタビュー調査を行った。以下は重要な部分の抜粋である。

①　Aさん（大学二年生）

二〇一九年三月八日実施（東京都千代田区の大学キャンパスにて）

主な販売場所：レンタルボックスやハンドメイドマーケットなどの実店舗

小学生の頃から手芸が好きで、家庭科クラブに入り、バッグやクッションなどを作っていたAさんだが、専業主婦で手芸をしていた母親や祖母からの影響も大きかったようだ。手芸を始めたきっかけについて、次のように述べている。

A：母と祖母が手芸をやるので、母が多分、幼稚園のサークルで刺繡とかして、基本的に布製品のバッグとかは母の手づくりを使っていたような感じで、祖母も昔、スカートとか縫ってくれましたね。

——そのぐらいの世代って、まだ（洋裁：カッコ内は著者注。以下同様）やられてる方、多いですもんね。そういうのを実際に見てた？　小さい頃。

A：見てました。今でも祖母は自分の服作って、こういうの作ったって見せてくれるので。

その後高校の時にレジンの存在を知ったAさんは、アクセサリーなどを作れる手軽さに惹かれていった。当初は自分が好きで作っていたのだが、欲しいという友人たちに応じているうちに本格的になっていった。初めはプレゼントしていたそうだが、次第に希望者が増えていき、材料費だけをもらうようにした。その後、大学に入ると本格的に制作販売を始めていった。本格化した理由について、このように述べている。

A：やっぱりもっと作りたいなってなったのと、せっかくこれだけ手元にあるけど、耳は二つしかないし、首も一つしかないみたいな感じなのが、多分、最初のきっかけで、あと、あげた人が喜んでくれるので、最終的にはちゃんとお金を払わせてって言ってくれる子もいたので、ちゃんとした費用をもらってやりとりをしようかなという。

――あなたたちの世代、手芸でお金もうけをするって、後ろめたさがない？

A：ないですね。

インテリア手芸世代までに多く見られた、お金を得るということに対する後ろめたさは、彼女たちの世代からは感じられない。先述のフリーマーケットなどで、自由にものを売る経験を通してお金を得ることへの意識は大きく変わっていったといえる。さらに、お金を得ることや他者からの評価というような目的以上に「ただ作りたい」という欲求が彼女をハンドメイドに向かわせていることは注目すべきだろう。新しいプロシューマーは、純粋に「作ること」で快楽を得ていることがわかる。

Ａさんは、他の人のハンドメイド・アクセサリーもよく購入するという。

――ハンドメイドを買うっていうこと、何かあなたにとって意味がある？

Ａ：作った人に、これからも制作を続けてくださいというお布施。

Ａさんのように生産者でもあり消費者でもある「プロシューマー」的な立ち位置は、どのハンドメイド作家にも見られる傾向であり。彼女が「お布施」というように、彼女たちの販売はこうした相互の売買により成り立っていることが多い点は注目すべきであろう。

②　Ｂさん（年齢非公開）

二〇一九年三月九日実施　（世田谷区内のカフェにて）
主な販売場所・方法：レンタルボックス、大手のハンドメイドマーケット、インターネットハンドメイドサイト、ＳＮＳ
(Twitter, Instagram)

主婦であるＢさんはかなり本格的にハンドメイド制作を手掛けており、多くのファンを持ち、ビジネスとして制作・販売を展開し、会社組織にまでしている。彼女もＡさんと同じく、母親が編物《あみもの》や刺しゅうなどの手芸、ミシン洋裁などをしていたのを見て育ったため、以前はミシンでファブリック手芸もしていたが、四年ほど前からアクセサリー制作に絞っている。Ｂさんがハンドメイド販売を本格化させたのは、やはりminneなどハンドメイドＷＥＢサイトの出現が大きかったという。

Ｂ：一回、一〇年ぐらい前に地域のほうで出店したことはあるんだけども、やっぱりminneとかがなかった時代なので、ホームページが作れなければ販売はなかなか難しい時代にやってたので、一回は趣味で始めたけど、しばらくやらなくなっちゃったんですね。

Ｂ：イベントとかもない時代だったので。やめたってわけじゃないんだけども。気がついたらminneとかがあったので。……気がついたら乗り遅れてました。

――そのとき（一度やめて再開した時）も、minneとかができてるから入りやすかったってことかしら。

Ｂ：随分と時代が変わってしまって、昔は販売しにくかったけど。田舎に住んでたら販売、ほぼ無理な時代から変わったから、主人がやればって言ってやって、意外とお客さん、喜んでくれるから作ろうかなって。

Ｂさんは、アクセサリー販売が軌道に乗るとともに会社組織としての経営に切り替えている。これを後押ししたのが夫であった。Ｂさんのハンドメイドを理解するだけでなく、積極的に販売を展開するよう、経理全般を手伝っている。夫はＢさんが作業をするために自宅とは別の作業部屋を持つことも提案している。

Ｂ：仕事って思ったら、場所を変えないと良くないって言われて、それで完全に独立したほうがいいって、それは主人のアドバイス。

――ご主人はすごく応援してくださる感じ？　初めから？　最初は反対されたとか。

B：（初めは）趣味でやってたので、何も言われずに。minneみたいな、こういうのあるよって言われたのも、主人が。

――教えてくれた。

B：昔、やってたんでしょって言われて、どう？　って感じで、minne見て、できるなと思って、昔の材料引っ張り出して。

会社の経営など、お金に関することはすべて夫が担当しているということで、Bさんは、自分で得たお金を自由に使うという感覚はあまりないという。得た利益は、Aさん同様、次の制作費用になってしまうことがほとんどであるようだ。

Bさんの世代でここまで妻の仕事に理解を示す夫はまだ少数であるが、共働きを希望する男性も増えていく状況の中、新しい価値観の男性が少しずつ増えている状況がうかがえる。その一方、彼女の実の親と義母とでは、Bさんの仕事に対する理解は必ずしも同じではない。

――……義理のお母さまとご自身のお母さま、まだご存命ですよね。こういう販売されることに対して、どういうふうに言われますか？

B：うちは自営業だったんです。お義母さんがミシンの内職歴が四〇年でプロなんです。だから、理解があるんです、やることに対して。

――それはすごい違いますね。親世代って反対される方が多いから。

B：本当に自分の親だったら、なんでこんなことやってるの、なんでこんなに当てにならないものをやってるの……。

――趣味ならいいけど、売るなんてっていう世代がまだいるんですね。

B：全く理解ないです、本当にないので、多分、実家に住んでたらできないです。……自分の母とか父は、理解ないですよ。イベントに行くって、妹借りて、子ども預けるってなったときに、自分たちでできないんだったら好きなようにやるなって言われます。

Bさんの実の両親は、家庭を持ちながらハンドメイドに熱中し、さらにイベントで販売するということに対して快く思っていない。女性は家庭内にとどまるべきという典型的な近代の女性観を持っている世代であるといえる。対照的に義母は自らも仕事をしていたことからBさんへの理解があり、前述の夫と同様、Bさんがハンドメイドに本格的に取り組むのに恵まれた環境が用意されていたことがわかる。Bさんの親世代は3節の(2)で述べたような家庭的な手芸を嗜む専業主婦が多く、お金儲けへの理解はまだ少ないと思われるが、子世代にはあまり家庭に縛られない新たな価値観が生まれていることがわかる。家庭生活を超えない範囲での手芸から、積極的に経済活動に向かうハンドメイドへの転換期が、こうした世代間の差に示されているといえる。

①　Cさん（三〇代前半）

二〇一九年三月一二日実施（横浜市内の飲食店にて）

主な販売場所：ハンドメイドマーケット（年一回程度）、ＳＮＳ（Instagramで紹介のみ）

大学でグラフィックデザインを学んだＣさんは現在、デザイン会社に勤務している一方で、趣味でイラストレーターの友人とアクセサリー制作販売をしている。

今回インタビューを実施した三人も含め、現地調査したハンドメイドマーケットの出店の多くはアクセサリーで、中でもイヤリング、ピアスが突出していた。この理由について、Ｃさんに尋ねた。

——私、ここのところ、ずっとハンドメイドの調査したりして、ものすごくイヤリング、ピアスの割合が多いんですけど、何でだと思います？

Ｃ：自分が耳をよく着けたりをするので。

——「耳関係」が多いのは（なぜ）？

Ｃ：多分なんですけど、作る人にとっては一番、華やかに見えるところなのかなと思うんですよね。

一番顔に近く、華やかに見栄えがするということで、イヤリング・ピアスを好む女性が多いという。ここには以前のような「家庭のために」手芸を用いるという建前は見られず、純粋に自らが身に着けて楽しみたいという、制作者と消費者の意識が読み取れる。

Ｃさんは今のアクセサリー販売を拡大することは考えておらず、細々と副業として続けたいと考えている。本業のあるＣさんは、ハンドメイドで儲けを出すことは考えていない。学生のＡさんと同様、やはり材料費が賄える程度、というのがひとつの指標のようである。一回のマーケット出品で、おおよそ三万円程度の収入というがCさんの場合は参加しているマーケットが遠方（茨城県大《だい》子《ご》町《まち》）ということで、交通費を考えるとむしろ赤字のようである。

C：そこら辺を考えちゃうと赤なんですけど、それはもう赤というか、旅行費みたいな感じで、楽しんで行ってるので。どっからどこまでが（赤字なのか）、よく分かんないことになってます。でも、材料費はちゃんと賄えてるから。
（売り上げの使途については）あんまりそこら辺、厳密に考えてないですね。大子町で売れたときは、その後に必ず那須に行くんですね、友達と一緒に。バカンスで、一泊。そこで遊んじゃう。

副業だからこそ、儲けをあまり気にせず楽しむことができるのだが、そのような状況でなぜあえて販売するのかということについて、次のような質問をした。

――なんで販売するんだろう？　例えば、自分の自己表現のためとかっていうようなこともあると思うのね。だけど、一つ前の世代だったら展覧会っていうやり方があったじゃないですか。グループ展とか個展とか。だけど、今の世代の人たちはそれを販売するっていう……

C：もともと、人とのコミュニケーションとかもそんなに苦じゃなかったりするので、割とダイレクトに反応が見れて、その場でお金が得られるのがちょっとありますね。

――すごい原始的ですよね。それってすごく重要なことで、多分、単純に売れたっていうことが自分を評価してくれたことに直接つながる。

安い既製品が買えるのに、ハンドメイドがブームになっている理由については、次のように答えている。

C：作家さんと直接話ができたり、コミュニケーションができる、そういう場ができたっていうところと、雑誌とかに頼らなくても、自分で探し出せる土壌が出来上がったからですかね。

「なぜ売る／買うのか」ということについて、直接的なコミュニケーションを楽しむという発想は、売買でのコミュニケーションを最小限に留めた陳列方式を採用するようになった近代以降の消費社会の中では失われてきた感覚である。[9] こうした変化は、フリーマーケットが広まる一九九〇年代以降確実に進行していたといえる。三浦展のいう「つながり消費」とは消費を控えるのではなく、消費を介在させて生まれるコミュニケーションそのものに価値を置く消費文化であるといえる［三浦 2012］。その意味で女性たちが得たお金は副次的なものであり、客との対話やBさんのように販売サイトで「売れる」ことから得られる自己承認に重心が置かれていることがわかる。こうしたハンドメイドの売買をめぐるコミュニケーション重視の傾向については辻幸恵も指摘しているところであり、彼女たちがプロシューマーへと大きく舵を切ることになった最大の理由であるといえるだろう［辻 2013a, 2013b］。

――他の作家さんのハンドメイドって買われます？

C：買いますね。私、ブローチとか買ったり。

――やっぱりアクセサリー？

C：あと私、すごい器が好きなので、そういうのもめちゃくちゃ買いに行きます。それこそ、陶器市とか。……ふらっと行ったところとかで出会うのが好きなんですよね。

アクセサリーでも食器でも、Cさんは直接マーケットなどに足を運び、そこでの偶然の出会いを重視している。販売すること同様、購入することも、作り手とのつながりの中で発生するコト消費の現場を重視しているのが特徴である。ハンドメイドのウェブサイトにおいても、販売に際しては出品者と購入者のウェブ上でのコミュニケーションは不可欠であり、さらには発送時の凝ったラッピングなど、互いの顔が想像できるような売買が主流となっている。

以上、ハンドメイドを趣味として販売も行っている女性たちのインタビューからは、次のようなことが明らかになった。

①　三人とも「家庭のため」の手作りという意識は全くなく、ジェンダー的手芸観からの脱却が顕著に見られた。親の手芸趣味から影響を受けたケースも見られたが、親世代とは全く異なる価値観が明白に見られた。全員がアクセサリーの制作者であり、女性自身が身に着けられ、中でも顔の近くにあって個性が表現しやすいピアスを多く制作していた。こうした特徴は『私の手作り』の誌面の変化を裏付けるものであった。

②　作風や個人の手作りに至る経歴は様々であるが、みな自分の個性を表現することを重視している。家庭という目的を持たなくなった時、こうした自己の表現が前面に出てくることは当然の結果であるが、彼女たちの自己承認欲求は、家族や近隣の親しいグループを離れ、より社会的なつながりの中で承認へと変化している。

③　三人ともに、販売で得た儲けは重視しておらず、精力的に制作している場合でも、それが自分の生活のための収入という意識は希薄であった。主婦や学生、あるいは別に本業を持っているという立場であることが大きいといえる。ハンドメイド関連のハウツー本では、売れるための様々な工夫が紹介されているが、彼女たちは利益を得るよりも、客とのコミュニケーションや作品に対する評価の方を重視していた。さらには利益やコミュニケーションを超えて、「ただ作りたいから」という理由も見られた。

④　生産者としての利益重視の意識が少ないのと同時に、彼女たち自身もまた、マーケットでは積極的に消費活動を行っていた。利益が少ない中で、お互いに販売・消費を繰り返していく相互扶助の関係がハンドメイド市場には成立していた。

おわりに

大量生産を否定し、手作りを基本とした「丁寧な暮らし」を志向する人が増えていると言われる。いわゆる思想としてのＤＩＹは、賢い消費者を生んだのだろうか。マーケットサイトを用い手軽に販売できたとしても、これで生活できる人はほとんどおらず、全く売れずに失敗するケースも多いという。Ｂさんは、近年のハンドメイドマーケットの興隆にはメディアの安易な誘導があったと指摘している。

Ｂ：誰でも売れるっていうような感じで広告しちゃったので。……そんなこと（誰でも売れる）はないって思うんですけど。

――実際、失敗してる方もいらっしゃるんでしょう？

B：たくさん、いるんじゃないですかね。そっちのほうが多いです。

確かにマーケットサイトも含むホビー産業の存在は、今日のハンドメイドカルチャーの限界も示しているといえる。しかし資本による誘導があったにせよ、彼女たちに共通するのは消費・販売そのものではなく、自分の作品に対する他者からの評価や、販売を介したコミュニケーションに価値を見出しているという点である。彼女たちは自身でも積極的に他の作家の作品を購入しており、Aさんの言う「お布施」のような自分たちのコミュニティを維持するための相互扶助の消費行動がみられる。この相互の消費行動が、つながり消費の特徴のひとつであるともいえるだろう。

さらに、ハンドメイドカルチャーには別の課題もみられる。現地調査を行ったminneやcreema、デザインフェスタなどのマーケット[10]では、アートと手芸、さらにはプロとアマチュアが混在している。例えば、一九九四年から始まったデザインフェスタはプロ・アマチュアを問わず「自由に表現できる場」を提供するアートイベントを謳っている[11]。こうした状況は一見するとプロのアート作品とアマチュアの趣味の手作りを等価値として消費する場がつくられているようで、境界が曖昧になった新しいモノづくりの可能性も感じられる。しかし実際には、デザイナーであるCさんからは次のような発言があった。

C：（出店するマーケット／マルシェは）アーティストとかフードとか、雰囲気のいい人たちばっかり出店してるような感じなんですよね。

――「雰囲気のいい人」というのは？　……出品しているマルシェ、雰囲気がいいっていうような作家さん、比較的、同じような方がいるということ？

C：ガチで、作家さんで、それで食べてる人たちが多いです。私みたいに割と中途半端なことやってる人はいないですね。

――主婦で、副業でやるっていう人たちとは、あんまりそこはマルシェとかイベントとかでは溝がある感じ？

C：溝はありますね。

Cさんの言う「ガチでやっている作家さん」は、多くがデザイン・美術教育を受けた経歴のある作家を意味しているようだ。minneは二〇一六年からムック本『みんなのハンドメイド本 minne HANDMADE LIFE BOOK』をブティック社より刊行しているが、そこで紹介されているハンドメイド作家のほとんどが、服飾やグラフィックなどデザイン系の専門学校や美大の出身者である。[12]他方先述のBさんも本格的な仕事としており、ハンドメイド作家が皆、デザイン教育を受けた人とは限らない。Bさんもこうした二つの見えない作り手の差別化の存在は意識しており、「肩書は関係ない」としつつ、やはりアート系作家とは距離を置いていた。

デザインフェスタの出品希望者は抽選で決まるが、creemaやminneは審査があり、オリジナリティが低いものやレベルの低いものは、会場に出店することができないため、一定の商品の質は担保されている。すなわち彼女たちが問題にしているのは、作品レベルとしての「質」の問題だけでなく「趣味＝テイスト」に抵触する部分であるといえる。[13]Cさんの言うような「雰囲気のいい人」とは、その本音ではプロ／アマという差ではなく、Cさんの考える「趣味の良さ」であり、趣味の象徴闘争が発生していることが読み取れる。

C：いろんな人とコミュニケーションがとれるっていう状況になったら、コミュニケーションをするって割と許容範囲、キャパシティーみたいなのがあるじゃないですか。だから、自分のキャパシティーの中でコミュニケーションとりたい人ってどれだろうみたいな探す行動に移ると思うので、そこはしやすくなったから。

自由なコミュニケーションを介在させた開放的な場であるマーケットにも、こうした「テイスト」の壁は確実に生成し、分かり合える人とコミュニケーションをとりたいという、趣味の島宇宙化［宮台真司 1994］した今日的な状況となっている。ホビー産業による誘導だけでなく、このような閉じたコミュニティについても、今後その是非について検討しなければならないだろう。

本章ではハンドメイド文化の生成過程において、家庭のためという名目から解放された女性が、個人で着飾るためのものを作るようになっていったこと、自らの作品を販売することに対する肯定的な価値観が生成し、その作品を販売できる環境が整備されていったことを明らかにした。ハンドメイドの販売を通して、女性たちは近代の性役割から解放され、買い手たる他者によって承認される回路を得た。そこでは利益を優先するのではなく、承認を求めて販売するという消費文化の新しい方向性が示唆されている。ハンドメイド文化の担い手たちは、必ずしも生計を立てる手段ではない立ち位置だからこそ、これまでの分化した生産者と消費者、そのどちらも解体する消費文化の可能性を秘めているのではないだろうか。

注

1　トフラーがポスト産業社会におけるプロシューマーとして想定したのは、主に対抗文化の中で派生していったＤＩＹカルチャーであった［トフラー 1982］。確かに女性の手作りもまた、一九七〇年代のＤＩＹカルチャー的な文脈として推奨されていくが、むしろそれが女性を伝統的な手仕事に回帰させることになったことは、既に述べた通りである［神野 2018］。

2　神野由紀／中川麻子「デザインとジェンダー　近代の女性における〈手作り〉の意味に関する考察」（関東学院大学人間環境研究所所助成研究、二〇一三年度）において、戦後手芸を始めた昭和戦前期生まれの女性へのアンケート及びインタビュー調査を行った。

3　『美しい部屋別冊　私のカントリー』主婦と生活社（一九九一年〜）、『私の部屋別冊　カントリークラフト』婦人生活社（一九九二〜二〇〇二年）など。

4　労働政策研究・研修機構　統計情報「図12　専業主婦世帯と共働き世帯一九八〇年〜二〇一八年」（https://www.jil.go.jp/kokunai/statistics/timeseries/html/g0212.html　二〇一九年七月一〇日最終閲覧）。

5　『ELLE DECOR』ハースト婦人画報社（一九九一年〜）、『Casa BRUTUS』マガジンハウス（一九九八年〜）。

6　Minneを主宰するＧＭＯペパボ（株）によると作家数五〇万名超（二〇一九年一月二二日https://minne.com/infos/1188）、作品数一〇〇〇万点超（二〇一九年七月六日：https://minne.com/infos/1387）となっている（ともに二〇一九年七月一五日最終閲覧）。

7　一九七六年に設立された一般社団法人・日本ホビー協会では二〇一三年から「ホビー白書」を毎年刊行しており、ホビーの歴史文化的背景の紹介とともに、詳細な市場調査を実施している。同協会では毎年「ホビー・ショー」を開催しているが、ホビー用品業者だけでなく、ハンドメイドを趣味とする女たちの来場も目立っている。（調査日時：二〇一九年四月二五日）。

8　この他、『ハンドメイドマーケット、はじめよう。』ブティック・ムックno.1213（ブティック社、二〇一五年）、および、大嵜幸子『確実に稼げるminneハンドメイド副業入門』（株式会社ソーテック社、二〇一七年）を参照。

9　近代初期に陳列方式が生み出された経緯については　神野［1994］を参照。

10　ハンドマーケット関連イベント調査実施日時は以下のとおり。
真夏のデザインフェスタ：二〇一六年八月二八日（於：東京ビッグサイト）
Creema ハンドメイドフェス：二〇一六年七月二四日（於：東京ビッグサイト）

デザインフェスタVol.49：二〇一九年五月一九日（於：東京ビッグサイト）
Minne ハンドメイドマーケット：二〇一九年三月三〇日（於：さいたまスーパーアリーナ）
第四三回　二〇一九日本ホビーショー：二〇一九年四月二五日（於：東京ビッグサイト）

11　https://designfesta.com/about/（二〇一九年七月一〇日最終閲覧）

12　例えば『minne HANDMADE LIFE BOOK』一号で紹介されている「注目の作家六人」のうち五人が、美術系大学やデザイン・服飾系の専門大学卒と記載されている。先行する『私の手作り』誌上でも二〇〇四年頃から特に人気のある作家を「デザイナー」「アーティスト」と称するようになり、「ハンドメイド作家」として紹介されるようになっていた。

13　後日Cさんに再確認してみると、やはり主婦的なハンドメイドは「かわらしい感じ」「雑誌『ＬＤＫ』の読者みたいな感じ」ということで、自分の趣味とは相容れないと語っていた（『ＬＤＫ』晋遊舎は二〇一二年三月創刊の生活雑誌。二〇一三年五月から月刊化）。

文献

神野由紀［1994］『趣味の誕生』勁草書房。

神野由紀［2018］「近代日本のデザインとジェンダー　手作りインテリアの意味をめぐる考察」『デザイン理論』第七二号、所収。

辻幸恵［2013a］「ハンドメイド品を購入する消費者の価値観」『神戸国際大学経済経営論集』三三巻一号、一－一七頁、所収。

辻幸恵［2013b］『こだわりと日本人』白桃書房。

トフラー、アルビン［1982］『第三の波』徳岡孝夫訳、中公文庫。

中川麻子［2019］「女子学生と手芸」神野由紀／辻泉／飯田豊編『趣味とジェンダー』青弓社、所収。

西川祐子［2004］『住まいと家族をめぐる物語』集英社新書。

三浦展［2012］『第四の消費』朝日選書。

宮台真司［1994］『制服少女たちの選択』講談社。

山崎明子［2005］『近代日本の「手芸」とジェンダー』世織書房。

第4章　消費者運動の変遷と消費者団体の行方

丸山千賀子

はじめに

現代の消費社会においては、さまざまな消費者被害が発生している。欠陥商品、食品偽装、誇大広告、金融詐欺、等々。あるいは食品ロスやプラスチックごみ問題など、地球環境の問題も切実である。こうした問題に広く対処して、よりよい消費社会を作るために、私たち消費者はどんな取り組みをすべきであろうか。

消費者は、社会全体としては最大規模の集団であるが、個々の力には限りがある。組織的に動かなければ、なかなか力を発揮することができない。消費生活の質を上げていくためには、「自分だけは賢く消費しよう」という考え方を超える必要があるだろう。ではいま、どんなアクションが必要なのか。自発的なアソシエーション（消費者団体）を通じ、さまざまな問題解決に向けて、力を合わせて行動することが近道なのではないだろうか。

本章では、世界の消費者団体がこれまでどんな活動（運動）をしてきたのか、そしていまどんな課題に直面しているのかについて振り返り、その中から方向性を探りたい。まず、世界の消費者運動の歴史を五つの段階に分けて捉え、それぞれの段階で、消費者運動が成し遂げてきたことを整理し、それが現在にどのようにつながっているかを考える

（第一節）。次に、現在の日本の状況はどうか、消費者団体の課題は何かを整理する（第二節）。

消費者個人の力に限りがあるように、個々の消費者団体の力にも、やはり限界がある。そのような力の制約を超えて、消費社会をよりよくするために、いま消費者に求められている活動とは、どんなものであろうか。過去の経緯から現在の状況を見据えて、考えてみたい。

1　消費者運動の変遷

本節では、消費者運動の歴史を五つの段階に分けて、その特徴と全体の流れを概観する。第一の段階は、市場で良質な商品を適正な価格で買うために、消費者たちが生活協同組合などを組織して、共同購入をする運動である。第二の段階は、消費者団体が、過酷な労働条件の改善などを求めて、商品をボイコットする運動である。第三の段階は、消費者団体が独自に商品テストを行い、その情報を雑誌で提供する運動である。第四の段階は、消費者の権利を主張する告発型の消費者運動である。第五の段階は、持続可能な社会を目指す長期的な視野に立った消費者啓発の運動である。

（1）　協同組合

消費者運動の第一の段階は、協同組合運動である。協同組合の源流は、イギリスの社会改革家であるR・オーウェンが、一八〇〇年にスコットランドのニュー・ラナークで始めた紡績工場の事業にさかのぼる。工場は二、〇〇〇人を擁する近代的大工場で、二五年にわたって利潤の追求を排して近代的福祉思想にもとづいた経営が行われた。オーウェンはこの事業で、労働者の生活条件の改善や、労働者の自主管理を試み、結果的に生産・労働・利潤の改良に成功した。オーウェンの社会観の根底には、社会環境をよくすることによって人間性を高め、理想社会を実現しうるとする思想がある。労働者の生活条件の改善へ向けて、オーウェンは、工場内で、労働者の必需品を掛け値なしで売るという、独自の協同組合的な実践をした。このアイディアは、イギリスのマンチェスター北東にあるロッチデールで始まる消費者運動に影響を与えた。

ロッチデールでは一八四四年、労働者二八人が集まって、適正な値段で良質なものを購入するために、生活用品の共同購入をはじめた。当初は、小麦粉、バター、砂糖、オートミールの四つの食料品を共同で購入した。二年後の一八四六年には、肉類を購入するようになり、一八五二年には、靴と仕立物を店内で販売しはじめる。一八五五年には、組合の内部に卸売部門を組織して活動の幅を広げた。組合員たちは以降、この卸売部門を通じて、多くの商品を購入するようになった［境井 2002: 16–17］。協同組合運動はその後、ヨーロッパの諸国に広がり、一八九五年には国際協同組合同盟（ＩＣＡ）が結成された。

日本では、明治時代の初頭に、経済書や新聞でロッチデールの公正開拓者組合が紹介され、この組合の影響を受けて、一八七九年には、「共立商社・同益社」（東京）や「共立商店」（大阪）などの消費組合が誕生している［日本生活協同組合連合会 2002: 28–30］。しかしこれらの組合は、マスコミのリーダーや実業家が組合員で、メンバーになるための出資金が高く設定され、また社会実験的なものであったことから短命に終わった。一九二一年になると、「灘購買組合」と「神戸購買組合」が設立され、日本の生活協同組合運動の基礎が築かれていく。その後、一九三一年の満州事変に始まった戦争への流れの中で、生活協同組合は、配給制度に組み込まれて実質的に停止、一九四五年の終戦により復活した。「灘購買組合」と「神戸購買組合」は、一九六二年に合併して「コープこうべ」を結成すると、この団体は、日本最大の生活協同組合になった。現在、同団体の組合員数は一七一万一、六九〇人であり、供給高は、二、四六〇・八億円にまで発展している（二〇二〇年三月時点）。

生活協同組合は、世界各国で発展してきた。現在、二億八、〇〇〇万人の人びと（世界の雇用人口の約一〇％）が協同組合に従事しており、二〇一七年度には上位三〇〇の協同組合と相互扶助組織の総事業高は、二兆三四九億八、〇〇〇万米ドルであった［International Co-operative Alliance 2019: 7］。日本でも一九七〇年代以降、組合員数は年々伸長しており、二〇一九年時点では約二、九〇〇万人である。

生活協同組合は、自発的に参加した人たちが、互いに自律した生活を送れるように協力する組織である。一九九五年に国際協同組合同盟（ＩＣＡ）が採択した「協同組合のアイデンティティに関するＩＣＡ声明」によると、協同組合は、自助、自己責任、民主主義、平等、公正、連帯という六つの価値に基づいており、これらの価値を実践に移すために、自発的で開かれた組合員制、組合員による民主的管理、組合員の経済的参加、自治と自立、教育・研修および広報、協同組合間の協同、地域社会（コミュニティ）への関与、という七つの原則を設け、世界中の生活協同組合で共有される指針となっている［日本協同組合学会訳編 2000: 16-20］。このように、生活協同組合は、当初は労働運動の一部として始まり、その後、独自の組織形態を築いてきた。

（２）商品ボイコット

第二の段階は、商品ボイコットである。その先駆けといえるのは、アメリカで最も歴史のある消費者団体、全米消費者連盟（National Consumers League: NCL）の運動である。一八九九年に創設された全米消費者連盟は、過酷な労働条件の廃止や、工場の基準改善などに取り組む、学識の高い女性の集団であった。初代書記長Ｆ・ケリーの研究は、幼年労働廃止や女性の労働時間の規制を促す州法制定の契機となっている。同団体の当時の主要な戦術は、商品ボイコットであった［モース編 1996: 28］。ケリーは、ガイドラインに基づいて製造された製品の販売を奨励することによって適切な労働条件を促進するため、「ホワイトラベル・キャンペーン」を実施する。これは、基準を満たす製品に「ホワイトラベル」を提供する一方で、消費者にスウェットショップ（低賃金・悪条件の工場）の助成をすることの悪影響について教育し、ラベルを付けられなかった商品はボイコットするように促すものであった。その後、最低賃金や児童労働の廃止など、全米消費者連盟が求めていた多くが立法化され、製造業者は虐待的な生産慣行を改革することを余儀なくされた［Kelley 1905: 240–243］。

日本では戦後、「米よこせ風呂敷デモ」（一九四五年）にみられる生活物資の確保や、「牛肉不買運動」（一九四八年）にみられる物価安定推進運動、「不良マッチ退治主婦大会」（一九四八年）に代表される不良商品の摘発運動、カラーテレビ買い控え運動（一九七〇年）などが起きている[1]。

米よこせ風呂敷デモは、大阪鴻池新田の主婦一五人が食料の配給を求めて風呂敷を持って布施（現東大阪市）の米穀配給公団支所に対して抗議をしたものである。これが後世に語り継がれる「米よこせ運動」の発端である。これを契機に、鴻池の主婦たちは、一九四五年に鴻池新田主婦の会（略称「主婦の会」）を発足させ、これは現在の「関西主婦連合会」（一九四九年設立）の前身となった。「牛肉不買運動」は、戦後日本経済が急激な物価上昇に見舞われた際に、大阪の主婦の会が起こした動きである。一九四八年七月、主婦の会は、牛肉が公定価格四〇円のところ二五〇円で売られていることに反対し、一般の消費者に対して、心斎橋のデパート店頭で「一五〇円になるまで買わない、不買ストへの協力を」と訴えた。この動きを受けて物価庁は、公的価格を一七〇円に決定した。主婦の会は最低でも一五〇円にすべきだと物価庁に抗議したが、物価庁は「全国一律に最高一五〇円とすることは実情に合わぬ点がある」

などとして受け入れなかった。

この大阪での不買ストは、東京に飛び火した。東京で中心的な役割を果たしていた運動家である奥むめおと野村かつ子は、大阪の運動を視察していた。その報告を受けた東京の活動家たちは、東京では何をすべきかを話し合い、一九四八年九月に「不良マッチ退治主婦大会」を開催する。当時、一人一日何本という配給制であったマッチは、一〇本に五本くらいしかつかない粗悪品であった。主婦たちは日頃、マッチがつかなくて苦労していることを訴え、業者や係官を追及した。この運動は、ボイコット運動とはやや異質ではあるが、不良品を交換させる手法をもって生産者に働きかける点で、狙うところは同じであったといえる。「不良マッチ退治主婦大会」は、日本を代表する消費者団体となる「主婦連合会（主婦連）」の結成（一九四八年）の契機となった。

日本でのボイコット運動の成功例に、「カラーテレビ買い控え運動」がある。この運動は、全国地域婦人団体連絡協議会（全地婦連）が公正取引委員会の委託で行った「二重価格表示の実情調査」がきっかけで起こった。全地婦連は、「常に割引率が高いものは、定価そのものがおかしい」と問題を提起し、一九七〇年にメーカーが定価引き下げを行うまで「カラーテレビ一年間買い控え運動」を実施すると決めた。同年九月の消費者五団体（日本婦人有権者同盟、消費者の会、日本生活協同組合連合会、主婦連、全地婦連）の物価対策打ち合わせ会で、「カラーテレビ一年間買い控え運動」を共同行動として推進していくことが決定され、一般消費者の支持も得て、全国規模で盛り上がりをみせた。当初メーカー側は、この運動を軽視していたが、不買の効果が現れ始めた翌年、松下電器の松下幸之助会長が「今年は徹底的に反省し、感謝する年にしたい。消費者運動は尊重する」と経営方針を明らかにすると、事態は解決に向かった。メーカー一二社は、一九七一年に価格引き下げを発表することになる。この運動は、消費者が声をあげて団結し、大企業の管理的な価格設定を切り崩すという大きな成功を収めた。

このほか、日本消費者連盟の創立に尽力し、後にその代表運営委員（二〇〇〇～二〇一一年）を務めた富山洋子は、一九七四年に「旧電力で電気代を支払う会」を結成し、原子力発電に伴う新料金体系での電気代の支払いをボイコットする運動を展開した。最終的には裁判闘争で敗れるものの、富山はこのボイコット運動を通じて、国家と資本に絡めとられない暮らしや生き方を模索したことに、意義があったと振り返っている。新料金体系での電力支払いを拒否することは、結果として、環境に負荷をかけない製品を選ぶという、消費者主権を確立するための運動へとつながった［富山 2016: 第一章］。

（3）商品テストと雑誌

第三の段階は、商品テストとその情報を提供する「商品テスト誌」の普及である。この情報提供型消費者運動は、一九二〇年代のアメリカで始まり、イギリス、フランス、ドイツ、ベルギーなど欧米諸国に広がった。

当時のアメリカは、工業の標準化・規格化によって生産性が向上し、自動車関連産業、建築産業、家庭用電化製品等を中心に、大量生産・大量消費の時代に突入した。すると消費者の側からは、商品テストを行い、その情報を提供するという「情報提供型」の消費者運動が現れた。この新しい運動は、Ｓ・チェイスとＦ・シュリンクの功績によるところが大きい［モース編 1996: 41］。シュリンクは、標準化・規格化が生産の基調となる中で、同じテクニックを一般の消費者用の商品に当てはめることができないかと考えた。彼は、消費者が自ら作成した仕様書に基づいて商品を購入したり、品質が保証されている標準化された商品を購入したりするような社会を展望した。一方のチェイスは、一九二〇年代の流行作家であり、工学と経済と文学を融合して、その着想を広く世間に浸透させる才能があった。この二人が出版した商品のガイドブック『あなたのお金の価値』（一九二七年）は、当時のベストセラーになった。この本では、食品、医薬品、化粧品、自動車、家電製品などさまざまな商品が取り上げられ、非難すべき人々の名前が詳細に挙げられている。同書の内容はすべてデータによって裏づけられており、その影響の大きさは計り知れないものであった。同書で消費者は、市場で繰り広げられる不正の被害者とされた。

その後二人は、この本の印税を基に、一九二九年にニューヨーク州に非営利の消費者テスト組織として「消費者研究所」を設立した。世界初の商品テスト団体の誕生である。[2] 同研究所はその後、内部分裂するものの、一九三六年にはその中から新しい商品テストの団体「コンシューマー・ユニオン（アメリカ消費者同盟）」が生まれた。この団体はのちに名称を「コンシューマー・レポート」に変えて、現在では、世界最大の消費者団体に発展している。

このように発展してきた商品雑誌型の消費者団体であるが、現代においては、インターネットの普及とともに、転換期を迎えている。インターネットから容易に情報が得られるようになり、雑誌購読者の数が減っているためである。商品雑誌型の消費者団体は、さまざまな模索を続けている。

例えばフランスでは、一九五一年に設立された「フランス消費者同盟 Union Fédérale des Consommateurs（略称：UFC-Que Choisir）」が、雑誌『何を選ぶか（Que Choisir）』を発行してきた。同団体にとって雑誌はいまも重要な収入源であるが、時代の変化とともにこのビジネスモデルが難しくなってきた。そこで最近、同団体は、ガス会社と交渉してガスを安く買うという、集団購買の活動を始めた。[3] フランスではガスの販売が自由化された後も、料金を比較して安い業者に契約を変えようとする動きがあまりみられず、多くの人は、かつて独占事業であったフランスガスと契約していた。そこでフランス消費者同盟は、率先して、集団によるガス購買を始めた。このようなプロジェクトには前例がなかったが、結果として大成功をおさめた。集団購買によって、消費者たちが安い料金体系のガス会社に乗り換えるようになったのである。すると他の会社も、新しい料金体系に追従せざるをえなくなった。消費者団体の活動によって、市場競争が活性化し、消費者たちが適正な価格でガスを購入するという状況が生まれた。

　ひるがえって日本に目を向けると、これまでいくつかの消費者情報誌（商品テスト誌あるいは商品テストを含む生活情報誌）が発行されてきたものの、いずれも大きな社会的影響力を持ちえなかった。これらの雑誌は現在、いずれも規模を縮小している。例えば、日本消費者協会が発行してきた『月刊消費者』は二〇一一年に休刊、国民生活センターの『たしかな目』は、『月刊国民生活』に統合（二〇〇八年）された。[4]公益財団法人「関西消費者協会」の『消費者情報』は、大阪府の支援がなくなり、紙媒体は二〇一七年三月号をもって休刊、同年五月からウェブ版配信に切り替わった。この他、ＮＰＯ法人「食品と暮らしの安全基金」の発行する月刊誌『食品と暮らしの安全』などがあるが、図書館等に常備されることはあまりなく、一般消費者の目に触れる機会は少ない。

　日本で消費者情報誌が発展しなかった理由は、すでに政府の消費者行政において、消費者情報が豊富に提供され、消費生活相談も充実してきたからだといわれる。また、消費者団体の財政的な事情から、商品テストの継続が難しかったこと、雑誌発行に必要な高い専門性をもった人材を確保することが難しいこと、そして消費者が消費者団体の提供する情報より企業の情報を活用する傾向があることなどが考えられる。

（4）消費者の権利と告発

　第四の段階は、権利告発型の消費者運動である。一九六〇年代のアメリカでは消費文化が成熟する一方、欠陥商品や有害食品などによる消費者被害が多く発生していた。生産者に比べて消費者の力が圧倒的に弱かったこの時代に、当時若い弁護士だったラルフ・ネーダーは、集団訴訟に基づく権利告発型の消費者運動を展開した。

　ネーダーの最初のターゲットは、大衆消費社会の象徴である自動車であった。一九六五年に『どんなスピードでも自動車は危険だ』［ネーダー 1969］を出版すると、この本は全米でベストセラーとなり、対象となった自動車は製造中止に追い込まれた。ネーダーは、交通事故の責任が、ドライバーだけでなく、欠陥商品の自動車を売る会社側にもあると主張した。彼はまた、四〇以上の政府機関の調査を発表し、七つの主要な消費者関係法の成立に尽力した。特に自動車の安全性や消費者・労働者の安全と健康に対して重要な役割を果たした［バックホーン 1972: 240］[5]。彼は、政府に消費者保護機関を設置させる運動の陰の力であり、集団訴訟の立法化のために激しいロビー活動を行った［モース編 1996: 227］。一九六六年以来、四〇回近くも国会で証言し、議員たちに、カラーテレビから漏れる放射能、ベビーフードに含まれる有害物質などの、危険事例を次々に提示した。ネーダーの運動組織の一つである「一般市民の利益・権利を守る調査研究グループ」の最初の戦略は本を作成することで、保険料率の規制や大気汚染、放射能汚染、そして様々な企業に関する本、パンフレット、および証言が出版された。一九七一年には、効果的な市民活動を展開するために、広範な消費者ネットワーク「パブリック・シティズン」を組織している。

　他方、日本では当時、消費者団体は訴訟する権利をもっていなかった。一九七〇年代の高度経済成長期には、例えば主婦連ジュース訴訟（一九七一年）や灯油訴訟（一九七四年）などが起きたが、主婦連ジュース訴訟で明らかになったのは、日本の法律では、消費者団体は、そもそも法的な訴えを起こす権利をもたないということであった。これ以降、訴訟するための権利の実現は、消費者団体の悲願となった。

　変化がみられたのは、一九八〇年代後半から一九九〇年代にかけて、製造物責任法や消費者契約法の制定に向けた運動が起こる時期であった。一九八九年には、日本の弁護士会や消費者団体がネーダーを招いて各地で講演会を実施した。一九九一年になると、消費者団体、弁護士、学者などが「消費者のための製造物責任法の制定を求める連絡会」を結成して、法の制定を求める運動を展開した。こうした運動を背景にして、消費者契約法において、ようやく団体訴訟制度の導入が検討され始めた。そして二〇〇六年、消費者契約法が改正され、「消費者団体訴訟制度」が導入される。それまで主婦中心の運動体だと思われがちであった消費者団体であったが、ここに新たなタイプの団体が加わった。弁護士をはじめとする法律家が中心となって消費者団体を形成する「適格消費者団体」（二〇〇七年以降）が設立された。[6]同団体は、企業を告発するという法的権利（差止請求権）を手に入れた。現在、日本で活発な訴訟活動を起こしている京都消費者契約ネットワークは、ネーダーが創設した「パブリック・シティズン」を一つの理想としているという。

日本の適格消費者団体という組織は、世界の消費者運動の歴史のなかでも、独特の位置づけだといえる。他の先進諸国の消費者団体にも、弁護士資格をもった人材が消費者団体や非政府組織で働くケースはみられる。しかし、弁護士が本職の業務の他に消費者団体の活動を兼ねることや、団体の活動が訴訟中心に組織されるという日本のケースは珍しい。[7]日本の適格消費者団体においては、弁護士が採算を度外視して消費者運動に従事している。そのような活動が成り立つのは、日本の弁護士の使命感――「弁護士は、基本的人権を擁護し、社会正義を実現することを使命とする」（弁護士法第一条）――と、それに基づく社会貢献への意識の高さによるところが大きいといえるだろう。

（5）持続可能な社会へ向けた消費者啓発

第五の段階は、持続可能な社会に向けた消費者の啓発運動である。消費者を啓発する民間の取り組みは古くから行われているが［クラーク 1986: 96-97］[8]、それは主として、消費者が被害にあわないように啓発する取り組みであった。これに対して最近、環境問題の深刻化を受けて、社会全体の長期的な利益を見据えた消費者啓発が活発になっている。

歴史を振り返ると、従来の消費者運動は、政府と市場の両方から独立した活動であった。しかし現代の消費社会においては、消費者問題が多様化し、専門化も進んで問題解決のコストが高くつくようになった結果、行政と事業者と消費者団体が連携して対処しなければならない状況が生まれている。消費者の啓発においても、例えば世界的な流れである「持続可能な開発目標（ＳＤＧｓ）」の達成のために、行政と消費者団体の連携が模索されている。例えば、消費者被害にあわないための教育、食品ロスへの対応、エシカル消費（環境や生産者に対して考慮した倫理的な商品選択やリユースなど）といったテーマでの消費者啓発は、消費者庁や地方自治体が、消費者団体に啓発事業を委託するかたちで展開されていることが多い[9]。

（６）まとめ

以上のように消費者運動の歴史を振り返ると、その営みは、消費者が資本家の抑圧や搾取から解放され、自律的な市民となって消費面で社会を制御する試みであったといえる[10]。第一段階の「協同組合」の運動では、消費者たちは商品の品質を制御し、適正な価格を実現するために自助組織を形成した。第二段階の「商品ボイコット」運動では、消費者たちは労働者の労働条件に影響を与え、公正価格を実現するための運動を組織した。第三段階の「商品テストと雑誌」においては、消費者たちは自ら情報を発信して、自律的な商品選択を試みた。第四段階の「消費者の権利と告発」では、消費者は訴訟を通じて生産を制御する力を手に入れた。第五段階の「持続可能な社会へ向けた消費者啓発」では、消費者は環境に負荷をかけない社会に向けて、啓発された消費をするように促されている。これらの五つの段階は、歴史的に順に現れたが、現在では重層的に営まれているといえるだろう。

2　消費者団体の現在の課題

前節では、消費者運動の歴史を五つの段階に分けてその流れを追ってきた。では現在、日本の消費者団体は、どのような課題に直面しているのだろうか。また今後、どのような方向に発展していく可能性があるのだろうか。消費者問題は、ますます多様化し、その解決コストも高くなっている。結果として、消費者団体の財源と人材が不足し、行政と連携しなければならない状況が生まれている。以下では、財源の問題、人材の問題、そして行政との連携の問題に分けて、現代の消費者団体の問題を考えたい。

（1）財源の問題

日本の消費者団体はこれまで、政府や企業からの財政的な支援を受けずに、基本的に無償のボランティアで成り立ってきた。調査や冊子作成等の委託事業もあるが、その数は限られていた。また、消費者団体訴訟制度を盛り込んだ改正消費者契約法が二〇〇六年に成立し、二〇〇七年に適格消費者団体が形成されると、本来、国家や地方自治体などの行政機関がなすべき仕事である消費者被害の未然防止や被害回復などの業務を適格消費者団体が肩代わりするようになった。日本の適格消費者団体は、第四段階の「消費者の権利と告発」でみたような訴訟型の消費者運動という側面と、行政と連携して消費者政策を推進するという二つの側面を備えている。

このような状況にもかかわらず、現在、適格消費者団体に対する政府の補助金は、あまりにも貧弱である。例えば、関東の適格消費者団体・特定適格消費者団体である、特定非営利活動法人「消費者機構日本」（東京）は、二〇一八年度に、適格消費者団体連絡協議会受託事業三九九万二、一〇六円、消費者被害の実態調査受託事業四五二万四、六二九円を消費者庁の委託事業として受けている。事業内容は、訴訟をするうえで必要な被害実態調査などであり、受託費用がなくても実施しているため、委託事業として任されると組織運営資金として活用できる部分が多い。ただし、これらは競争入札のため、獲得できる年度もあればできない年度もあるという不安定な財源である。また、関西の特定適格消費者団体である特定非営利活動法人「消費者支援機構関西」（大阪）は、二〇一九年度に調査・研究事業として消費者庁からの委託業務（消費者被害の実態調査業務（近畿地方））が三二三万八、六八七円、活動計算書に計上されている。いずれにしても、毎年度予算がつくことが決まっている補助金とは違って先が読めないものであるため、行政との連携を強める中で確実に委託される制度があると資金の助けになる。しかし、その一方で消費者庁からの監督が厳しくなる懸念から、補助金に頼りすぎることも問題であるという。

　適格消費者団体の中には、企業からの寄付を積極的に受けいれたいと考えている団体も少なからずある。企業と対峙しなければならない適格消費者団体が、企業から寄付を受け入れるというのは二律背反に陥りかねないが、例えばドイツでは次のような事例がある。

　ドイツを代表する「ドイツ消費者団体連盟」は、訴訟活動を重視する一方で、消費者の生活向上に向けたさまざまな活動に取り組んでいる。ロビー活動、消費者相談、消費者教育、傘下の団体への援助などの活動を行っている。この団体の主たる資金は公的助成であるが、それ以外のルートで活動資金を得るために、二〇一〇年に「ドイツ消費者保護基金」を設立した。この基金は、連邦食料・農業・消費者保護省（二〇一四年以降は、司法・消費者保護省）から年間一、〇〇〇万ユーロにのぼる資金の援助を受けるほか、企業からの援助も受けつけている。この基金の設立によって、同団体の他にも、さまざまな民間人、企業、団体が、消費者保護活動に取り組むことができるようになった。

一般に、消費者団体が企業から直接助成金を受けると、活動の独立性・自律性が問題になる。こうした問題を避けるため、ドイツのように「基金」を設立して補助金をプールし、そこから各種の消費者団体に資金を配分することは有益であろう。日本でもこれに近い取り組みとして、二〇一七年に認定ＮＰＯ法人「消費者スマイル基金」が設立された。しかしその財源はあまりにも乏しい。二〇一九年度の寄付金総額は約六六・五万円にとどまった。今後はこのような基金の仕組みを拡充していく必要があるだろう。[11]

（2）人材の問題

日本の消費者運動はこれまで、消費者意識が高く行動力のある女性が中心となって担ってきた。優秀な人材がこの分野で確保できたのは、戦後から一九七〇年代にかけて、日本では女性の活躍の場が少なかったという事情がある。[12]ところが最近では、女性の社会進出とともに、消費者運動の担い手を確保することが難しくなっている。消費者団体においては、四〇歳代以下の人材がほとんどいないという事例もあり、担い手の高齢化が進んでいる。

またインターネットが普及する一九九〇年代ごろから、専門性の高い消費者運動へのニーズが高まってきた。旧来型の消費者運動は、主婦やボランティアが中心となって価格や製品の安全性について話し合ったり、消費者啓発をしたりしていた。ところが最近では、インターネットによる通信販売、オンライン契約、仮想通貨などに関する消費者トラブルが急増しており、専門知識がないと対応できないようになってきている。

海外の主要な消費者団体のように、雑誌等の収益や助成金によって財源が十分に確保されている場合は、弁護士の資格や経済学の学位をもった優秀な人材を確保することができるだろう。しかし日本の消費者団体の多くは財源が厳しく、次世代を担う人材を確保することが難しい。このまま若者を巻き込むことができなければ衰退していくのではないかと懸念されている。

この人材をめぐる問題については、ベトナムの事例が参考になるだろう。ベトナムではリタイアした公務員が中心となって、消費者団体の運営に貢献している[13]。日本においても、リタイア後に社会貢献を希望する優秀な人材に協力してもらって、消費者団体を運営することが有益ではないだろうか。

また若者たちに対しては、消費者運動にかかわると「実践力がつく、知識が得られる、キャリア教育につながる」などのメリットをアピールすることができれば、ボランティアで参加してもらうことができるのではないか。学生たちは、就職活動を視野に入れる時期になると、履歴書に書くための必要に駆られて、ボランティア活動を捜し求めるというのが現実である。期間限定であっても、社会人になる前の大学生のニーズを汲んで、若者たちに社会変革への気づきを与えることができれば、状況は少しずつ変わるかもしれない。

（3）消費者政策における新たな位置づけ（行政との連携）

前節でみたように、消費者運動は欧米を中心に、政府や企業から独立した消費者団体がこれを担ってきた。現代では、消費者政策の効率的な運営を目指して、欧米諸国においても、行政との連携がみられる。また多くの新興諸国では、消費者団体はこれまで行政との連携を通じて活動を展開してきた[14]。行政との連携の仕方について、日本も海外の事例に学ぶべきことが多いように思われる。

日本における消費者団体と行政の連携を振り返ると、その端緒は一九六〇年代にさかのぼる。一九六一年に設立された一般財団法人「日本消費者協会」は、通商産業省（当時）が後押しをして結成された。その当時、日本でもアメリカの「コンシューマー・ユニオン（アメリカ消費者同盟）」のような商品テスト団体を作ろうという意向を受けて、通商産業省が設立した団体である。この協会は、二〇一三年まで経済産業省の所管であったが、その後公益法人改革の流れで独立が求められたため、一般財団法人となった。この他、行政から調査を請け負ったり、委託されて啓発事業を行ったりする消費者団体もあるが、海外にみられるような大規模な組織ではない。

諸外国に比べると、現在、日本における消費者団体と行政との連携はうまく機能しているとは言い難い。今後は、適格消費者団体だけでなく、他のさまざまな消費者団体を含めて、行政との連携を模索していく必要がある。政府もまた、分野や案件に応じて協力できるよう、各種の消費者団体を、バランスよく育成していくことが必要であるように思われる。

例えばオーストラリアでは、近年になって政府の主導で二つの消費者団体がつくられた。一つは、二〇〇九年に設立された通信産業にかかわる消費者問題に対応する「オーストラリア・コミュニケーションズ・コンシューマー・アクション・ネットワーク（ACCAN）」である。政府が消費者を保護するために、通信業界から徴集したお金を資金に運営されている。もう一つは、二〇一五年に設立された「エネルギー・コンシューマーズ・オーストラリア」である。この団体は、電気やガスに関する料金や品質や安全性や安定的供給をめぐって、長期的な消費者利益を促進するために活動している。先の団体と同様に、法律によって、独立した財政基盤が確保されている。むろん資金は関連業界の会社から徴収されるとはいえ、最終的には消費者が支払っていることになる。

またフランスでは、二〇〇六年から政府が消費者団体に補助金を出す一方で、各種の消費者団体の再編をすすめている。フランス政府は、消費者被害の未然防止や被害回復を目的とする消費者団体を統廃合して、中央と地方の団体間の連携を強化している[15]。その際、フランス政府は、消費者団体に活動資金を補助するにあたって、まず全国的な規模の消費者団体に補助金を渡し、その中央組織から、各地方の消費者団体に補助金を配分するようにした。このような仕組みにした理由は、全国規模の消費者団体は、地方の活動についてよく理解しており、政府の補助金を有効に地方組織に配分できると考えられたためである。フランスではこのように、補助金の配分方法を変えたことで、全国規模の消費者団体は、地方の消費者団体をコントロールできるようになり、あるいはまた、補助金を有効利用するインセンティブをもつようになった。

フランス政府はまず、全国規模の消費者団体の前年度の活動と実績を考慮して、補助金の配分額を決める。政府はこのとき、各消費者団体と契約を結んだことになる。毎年度末になると、前年度の目標が達成されたかどうかについて、消費者団体は政府に報告する義務を負う。政府は、その報告書をもとに、各種の消費者団体の実績を評価し、次年度の補助金の配分額を決める。それぞれの消費者団体は、必ず政府の事後評価を受ける。もし消費者団体の活動が一定の目標に達しない場合は、認可団体としての資格を取り消される。[16] こうしたフランスの行政と消費者団体の連携の仕組みは、日本においても参考になるだろう。

現在、日本では消費者団体の数が多く、政府はそれぞれの団体に十分な助成をすることができないのが実情である。消費者団体が多様に分散すると、いつまでも力を持つ団体が育たない。日本でもまず、中心となる団体と政府の連携関係を整備・構築し、そのような団体を軸に体制を再編すべきではないか。地方の消費者団体も必要に応じて臨機応変にまとまれるような体制を作り、現在活躍している適格消費者団体の助けを借りて活動していく、という方向性が考えられる。このような仕方で、主要な消費者団体と地方の消費者団体の連携を強めることが必要である。

消費者団体と行政の連携を考えるうえで、もう一つ参考になる仕組みは、競争入札による委託事業の推進（アウトソーシング）である。政府の業務を消費者団体に委託することは、消費者問題に専門家の知恵を用いることを可能にするだけでなく、消費者行政の財政不足に対処するという意味においても検討すべき方策である。現在、日本で行政から消費者団体に業務委託している事例には、消費者相談や消費者啓発業務、消費生活相談員の研修、イベントの企画などがある。こうした委託事業は、現在、競争入札によるものが多い。例えば大阪府では現在、消費生活相談業務の委託を、このような方向で検討している。

大阪府は二〇〇二年度以降、消費生活の相談や商品テストの事業などを、財団法人「関西消費者協会」（二〇一三年から公益財団法人）に委託してきた。こうした事業委託の背景には、大阪府の財政難と財政改革の取り組みがある。大阪府は、民間でできることは民間に任せるという方針で、これまでの行政サービスを見直した。具体的には、それまで関西消費者協会の職員を非常勤として雇って相談業務を行っていたが、関西消費者協会に委託する形にすることで、人件費を節約するとともに、サービスを担当する相談員の専門知識の引継ぎと蓄積を可能にした。以降、大阪府から関西消費者協会への業務委託は続いており、同協会にとっては、この委託業務は主要な活動資金にもなっている。

ところが最近、大阪府はさらにコストを抑えるために、この相談業務を競争入札を通じて委託することを検討している。すでに二〇一七年には、三ヶ年計画の消費者相談業務委託に対して、「提案型プロポーザル方式」を採用した。消費者団体は業務委託を受ける際に、自分たちにできる業務をあらかじめ提案することを求められた。さらに今後は、競争入札が導入されようとしている。消費者団体にとってはたいへんな流れになってきたが、競争入札の導入によって、委託業務の受注をめぐって消費者団体が切磋琢磨することは、より質の高い業務をもたらす可能性がある。このような仕組みは、消費者団体を育て、消費者運動の活性化につながるかもしれない。

おわりに

現代社会のさまざまな消費者問題に対処して、よりよい消費社会を作るために、私たち消費者はいまどんな活動をすべきなのか。本章ではこのような問いを立てた。消費者が消費者問題に対処するためには、自発的な組織を作って協力する必要がある。しかし高度に発達した現代の消費社会においては、個々の消費者団体の力だけでは、対処しきれない問題が広がっている。消費者団体が行政や企業と連携して問題に対処する必要があるということを、本章では明らかにしてきた。

今後の消費社会に対応していくためには、消費者訴訟を担う消費者団体（主に現在の適格消費者団体）と、裁判以外の業務（消費者相談と啓発）を担う従来型の消費者団体の両方が育つような、効果的な行政との連携が必要である。日本は消費者団体の数が多く、支援も容易ではない。そこで政府は、軸になる消費者団体を決めて、その団体に消費者運動の推進役を任せるような取り組みが必要ではないか。軸になる消費者団体は、他の団体との連携や協働を図り、実情に適した消費者運動のスキームを作って、助成金を有効に活用することができるだろう。同時に、各種の消費者団体は、業務の効率化を目指す一方で、社会の変革を促すために、新規事業の提案をする方向で、行政と連携することができる。

現在、私たち消費者に求められているのは、さまざまな消費団体がうまく問題を解決できるように、行政と消費者団体の関係を再編する必要性に気づき、そのための知恵をもつことである。諸外国の事例を参考にしつつ、新しい仕組みを考えることである。よい消費者・市民とは、より良い消費社会を目指して行動する人たちである。諸問題を解決するために、運動の全体的なビジョンを持って、積極的に役割を担う人たちである。社会の変容とともに、消費者運動もこれまでのように特定の枠組みの中で限られた人々だけが行うものではなくなってくるだろう。最近では、企業においても消費者志向経営・サステナブル経営が重視されており、消費者運動家の中には、企業の社外取締役として消費者の目線を企業経営に反映させる役割を担っている人材もいる[17]。

雪印乳業が二〇〇〇年に集団食中毒事件を起こし、その後の信頼回復と経営の立て直しのために社外取締役に抜擢された全国消費者団体事務局長（当時）日和佐信子の活動の記録は『消費者運動そして雪印乳業社外取締役へ』に詳しい［日和佐 2003］。日和佐は、三歳のわが子に安全な食べ物を与えたいとの思いがあり、近場の生協に偶然誘われたことから、生協に加入した。これをきっかけに消費者問題に関わることになり、日本生活協同組合連合会（日本生協連）の理事になった。その後、日本生協連に推薦されて全国消費者団体連絡会事務局長を経て、雪印乳業の社外取締役に自分から手をあげて二〇〇二年に着任した。日和佐は、「企業の内部で偽装問題の背景や問題の本質を探りたかった。さらに企業が消費者をどう位置づけているのかも知りたかった」のだという［丹羽 2018: 20–21］。

生活協同組合の組織など、消費者運動に取り組んだ日本の社会運動家である野村かつ子は、著書『私の消費者運動』で、戦中・戦後から二〇〇〇年代までの日本の消費者・市民運動が形成される過程を実際の経験からまとめている［野村 2003］。また、農林省（当時）から転身し、一九七二年に全大阪消費者団体連絡会を結成して消費者運動に献身した下垣内博は、「消費者運動に教科書はない」という言葉を遺したが、下垣内が他界した後、彼の生の声をセミナーの報告や講演、論稿をもとにまとめた著書『消費者運動　その軌跡と未来』がある。そこには、「私は、何よりも家族の単位で誰もが参加できること、それが消費者運動の基礎であると思っている。自分とその家族の生命と健康を守ること、自分と家族の暮らしと権利を守ること、世の中のしくみを消費者本位にあらためさせていくことが重要である。……そのためにはネットワークを確立する必要があるだろう」と記されている［下垣内 1994: 26］。

消費者団体は、消費者啓発のために多くのシンポジウムやセミナーを開いており、その中には無料のものもあるので、まずは参加してみてはどうだろうか。消費者・市民運動の経験から、消費者問題にとどまらず、食べてはいけない食品や放射能問題、食品添加物、耐性菌の問題など、生活にかかわる問題全般を取り上げる成果もあり、誰にとっても身近な問題として考えられるテーマが含まれている［小若 2007, 2008, 2013］［垣田 2018］［阿部 2005］。

社会の変革を促すために、消費者団体は、協力しなければならない。お互いの個性や専門性を尊重しながら、柔軟な発想で運動をすると同時に、消費者運動の再編を模索することが求められている。そして、それを支えるのは、日々の暮らしに消費者運動が必要であることを理解し、応援していく市民なのである。

注

1　以下、国民生活センター編［1997: 15, 23–27, 75–81］参照。

2　ただし、ホーム・エコノミクスの母と称される科学者E・スワローは、一八七七年に自宅に消費者家庭試験研究所を創設しており、それが今日数多く存在するこの類の研究所の先駆けとされる。スワローは、一八〇〇年代後半には商品テストとそのデータに基づく商品選択の影響力の大きさについて「商業の中心地で販売されている主要な家庭用品の成分を知っており……また、自分たちが購入したものの製造業者や商人の名前を知っている女性たちのグループが存在するという事実は、おのずから一つの力の源泉となるのであって、その力の大きさはまだ理解されていませんが……粗悪品や代用品が増えるにつれて、一層重要なものになっているのです……」といい、そのような力は少数の女性たちだけではなく、一般大衆が持つべきだと考えていた。クラーク［1986: 81, 125–126］参照。

3　二〇一三年以降の活動。詳しくは、丸山［2018］を参照。

4　『月刊国民生活』は二〇一二年に廃刊、『国民生活』としてウェブ版に移行した。

5　交通・自動車安全法（1966）、卸売り食肉法（1967）、卸売り家禽製品方（1967）、天然ガス・パイプライン安全法（1968）、放射能管理法（1969）、炭鉱衛生安全法（1969）、職業衛生安全法（1970）がその七つである。

6　適格消費者団体は、消費者の利益を擁護するために差止請求権を行使するに必要な適格性を有するとして、内閣総理大臣の認定を受けた法人である。二〇〇七年には、特定非営利活動法人消費者機構日本、特定非営利活動法人消費者支援機構関西などの三団体（二〇二〇年一〇月現在）が登録され、現在では、全国に二一団体（二〇二一年三月現在）が組織されている。なお「特定適格消費者団体」は、適格消費者団体の中から新たな認定要件を満たす団体として内閣総理大臣の認定を受けた法人で、損害賠償を求める訴訟を起こすことができる消費者団体である。

7　ただし、イタリアには、弁護士で結成される「コダコンス（CODACONS）」という訴訟を専門とする団体がある。

8　一八七九年にスワローが、女性団体での講演で、誇大広告や悪質な販売方法などは消費者の情報不足につけこむものであり、その無知は不十分な学校教育が生み出したものだと指摘したことに遡ることができる。

9　あるいは例えば、行政が消費者相談業務を委託する団体を選定し、その団体に複数年度に渡る相談業務を委託すると、同時に単年度契約で啓発業務も任されることがある。大阪府の事例では、二つの業務の委託先を一つの団体が兼ねるのは、啓発業務は相談内容を踏まえて効果的な内容にしていかなければならないためだとされる。この大阪府の方針は、消費者行政の充実と効率化を目指すとともに、消費者相談と消費者啓発という二つの業務がこなせる消費者団体を選抜して育てることにもつながる。これまで行政頼みであった消費者団体にとっては荒療治ではあるが、消費者団体はこの競争で生き残るために組織変革やスキルの向上を目指すことになり、長い目で見ると消費者運動の変革につながる動きになるとも考えられる。

10　むろん「生活協同組合」は事業者であり、消費者団体とはいえないが、その成り立ちや理念は、消費者運動に深くかかわりがある。例えば商品ボイコットの段階では、「カラーテレビ一年間買い控え運動」で、日本生活協同組合連合会も運動に参加している。あるいは適格消費者団体においても、日本生活協同組合連合会はその活動を支えている。財源の乏しい日本の消費者団体にとって、財源の安定した生活協同組合は、なくてはならない存在といえる。

11　スマイル基金の問題点は、そのメンバーが他の仕事や組織との掛け持ちであるため、仕事の個人負担がかなり大きくなっていることである。一般的な消費者団体と同様、助成金により組織の運用資金が少しくらい増えても、事務局の体制や人材不足といった組織体制に課題があるため状況は改善しない。現状では、委託金などをもらっても人件費にまで回せないため、仕事が増えて忙しくなるだけで、発展にはつながらないという（全国消費者団体連絡会事務局次長・消費者スマイル基金事務局の小林真一郎（肩書は当時）へのインタビューより）。

12　世界の消費者運動の始まりが労働者によるものであったことを振り返ると、「消費者運動は女性によるもの」という発想はなかった。欧米の主要な消費者団体を視察してきた筆者の経験から言えば、男女の構成比率が極端に女性に偏っているケースはあまり見当たらない。

13　ベトナムには、消費者保護制度の法的枠組みが十分に整備されていないといわれる。その中で、一九八八年に「ベトナム規格・消費者保護協会」が設立され、主として退職した役人がボランティアで消費者政策の運営にあたっている。この他、「ホーチミン市消費者権利保護協会」は、代表者は弁護士であり、医師や新聞記者、企業人、専門家などのメンバーが自由な時間でボランティアとして活動している。ベトナムで消費者運動をする人々は、消費者のためというよりも、消費者保護を円滑に進めて国へ貢献する意識が強いようである。優秀な人材がボランティアで消費者運動にかかわる様子は、どことなく日本のイメージと重なるところがある。

14　マレーシアには、一九七三年に設立されたマレーシア消費者協会連盟（FOMCA）と一九七〇年に設立されたペナン消費者協会（CAP）という二つの主要な消費者団体があるが、政府との関係では対照的な姿勢をとるといわれる［木原 2007: 145］。マレーシア消費者協会連盟は、各州の消費者団体の連絡組織であり、政府関係組織から一定の助成金を受けている。この団体のメンバーは、省庁レベルのさまざまな常設諮問委員会に参加し、政策の立案や実施に携っている。これに対して、ペナン消費者協会は、政府から独立した組織であり、東南アジアにおいては草分け的な消費者団体である。長年にわたって同地域の消費者運動を牽引してきた。

15　フランス競争・消費・不正抑止総局（Direction Reg ionale de la Concurrence, de la Consommation et de la Repressiondes Fraudes: DGCCRF）へのインタビュー（二〇一四年九月四日）より。

16　詳しくは、丸山［2019: 47］を参照。

16　数は少ないが、日和佐信子のほかに全大阪消費者団体連絡会事務局長から二〇〇二年にダスキンの社外取締役になった坂本允子の例もある。

参考文献

American academy of Political and Social Science［1909］*The Consumer's Control of Production: The Work of the National Consumers' League*（*Annals of the American Academy of Political and Social Science, suppl.July, 1906*）Philadelphia: Nabu

Press.

Kelley, Florence［1905］*Some Ethical Gains through Legislation*, New York: Macmillan Co.

International Co-operative Alliance［2019］*World Cooperative Monitor 2019*.

阿部司［2005］『食品の裏側　みんな大好きな食品添加物』東洋経済新報社。

垣田達哉［2018］『面白いほどよくわかる「食品表示」』商業界。

木原浩之［2007］「マレーシアにおける消費者保護政策　『２００２年国家消費者政策』の検討と翻訳」『アジア研究所紀要』三四号。

クラーク、ロバート［1986］『エコロジーへのはるかな旅』工藤秀明訳、ダイヤモンド社。

国民生活センター編［1997］『戦後消費者運動史』大蔵省印刷局。

小若順一［2013］『最新 食べるな、危険！』幻冬舎。

小若順一［2008］『生活防衛ハンドブック』講談社。

小若順一［2007］『リサイクルは資源のムダ使い』講談社。

境井孝行［2002］『国際消費者運動　国際関係のフロンティア』大学教育出版。

下垣内博［1994］『消費者運動　その軌跡と未来』大月書店。

丹羽ひさ江［2018］「私と消費者問題　最終回日和佐信子さん」『国民生活』第七七号、独立行政法人国民生活センター。

富山洋子［2016］『暮らしのなかのボイコット　消費者市民としての50年』現代書館。

日本協同組合学会訳編［2000］『21世紀の共同組合原則　ＩＣＡアイデンティティ声明と宣言』日本経済評論社。

日本生活協同組合連合会［2002］『現代日本生協運動史上巻』日本生活協同組合連合会。

ネーダー、ラルフ［1969］河本英三訳、『どんなスピードでも自動車は危険だ』ダイヤモンド社。

野村かつ子［2003］『私の消費者運動』緑風出版。

バックホーン、Ｒ・Ｆ［1972］『ネーダー　アメリカを変えつつある男』巷正平訳、日本経済新聞社。

日和佐信子［2003］『消費者運動そして雪印乳業社外取締役へ』コープ出版。

丸山千賀子［2018］「世界の消費者運動から日本の課題を考える」シノドスウェブサイト。

丸山千賀子［2019］「消費者政策における消費者団体の役割と有用性」『現代消費者法』四五号。

モース、リチャード・L・D編［1996］『アメリカ消費者運動の50年　コルストン・E・ウォーン博士の講義』小野信夸監訳、批評社。

Ⅲ　環境への配慮

第5章　「生の循環」構築のための責任ある消費者——産消提携と倫理的消費

根本志保子

はじめに

私たち消費者は、ある商品を買うときに、誰がどこで、どのように生産したのかについて、またそれがどんな流通経路で届いたのかについて、ほとんど知らなくても生活していくことができる。その一方で、私たちは消費を通じて地球環境に大きな負担をかけてもいる。そのような自らの消費や生活を見直そうとするとき、何を手がかりにすればよいだろうか。その方法の一つに「顔の見える関係」があるかもしれない。「顔の見える関係」を通じて、私たちは自分の消費する食べ物や衣服が、誰かによって作られていることを知り、安さだけを求めるような買い方を変えられるかもしれない。また消費生活が、実は自然環境に支えられていることを知って、環境に配慮することができるかもしれない。私たちは「顔の見える関係」をきっかけに、自分の消費によって生産者を支え、地球環境を守るような、つまり消費に対してもっと倫理的になれるかもしれない。

本章では、この「顔の見える関係」のルーツである日本の初期の有機農業運動と、それを支えてきた「生産者と消費者の提携運動（以下、産消提携運動）」について検討したい。戦後日本の消費者運動のなかで、「顔の見える関係」

は、とりわけ食の安全性や環境に関心を持った人たちのあいだで追求されてきた。それは私たち消費者が、生産のあり方や自然環境の問題に「当事者」として関わるための変革運動でもあった。産消提携運動が示した当事者性の倫理とは、どのようなものだろうか。そのことは今日の私たちの消費にどのような示唆を与えてくれるだろうか。

1　環境消費者運動としての産消提携

（1）産消提携運動と倫理的消費

産消提携とは、生産者と消費者が協力して、自然環境を破壊せずに農作物を生産・流通させるための運動である。日本では農薬汚染や食品公害問題を背景として、一九七〇年代から八〇年代にかけて各地で拡大した[1]。産消提携運動に参加した消費者たちは当初、自分や家族にとっての安全な食べ物が欲しいという関心から行動を開始したが、運動の思想的リーダーたちはそれに留まらず、産消提携によって社会を変革するため思想を加え、新しい生産と流通のシステムを構想した。

なかでも興味深いのは、のちに「顔の見える関係」[2]として理解される理念である。例えば消費者は、単に市場で商品を選択するのではなく、農産物の生産の実状や、生産者の生活、あるいは自然環境への影響など、さまざまな事柄をいわば「当事者」として知ることが求められた。この運動は「顔の見える関係」を構築するために、流通業者などの第三者を介さずに、生産者と消費者を直接結びつけた。生産者との交流や情報共有を通じて、農作物の生産を理解したり、また消費者自身も環境を配慮した消費生活を試みた。共同購入型の生活協同組合運動とも異なり、生産者と消費者の連帯を促進し、消費者が自らの利己主義的な消費行動を変革するようにも促した。このように産消提携運動は、「顔の見える関係」という理念によって、資本主義の経済システムを大きく変革しようとするものでもあった。市場流通での有機認証システムを用いずに、生産者と消費者との関係性の中で、農産物の生産と品質を保証しようという産消提携と同様のシステムは、現在、国際有機農業運動連盟（IFOAM）における「参加型有機認証制度（ＰＧＳ）」として位置づけられている［久保田 2012］。

（２）有機農産物の消費者運動と環境消費者運動

初期の産消提携運動は、戦後の日本の公害問題や食品汚染を背景に、安全な食べ物を求める農業者と消費者が日本各地で自生的につながることで始まった。このうち消費者主導で始まった運動として、本章で扱う「安全な食べ物をつくって食べる会（以下、つくって食べる会）」[3]は、一九七三年に東京の消費者グループが千葉県南房総の三芳村の生産者に無農薬・無化学肥料の野菜栽培を依頼することから始まり、現在も「野菜と三芳の生産者」を活動の中心としている。一方、活動当初から環境資源問題や生態系破壊への懸念、工業文明や科学技術の再考を契機としていた組織も多くある。例えば、これも本章で扱う「所沢生活村」は、一九七三年に創設者の白根節子が「反石油／反物質文明」を掲げ、「生態循環を破壊しないもの」を求めて活動を始めた[4]。また同じく一九七三年に発足した京都のＮＰＯ法人「使い捨て時代を考える会」（一九七五年に安全農産供給センターを設立）は、工業文明や科学技術を中心とする時代の再考を契機としている[5]。

さらに本章で紹介する産消提携運動とは事業形態が異なるが、一般にわかりやすい有機農産物の流通組織として、一九六五年に消費者グループによる「予約共同購入」に始まり、その後は生協方式をとって発展した大規模広域型の

「生活クラブ生活協同組合（以下、生活クラブ生協）」がある。また産消提携運動ではないともされるが、株式会社形態を採用したものとして、一九七五年設立のＮＧＯ「大地を守る市民の会」による「農薬公害の完全追放と安全な農畜産物の安定供給」の運動（農薬の危険性を一〇〇万回叫ぶよりも、一本の無農薬の大根を作り、運び、食べることから始めよう）に始まる「大地を守る会」や、フリーマーケット運営の草分け市民団体「日本リサイクル運動市民の会」を母体とし、「環ネットワーク株式会社」を経て発展した「らでぃっしゅぼーや」などがある。[6]

これらはそれぞれ理念や事業形態が異なるものの、いずれも農薬の害や、公害および資源環境問題、石油工業文明、科学技術文明、大量生産・大量消費が進展する中で、「環境消費者運動」として始まった。情報提供や告発を中心とする外向きの消費者運動ではなく、最も身近で不可欠な「食べ物」を自前で流通させ、自ら買い支えるという購入型運動の形をとったのが特徴である。その意味では、日本の有機農産物に関わる多くの組織は、環境配慮型の消費を実践する倫理的消費のモデルとしての歴史をもっている。

（３）産消提携運動の特徴

環境に配慮した農産物を流通させるための運動は、およそ二つのタイプに分けられるだろう。[7] 一つは、消費者が商品を選択する際に、フェアトレードや有機農産物の認証マークを頼りにする方法である。これは、購入を通じた経済的投票であるといえるが、しかし消費者は、どのような商品を売るべきかについての関与はできない。もう一つは、消費者と生産者が主体となって組織を運営し、消費者は農産物生産の実情を、生産者は消費者の嗜好などをそれぞれ学ぶことで、消費者が農業生産や流通のあり方へ関与していく方法である。これは、消費者と生産者の互恵的な連帯であり、消費者が食料システムに市民的に参加する活動である。この参加型の運動は、通常の消費行動で主体性を発揮するだけでなく、ある団体を組織して、オルタナティヴな取引システムを構築し、そのなかで「責任ある消費者」になることを目指す。一九七〇年代に始まる日本の産消提携は、このような組織参加型の消費者運動の先駆的な事例といえるだろう。

産消提携運動は、環境配慮型の消費者運動のなかで、どのような特徴を持っているだろうか。提携消費者グループの多くは、班やポストやグループ（以下、班）と呼ばれる三～一〇人で構成される小集団が地域での活動単位となる。生産者から直接配送される野菜、卵、牛乳などの有機農産物をこれらの班が受け取り、班内で所属する消費者会員自らが仕分けや各戸への分配を行なう。また運営上の特有の方法として、①消費者は生産物ないし出荷物の全量を引き取る、②受け取る農産物等はその内容を選べず、季節や天候状況に任せる、③流通に第三者を入れず、運送、配分、会計などは生産者を含む会員自身の運営のみで行われる、④情報を共有して学習会を開催する、などが取り入れられた。このうち④の会員相互の啓蒙と学習として、各会が発行する会報や消費者自身が生産者を訪ねて行う農業体験や農業学習（援農または縁農とも呼ばれる）などが行なわれた。これらはすべて生産者と消費者の間での「顔の見える関係」を育成、促進するための仕組みとなっていた。

2　初期提携運動の社会経済思想

産消提携運動は、生産者と消費者のあいだの相互理解と互恵による関係を築くために、独自の直接的な流通経路を構築したり、消費者自身が「消費を生産に合わせる」ことを試みた。とくに初期の指導者たちは、資本主義の経済において、不特定多数の間での取引の中で農産物がたんなる商品として扱われることを批判した。そのため指導者たちは、生産者と消費者の疑似的な共同体（アソシエーション）を作り、流通業者を媒介せずに、消費者と生産者がともに完全な信頼関係を築くこと、そのために消費生活を改革することをめざした。

　こうした取り組みは、欧米の「食の正義（Food Justice）」運動などにおける「食の市民権」や、食料の安全保障としての「食の民主主義」の主張［Wilkins 2005; Levkoe 2006］とは異なり、資本主義以前の農村共同体を一つのモデルとして、メンバー間の信頼関係、ルールないしは規範の共有を重視するものであった。初期の産消提携の理念は、戦前戦後の「協同組合主義」やマルクスの「疎外論」などの反資本主義思想からの影響が大きく、運動としての一体化、また社会批判とその反転としての自己改革の傾向もみられた[8]。

　例えば、産消提携のうち初期の消費者主導型組織の「事業モデル」をつくった人物に、一九七〇年代初めに北海道のよつ葉牛乳共同購入[9]を行う都市の消費者を組織化した岡田米雄がいる。岡田は、自らの酪農事業者としての経験とマルクスの「疎外された労働」からの着想により、「食べ物」を中心とした「人間疎外されない農業のあり方」を求める実践として、「消費者と農民の自給農場」を構想した。岡田によれば、これは「商品生産の上に成立つ資本主義体制下において、本物の農産物を生産するために生産者農民と消費者とが直結し、都市と農村が一体化したムラに、消費者と農民との自給農場を創り出すこと」であり、岡田はこれを「農民と消費者の自給体制」と呼んでいる[10]。

　また協同組合思想の立場から有機農業運動に携わった一樂照雄[11]は、一九七八年に産消提携の理念「提携十か条」を提唱し、生産者と消費者が「家族の延長として苦楽をともにする相手」となることを奨励した。一樂の協同組合思想は、経済的立場の弱い農業と生産者が「損をしない社会」を実現することであった。一樂はその理想を産消提携運動に見出し、有機農業運動を「手づくり農業」と呼んで、消費生活での手づくりと併行する形で「人間疎外の現代文明」の克服を目指した。その中で産消提携に参加する消費者は、命や健康を守るものとしての農産物の使用価値による評価、価格決定を含めた生産者の主体性の尊重、生産者を理解し合わせるための消費生活の商品依存からの脱却、などを求められた。加えて一樂は、生産者と消費者の間での「人間性を生かしたフェイス・ツー・フェイスの人情」、すなわち対面による信頼関係と相互扶助の枠によって個人の欲望を抑制すること、自分の行動が他人に与える影響を常に考える習慣をもつこと、さらにそれに基づく相互理解と協力という「有機的な人間関係の合理性」を主張した。これらは、生産・消費の自然疎外からの脱却を目指すものであるとともに、「顔の見える関係」による個人の利己主義的行動の修正でもあった［一樂 1979：中村／一樂 1983: 50; 一樂 1984: 40–42］。

さらに、これらの事業モデルや理念を組織として実践した一人に、消費者主導型の産消提携グループのリーダー白根節子がいる。白根は一九七三年に「所沢生活村」の前身を設立、反石油文明と反物質文明の理念、具体的には、反公害運動としての産消提携という理念を掲げた。白根の運動は石油および物質文明に支えられている現代の流通機構への対抗として行われ、「本当の食べもの」を求めた産直を通じ、「土を活かすことや生きざまを問い直」した。「生命の根幹が〝食〟にあること、そして〝食〟はすべての循環によってのみ得ることができる……私たちは自らの手で『人間らしく生きること』をつかみとっていかなければならない」［白根 1979: 188］という白根の言葉には、消費者自身の実践によって自然疎外から生活者の主体性を取り戻すという主張がみられる。そのため白根は、「本当の食べ物」を産地から直送することを試みた。原則として生産と消費を媒介する人を置かず、加工食品ではなくできるだけ各家庭で手づくりすることを推奨した。「生活村」という名称にも表れているように、白根の産消提携運動の目的は、「生態循環を破壊しない」、「生態循環にとっての〝汚れ〟を作り出さないもの」で生活する生活者を増やすことにあった。その過程には衝突もあったが、農薬や化学肥料で作られたものを生活に入れずに、またそのような食べ物のほとんどを通常の市場で買わなくても済むように、所沢生活村では、野菜、果物、コメなどの農産品に加えて、塩、味噌、醤油などの調味料、さらには大豆製品、魚、肉、洗剤などにまで共同購入品が拡げられた。会員自らがそれらの注文、受け取り、分配、会計をこなすとともに、常に白根から、消費者としての意識を問われ、生活改革を求められた［白根／仲山 1982: 8, 52, 147, 154; 白根 1979］。

　このような初期の産消提携での国や資本主義への対抗、および実践のための共同体の理念は、その後の産消提携運動、あるいは世界各国の類似の食料システムにおける「オルタナティヴ性」にも影響を与えた。同時に、それらのもつ運動の限界も内包していた。例えば一樂による資本主義市場経済への強い批判や株式会社の否定は、他の有機農業運動の担い手たちとの争点にもなっている。同時期に発足した「大地を守る会」は株式会社の形をとったことから、一九八〇年代初頭の日本有機農業研究会の大会で、一樂により産消提携運動ではないとされ、同会から離脱することになった［藤田／小松 1992: 152–154］。

　一方、社会経済的な理念とは別の次元で、「自然順応を説く農の思想」も、同様に運動の重要な理念となった。例えば前述の「つくって食べる会」では、提携する三芳村生産者グループの農業指導をした露木裕喜夫が、自然農法にとって最も大切なこととして、「自然順応の心の姿勢」を説いている。露木は自然農法を、使用する肥料や手入れ方法などの科学的な技術として教えず、代わりにまず生産者が「自然の働き」を的確に把握することから始めた。なぜなら農業は「自然理」を人間が応用した結果だからであり、露木はこの「自然順応の心の姿勢」のことを、自然を感じとる能力、それを応用する能力の開発だと説明している。露木にとっての農業は、「大自然の秩序」に従って「自然の自律性を後押し」するものとされる。[12] このような「自然への順応の思想」も、社会経済システムの枠を超えた産消提携運動の重要な理念として、例えば「つくって食べる会」と会員の中には生き続けている。

　以上に紹介してきた産消提携運動とその思想に共通する点を一言でまとめれば、それは「分業がもたらす自然および労働からの疎外を消費者とともにつなぎ直すこと」であり、「自然環境－生産（労働と仕事）－独自の流通－家庭生活ないし個人の生活」で構成される疑似的な共同体の一員として、そこでの実践を個々人の生き方に反映させる試みであった。

とはいえ、このような社会改革を掲げる運動理念は、当時および今日に至るまで、必ずしも産消提携の有機農家あるいは消費者会員たちの全員に共有されたわけではない。これらの運動理念と、自分の家族の健康を守ることを参加動機とする多くの消費者会員との温度差は一九七〇年代の運動当初からあった。多くの消費者会員にとって、産消提携への最初の参加動機は安全な食べ物の確保である。入会後のグループでの活動は子どもや地域活動を基盤とした母親たちの情報交換の場であり、援農（縁農）や学習会などの行事は子供を連れてのレクリエーションであった。「つくって食べる会」や「所沢生活村」の会報、また筆者が行なった消費者会員へのインタビューからは、当時の消費者会員たちが、運動としての理念とは別に、会でのコミュニケーションや新しい知識の獲得、組織運営を通した社会参加と自己実現、何よりも食べ物を通して集うことの楽しさを享受していたことが伝わってくる。

3　産消提携における「顔の見える関係」とは

前節では、初期の産消提携運動の思想的リーダーたちの理念から、産消提携の「環境消費者運動」に関するものを紹介した。これらの理念は、実際に運動に参加する消費者たちにどのような実践結果をもたらしたのだろうか。本節ではその限界を含めて、四つの特色を指摘したい。すなわち、①生産物の制約を楽しむ生活の工夫、②生産者と消費者の間の直接的で相互的な関与、③協議への参加と試行錯誤、④自らの生活を倫理的な観点から変革するという当事者性、である。これらすべてが、会での活動と生産者と消費者の間での「顔の見える関係」であり、社会、経済、消費および生活の改革として組織的に実践された。以下では事例として、二つの提携消費者グループ「つくって食べる会」と「所沢生活村」での調査から、その実践と現状の一部を紹介する。

（1）生産物の制約を楽しむ生活の工夫

いくつかの提携消費者グループの消費者では、当初、生産者から届く有機農産物の「全量引き取り」が義務付けられていた。一九七〇年代当時、有機農法は技術的にはまだ確立していなかった。そのため「つくって食べる会」および「所沢生活村」は、無農薬無化学肥料の農産物の生産を、農家に「お願い」することから始めた。その際、有機農産物の収穫リスクを消費者が引き受けるという意味で、生産物の全量引き取りがなされた。

しかしこの全量引き取りは、提携開始当時より、「消費を生産に合わせる」必要から、消費者会員たちに生活の大幅な変化をもたらすことになった。例えば「つくって食べる会」では、提携先の三芳村生産グループからの野菜出荷開始の一九七四年、あるポスト（班）では毎週一人一五把の小松菜が五週も六週も続いた。届けられる野菜の量や種類は届くまでわからず、出荷のない時期や虫食いもあった。それでも会員たちは、生産者自らが野菜を配送するそれぞれのポストに集い、生産者の名前を野菜の生産者番号で確認し、彼らのことを話題にしながら、野菜をもち帰って大切に調理したという［食べる会30年史刊行委員会 2005: 56, 73］。筆者が行なった「つくって食べる会」の消費者会員へのインタビューでは、会員の一人が、提携農家から届くトマトについて「生《な》り始めから株の最後までをすべて順に食べる」と説明してくれた。スーパーでは最盛期のトマトが店頭に並べられるが、産消提携では、生り始めの粒の小さいトマトから最後の味がかなり落ちたものまでを順番に全部いただく。秋になり、とうとう株が終わりになると、来年の初夏までトマトは食べられないと思いながら次の季節を心待ちにするのだという。[13]

一方「所沢生活村」では、一九七〇年当時、価格のつけ方、野菜の量、同じ種類の野菜が続くこと、虫食いや見かけの悪い野菜などに対して、消費者会員の不満と抗議が代表である白根に向けて噴出した。そのことで会を離れる会員たちも少なくなかった。白根は、会員たちの不満の本質は、見た目の悪い野菜ではなく、自らの生活を変えなければならないこと自体にあった、と述べている。しかし併せて白根は「以前市場で購入した野菜は葉を捨てることがあったが、提携農家の野菜はもったいなくて、虫喰いの葉でも一枚も捨てない」という会員の言葉も、食べる側の姿勢の変化として紹介している［白根 1979: 168, 195–196］。

このように、産消提携の「全量引き取り」のシステムは、「消費者の都合に基づく消費」を放棄することを意味した。多様な商品の中から選択するというそれまでの消費スタイルとは違い、自らの消費を生産側の事情、すなわち天候や環境に合わせるという生産側からの制約を受け入れることでもあった。それに順応するため、消費者会員たちは、届けられた野菜をさまざまな調理法や保存食を用いて利用し、また季節や生産者の状況を想像しながら制約を楽しむ工夫を実践し続けた。両会が発行する会報には、設立当初から今日に至るまで、会員や生産者からの数えきれないほどのレシピや旬の野菜の情報が掲載されている。

（2）生産者と消費者の間の直接的で相互的な関与

また提携消費者グループにおける会員の組織運営への参加は、運動が流通事業者等の第三者を介入させず、生産者と消費者が直接的かつ長期的な関係を結ぶという理念に基づいている。ほかの消費者運動や個人単位で行われる市場型の倫理的消費が、社会変革のための社会経済批判や知識の習得、消費者の権利の主張、「賢い消費」といった「選択肢の中での消費者」であるのに対し、産消提携での消費者は、より能動的で直接的な相互関与が求められた。

例えば「つくって食べる会」や「所沢生活村」の例では、前述のように、消費者会員がそれぞれの自宅に近い地域ごとに班をつくり、産消提携組織や生産者から週に数回（食べる会は野菜を一回、生活村は品物によって一〜三回）まとめて配分される野菜や食料品を（所沢生活村では雑貨も）、班内で分けた。さらに会員は、輪番制で班内および組織全体での注文と会計、広報、年に数回行われる消費者会員向けの生産者訪問学習ツアー（援農または縁農）や収穫祭などの各種行事の係を務めなければならない。そのため消費者会員は、個人としての生産物の長期的な購入と生産者の支援に留まらず、それらの組織運営や意思決定に関与する責任と義務が課された。

二〇一九年夏に筆者が行なった調査では、「つくって食べる会」の多くの班で、消費者会員が週に一度、生産者と彼ら自らが配送する野菜を飲み物やおやつを用意しながら屋外で待っていた。農産物がトラックから降ろされ並べられる短い時間に、消費者は生産者とその時々の天候や農産物の生育状況についての会話を交わし、双方の状況を把握しながら交流を温めるのである。このとき筆者がインタビューした会員は、生産者のことを「親戚のよう。天候不順とか、お子さんが進学するなんて聞くと今年の収穫は大丈夫かなと心配になる」と述べている。「今自分がやめてしまうと三芳（村の生産者）はどうなってしまうのかな」という声も多くの会員から聞かれた[14]。

（3）協議への参加と試行錯誤

加えて、提携消費者グループでは、班単位から組織の全体会議まで、様々なレベルでの会合や会議での合議制を基本とする。天候等による生産物の出来不出来や、生産者側で化学肥料や農薬の使用などが起きた際にも、消費者会員と生産者会員との間でその対応が協議される。個人の選択で行なえる委任型の倫理的消費と異なり、会員間の意見調整が必要となるが、消費者メンバーの意識は一様ではなく、組織内部には、参加動機や組織や生産者への関与を含めて、設立当初から様々な価値観が併存していた。

例えば、「安全性を求める消費者の権利」と「生産者支援」をめぐる議論は各提携消費者グループでしばしば発生した[15]。前者にとっての生産者との信頼関係は「生産物の安全性」を保証するためのものであり、後者にとってのそれは「生産側の事情を受け入れること」である。しかしそれらはどちらか一方の正しさの問題ではなく、運動の目的や参加動機をめぐるそれぞれの価値観に基づいている。この例として「つくって食べる会」で一九八五年に起きた「ブロイラー鶏糞事件」がある。生産者グループが肥料として購入した鶏糞の一部が、抗生物質やホルモン剤が含まれる可能性のあるブロイラー鶏糞だったことが判明し、生産者による反省文や話合いを経て、消費者会員たちは「(安全)神話としての三芳ではなく三十三人の生産者の集まり」としての認識を持つに至ったとされる［食べる会30年史刊行委員会 2005: 186–195］。

個人での選択とは異なり、組織型の消費者運動では、会員間の相違のどこかに「落としどころ」をみつける必要がある。各提携消費者グループでは、その都度、協議の場がもたれた。その労苦と時間は多大なものであったが、その一つ一つが産消提携そのものであり、個々人の価値観を集団の中ですり合わせる試行錯誤の積み重ねでもあった。

（4）自らの生活を倫理的な観点から変革するという当事者性

このような農産物等の「全量引き取り」や「内容を選べない」という制約、また消費者と生産者の直接的かつ相互的な関与と試行錯誤は、生産者や農業が置かれている天候や環境などのさまざまな問題を消費者が「当事者」として知る経路にもなっていた。

例えば「所沢生活村」の白根は、見た目が悪く土だらけの野菜に対する消費者会員の不満の原因を、「食べる側と作る側が、有機的な関係になっていない」ため、すなわち「日本国中の消費者と生産者」の「〝分業〟が、両者を〝分断〟している」ためだと述べている［本橋／白根 1976: 23］。岡田の「農民と消費者の自給体制」および一樂の「家族の延長として苦楽をともにする相手」にみられるように、産消提携運動は、この「分業による生産者と消費者の分断」をつなげることを目指していた。「所沢生活村」の白根は、このような生活の変革について「受け身で食べるのではなく〝能動的に食べる〟生活に変えよう」と述べているが、この「能動的に食べる」とは「一つ一つの食べもののこと、自然から遊離した生活を問い直すこと、連帯すること、農業のこと、土のこと、食料輸入の問題」を知り、「都市生活者が生活変革を促す」ことを指している。白根のいう「〝何を〟そして〝どう食べるか〟を一人ひとりが問い直すことは、とりも直さず、自らの生活全体を問い直すことになる」［白根 1979: 189, 197］という言葉は、今日を含めて消費者が、農業、社会、国際社会、自然、地球環境に、消費を通じて深く関与しているという「当事者性」の認識と責任の喚起と捉えることができるだろう。

例として、「つくって食べる会」初代代表の戸谷委代は一九七四年に、会発足の目的として、（庶民が）「有害なものをたべさせられていることを訴える権利」を挙げていた。しかしその直後に、ある農業ジャーナリストが書いた批判的な記事（「農薬と現代農業への批判は都市の消費者のエゴ」）や、戸谷自身の生産者との直接的な交流がきっかけとなって、戸谷は運動の目的を「都市の嗜好に合わせた有機農産物の生産」ではなく、「生産者に生産の自由を与える体制とそれに賛同する少人数の消費者を軸とした消費者運動」に変化させる［戸谷 1975; 2005, 有機農業研究会 1976］。これは戸谷個人の例であるが、消費者会員が生産者との相互理解を深める中で、安全な食べ物の獲得という「消費者主権的な主張」から「生産者あってこその食べ物」という意識に変わったことを示す。

現在の「所沢生活村」においても、会員の一人は、会に参加し続ける理由として「会に顔を出し、会員と直接話をすることで、農業や社会、経済への意識を高く持ち続けられる」ことを挙げていた。「事情を知ってしまったら何かせずにはいられない」と答えた会員もいる。「所沢生活村」では、二〇一八年に、コメ収穫後に行なわれる伝統的な稲架《はざ》かけ作業をやめたいと申し出た山形県置賜郡高畠町の提携農家に対し、消費者会員を募っての手伝いを提案することによって、この稲架かけ作業を継続してもらっている。事務局は、そのような手伝いを申し出た理由として、「続けてもらいたいならば、一方的に要求するのではなく自分は何ができるかを出す」と述べている。[16]

4 「顔の見える関係」に内包された課題

(1) 運営の担い手確保とシステムの合理化の忌避

一方、これらの小規模で消費者会員自らが組織運営するタイプの提携消費者グループは、市場を通さない「顔の見える関係」による社会改革を理念としながら、その後の有機農産物流通の市場化や、担い手である女性消費者の社会進出、会員の高齢化と減少などにより、衰退の危機に直面している。運動当初の指導者が農産物流通の市場化を排除し、運営に必要な労働の貨幣価値での評価を避けてきたことも影響しているだろう。[17] 有機農産物の流通は、「生活クラブ生協」や「大地を守る会」などの大規模広域型の流通やスーパーでの認証ラベルでの購入に代わられつつある。

もっとも組織型の政治運動や消費者運動の減退は世界的な潮流であり、市場における消費者の選択肢が多様化する中、倫理的行動の「個人化」は進んでいる。ここでは産消提携運動が継続困難である背景として、「顔の見える関係」

の維持のために提携組織がもつ構造的な課題と制約についてふれたい。すなわち運営の担い手確保の困難と負担の偏り、および運営の合理化（利便化と市場的論理の受容）の忌避、である。

運営の担い手確保の困難と負担の偏り

組織運営の担い手確保の困難は、運動の初期から存在していた。産消提携を支える消費者グループのルーツの一つは、一九六〇年代末、草の根的な生活協同組合運動として始まった「共同購入運動」である。地域の主婦らによる小集団（当時から班と呼ばれる）を作り、その班単位で牛乳や卵などの共同購入を行うが、当時の記録には、この共同購入運動の課題としてすでに、「一部の人に実務が片よる問題」と「共働きの増加への対応」が挙げられている。またその解決策として「消費者の意識改革とそれにもとづく意識的な結集」の重要性も提唱されている［大島 1972: 154–158］[18]。

産消提携のような「顔の見える関係」を重視する組織型消費者運動では、通常の市場への対抗という意味を含めて、消費者会員自らによる運営組織が重視されるが、それらはどうしても会員消費者間での仕事の偏りや担い手確保の問題を生じさせる。「つくって食べる会」には、組織運営に積極的でない会員に対する「ただ食べるだけの人」という呼称があり、また会の事務局メンバーにされるかもしれないとの強迫観念から退会する会員も現れた［食べる会30年史刊行委員会ほか 2005: 219–222］。また「所沢生活村」では、前述のように提携消費者グループが扱う品目が非常に多いのが特徴で、すべての品目の注文・配分・会計・支払いに加え、生産者との交流事業や広報など組織運営は消費者会員自身が行なった。会員は係になると、会が提唱する「手づくりの生活」ができなくなるほど多忙となったという。白根による「設立の約束」には「使う労力、時間、経済の負担は、できる限り平等になるように心がけましょう」と記されたが、偏りは継続し続けた。[19]

運営の合理化（利便化と市場的論理の受容）の忌避

一方、「顔の見える関係」の実践では、消費者の組織参加そのものが会員間での運動理念共有や活動の手段となっているため、消費者会員の関与度合いを減ずるような運営の合理化には慎重だった。合理化の例には、専従職員の配置、宅配便などを利用した農産物の受け取りの簡便化、受け取る農産物を選べるなどの「消費者ニーズ」の反映などがある。そのため消費者会員は、学習の一環として「組織運営の大変さを分かち合う」ことを「生産（者）に対する責任」とセットで求められた。組織運営と合理化は、生産者との直接的な相互関与を妨げる、消費者の責任と義務を回避させる、という二つの理由から避けられてきたのである。[20]しかし主に専業主婦によって担われてきたこれらの組織運営は、提携運動がピークを迎える一九八〇年代頃からの異なる二つの市場化、すなわち担い手である「女性消費者の社会進出（女性労働の市場化）」と、認証ラベル等による「有機農産物流通の市場化」の進展から、消費者会員の組織離れを促進してしまう。[21]

運動の理念と運営の合理化の対立をめぐる議論は、各国の協同組合事業の中で古くから繰り返されてきた古典的なテーマでもある。前述の生活クラブ生協の設立メンバーである折戸信彦は、有機農業研究会での産消提携運動についての座談会で、理念のみで参加者を説得することは運動としての自発的な取り組みにはつながらないと述べている。[22]

（2）提携消費者グループでの対応と現在

これらの制約と課題に対して、筆者が調査を行なった二つの提携消費者グループでは、現在までに以下のような対応がとられてきた。

「つくって食べる会」では、一九九五年に大幅な組織改革が行われ、会運営の簡素化、消費者会員が野菜ボックスを受け取る際のユニット数の自由化、宅配便やポストでの仕分けが不要なワンボックスによる有機野菜の詰め合わせなども開始された。また生産者グループも、小規模であるが、提携組織以外すなわち通常の市場への出荷を始めた[23]。これらは、全量引き取りなどの従来の方法を望む原則堅持派と、合理化や関与の多様性を認める現実対応派の葛藤の中で進んだ。このような改革によっても会員の減少は止まらなかったものの、減少の勢いは緩慢になったという[24]。また「所沢生活村」では、運営の担い手確保が限界となり、二〇一〇年六月に必要最低限の有給で一名の専従スタッフが置かれ、さらに二〇一二年四月にはＮＰＯ法人となった［所沢生活村 2010；所沢生活村 2012］[25]。

しかし組織の合理化と専従設置による対応によっても、提携消費者グループの脱会・休会者数は新規会員数を上回り続けた。消費者会員の減少と高齢化は止まっておらず、一部の会員への業務の偏りも継続している。「つくって食べる会」では、一九八〇年代に約二、〇〇〇人であった会員が、高齢化等による退会と新規会員入会を経ながら二〇一九年五月時点で五六五人となり、うち二三七人がポスト（班）での仕分けを必要としない宅配会員である[26]。一方、所沢生活村では、一九八〇年代には二〇〇人以上いた消費者会員は、二〇一五年に四八名となったのち、退会と新たな四四人の会員を得て二〇二〇年六月で五九人となる[27]。

5　消費社会にとって「顔の見える関係」とは

産消提携運動における「顔の見える関係」とは、分業がもたらす疎外を解消して、消費者が生産者とともに「食—

人－自然」の関係をつなぎ直す試みであった。本章ではその特徴について、以下の四つを挙げた。①生産者を配慮して、生産物の制約を楽しむ生活の工夫、②生産者と消費者の間の直接的で相互的な関与、③協議への参加と試行錯誤、④自らの生活を倫理的な観点から変革するという当事者性、である。産消提携運動、とりわけその提携消費者グループの経験は「関係性」が持つ様々な労苦の連続であり、オルタナティヴ運動や共同体主義が謳う回顧的なユートピアではない。多くの団体はその後、会員数の減少と高齢化によって組織の改革を迫られている。しかし組織や運営の合理化は「もろ刃の剣」ではあるものの、産消提携のもつ「消費者が当事者性の意識をもつ経路」が何らかの形で存続していれば、それは運動の精神と意義を引き継いでいると言えるのではないか。

運動の当初、消費者会員たちは「自分と家族にとっての食の安全」を求めて組織に参加した。しかしその後の相互関与の中で、食べ物が「生きている人」と「生きている土」によって生み出されていること、またその食べ物の対価を払い食べ続けることはそれらの「生」を守ることだという認識を得る。「つくって食べる会」の会員が口にする「（生産者は）親戚のよう」、「三芳（村生産者グループ）の生きた土」という言葉や、ＮＰＯ法人となった「所沢生活村」の設立趣旨に書かれた「自然と調和する生産者を支援」、「環境を守る生活」、「常に学びながらよりよい社会へと変革」などの理念は、消費者の生活が土やつくる人の「生」につながっていること、同時に消費者の生活もそれらを支えていること、そして生活を変えることで社会を変革できること、を表している。白根のいう「一つ一つの食べもののこと、自然から遊離した生活を問い直すこと、連帯すること、農業のこと、土のこと、食料輸入の問題」を知り、「都市生活者が生活変革」をすることは、今日の消費者においても求められる倫理と言えるだろう。

産消提携運動の消費者グループの経験は、ある時代のごく少数の人びとによる特殊な運動にみえるかもしれない。けれどもこの運動が目指した「分業がもたらす疎外を解消して『食―人―自然』の関係をつなぎ直す試み」は、消費者が生産のあり方や自然環境の問題に「当事者」として関わるための生活改革の試みでもあった。この当事者性の倫理は、消費者が自らの消費がもたらす労働環境や自然に与える影響と責任を知り、また消費を通じて社会を変える可能性を喚起している。価格の安さや選択肢の多さ、便利さのみを追求するのではなく、自らの消費の背景を知る。その過程で、私たちは工夫と発見を楽しみ、知恵と成果を共有し、互いに試行錯誤することで、新たなライフスタイルと価値観を模索できるかもしれない。

　消費社会にとって「顔の見える関係」とはなにか。それは、私たちの「生活」が自然環境とその中で生きる人々に生かされていることを知る経路である。「顔の見える関係」を通じて、私たち消費者は、そのような「生の循環」の一員として自らの生活を変革するための目的と方法を模索し続けることができるのではないか。

注

1　国民生活センター編［1981］が一九八〇年に行なった有機農業者と提携している消費者集団についての調査では、有機農業者と提携しているとした消費者集団は三〇三あった。また同調査による消費者集団のうち生協法人ではない任意団体は九九団体、その平均世帯数は四一九・三人で、一～九世帯の小規模集団（二団体）から二、〇〇〇世帯を超える任意団体（五団体）まで、さまざまである。国民生活センター編［1981: 12–15, 51–53］。

2　一九七〇年代当初、産消提携運動では「顔の見える関係」の用語は使われていなかった。一九七六年に山形県の高畠有機農業研究会の星寛治が、産直（初期の産消提携の呼称の一つ）について、農民と消費者による自立した小集団の一体化した連帯と構成員の底辺意識変革により「人間の顔がいつも見える関係」が保たれるとして、「顔の見える関係」の用語を用いている。星［1976］。

3　一九七三年に岡田米雄と主婦を中心とする東京のよつ葉牛乳共同購入の消費者グループの一部として発足、千葉県南房総の三芳村生産グループとの提携を開始。安全な食べ物をつくって食べる会30年史刊行委員会ほか（以下、食べる会30年史刊行委員会［2005］）。

4　白根／仲山［1982］。よつ葉牛乳共同購入のための「牛乳友の会」に始まる。改名は一九七八年。牛乳友の会［1978］。
5　ＮＰＯ法人「使い捨て時代を考える」サイト。
6　大地を守る会は二〇一七年にオイシックスと経営統合、さらに二〇一八年にらでぃっしゅぼーやとも経営統合。
7　Dubuisson-Quellier et al.［2011：307-310］。
8　産消提携運動の社会経済思想と自然および人間疎外については、Nemoto［2021］も参照。
9　よつ葉乳業［1997: 122］。よつ葉乳業［2003: 90, 96］。岡田米雄（一九一四－？）によって「よつ葉牛乳共同購入運動」から産消提携運動に取りいれられた事業モデルに、生産を保障する前金制がある。
10　岡田のいう「人間疎外されない農業」とは、牛乳や野菜などの農産物と土とが生産の中で循環する農業のことで、岡田はそのような農法で生産された農産物を「ホンモノの食べ物」と呼んだ。岡田［1970a, 1970b］ほか。
11　一樂照雄（一九〇六－一九九四）。協同組合経営研究所理事長在職中の一九七一年に、（日本）有機農業研究会を設立。
12　露木裕喜夫（一九一一－一九七七）。静岡県農業改良普及員、沼津農業改良普及所長、世界救世教にて自然農法普及会の仕事に従事。露木［1982: 226-228, 264-267, 413-414］。
13　筆者調査（二〇一九年七月）。
14　このような消費者と生産者の関係性について原山［2001］は、「消費者の前に現れるのは、情報としてもたらされる生産者という域を超えた、具体的な関係性のなかでいやおうなく関わり続けることになる生身の人間としての生産者」と述べている。
15　消費者主権主義の論理と市民的な関与の混在は、フランスのオルタナティヴな食料システムでも存在している。Dubuisson-Quellier et al.［2011］。
16　筆者調査（二〇一九年九月）。
17　波夛野［2019］は、産消提携における「顔と顔の見える関係」の評価として、①有機農産物（食べ物）のやり取り以外に「環境」要素を介した両者のつながりを模索する必要性、②産消がたがいに「顔の見える関係」が継続可能であればその結合形態は多様でよいはず、などの提言をしている。また産消提携運動の課題として、本章で挙げた以外に、全量引取制度等による生産数量の調整失敗や提携団体の経営問題を挙げている。波夛野［2019: 257］。
18　一九六〇年代後半の共同購入運動と産消提携運動の違いについてもNemoto［2021］参照。
19　筆者調査（二〇一九年五月）。

20　「つくって食べる会」では、消費者ニーズの主張あるいは消費者という言葉自体がタブーだった。食べる会30年史刊行委員会［2005: 221-222］。

21　消費者が提携以外の簡単で負担の少ないシステムに向かったのは合理的な選択の結果［谷口 1991］であるが、（提携）運動を続けてきたことで「有機農業」が少しずつ定着したことによるパラドックス［原山 2011］とも指摘されている。

22　生活クラブ生協は「地域における相互扶助とコミュニティ」と「お互いが目に見える相手であること」を運動基盤としながら［有機農業研究会 1975: 7; 岩根 1978: 21］、数により流通機構に対抗するため、運動の継続（持続性）の方法として流通事業におけるリアリズムと合理性を重視したという［有機農業研究会 1975: 20-23］。

23　「つくって食べる会」の事務局は一九九六年から会員からの公選による有償専従スタッフが行う。

24　一九八〇年代には消費者会員数が一、二〇〇人を超えたが、その後会員が減り続け、退会者・休会者が九〇～九四年度は一五六人、九五～九九年度は一二二人、二〇〇〇～二〇〇三年度は八二人となった。ポスト仕分けが不可能になった会員が、一九九五年からの配送方法の多様化により、ワンボックスや宅配便を利用することで生産者の野菜を取り続けることができたという。食べる会30年史刊行委員会ほか［2005: 216-229］。

25　二〇二〇年現在は、専従スタッフと白根を引き継いだ会の代表、加えて少額の手当での会員一名が、少人数の手伝いの会員とともに、事務と分配および配送の一部を担う。

26　安全な食べ物をつくって食べる会「二〇一九年度総会資料」および二〇二一年一月筆者調査。二〇二〇年六月時点の会員は四九五人である。宅配会員は二〇二〇年以降のコロナ禍によって増加した。

27　所沢生活村「特定非営利活動法人所沢生活村二〇一八年度活動報告」および筆者調査（二〇二一年一月）。

参考文献

Dubuisson-Quellier, S., Lamine, C. and Le Velly, R. [2011] “Citizenship and Consumption: Mobilisation in Alternative Food Systems in France”, *Sociologia Ruralis*, 51 (3) : 304-323.

Levkoe, C. Z. [2006] “Learning Democracy through Food Justice Movements,” *Agriculture and Human Values*, 23: 89-98.

Nemoto, S. [2021] “Socio-economic Thought of the *Teikei* Movement and the Early Organic Agriculture in Japan-Overcome of ‘Nature and Human Alienation’”, *Bulletin of Research Institute of Economic Science College of Economics Nihon*

University, 51: 107–121.

Wilkins, J. L. [2005] "Eating Right Here: Moving from Consumer to Food Citizen", *Agriculture and Human Values*, 22: 269–273.

安全な食べ物をつくって食べる会［2019］『二〇一九年度総会資料』。

安全な食べ物をつくって食べる会30年史刊行委員会／和田あき子／喜多尾明子／戸谷委代［2005］『村と都市を結ぶ三芳野菜　無農薬・無化学肥料30年』ボロンテ。

一樂照雄［1979］「生産者と消費者の提携の方法について」『土と健康』日本有機農業研究会、七八号、二―六頁、所収。

一樂照雄［1984］「現代社会と協同組合」『協同組合経営研究月報』協同組合経営研究所、三六五号、三五―五三頁、所収。

岩根邦雄［1978］「報告Ⅰ　農水産物の生産者と消費者の提携」『協同組合経営研究月報』協同組合経営研究所、二九六号、一―二〇頁、所収。

大島茂男［1972］『共同購入　その理論と実務』日本生活協同組合連合会。

岡田米雄［1970a］「農産物を商品にするな」『思想の科学』第5次、思想の科学社、一〇〇号、四六―五五頁、所収。

岡田米雄［1970b］「農業哲学序説（農民の伝統）」『思想の科学』第5次、思想の科学社、一〇九号、二―一三頁、所収。

牛乳友の会［1978］『牛乳友の会会報』五一号。

久保田裕子［2012］「グローバル経済下の有機農業『提携』運動　ＩＦＯＡＭにおけるＰＧＳとＣＳＡの出会い」『社会科学論集』埼玉大学経済学会、一三六号、四七―六〇頁、所収。

国民生活センター編［1981］『日本の有機農業運動』日本経済評論社。

白根節子［1979］『たかが菜っぱの話から』ダイヤモンド社。

白根節子／中山尚江［1982］『土と台所　女二人の往復書簡』埼玉新聞社。

谷口吉光［1991］「提携消費者グループの高揚と停滞」松村和則／青木辰司編『有機農業運動の地域的展開』家の光協会、二一三―二三三頁、所収。

露木裕喜夫［1982］『自然に聴く　生命を守る根源的智慧』露木裕喜夫遺稿集刊行会（安全な食べ物をつくって食べる会事務局内）。

所沢生活村［2010］『所沢生活村だより』三九九号。

所沢生活村［2012］『所沢生活村だより』四一五号。

戸谷委代［1975］「安全なたべものをつくって食べる会（第1部各グループの活動報告－総会特集）」『たべものと健康』日本有機

農業研究会、三〇号、九―一一頁、所収。

戸谷委代［2005］「提携運動三〇年を経て」安全な食べ物をつくって食べる会30年史刊行委員会／和田あき子／喜多尾明子／戸谷委代『村と都市を結ぶ三芳野菜　無農薬・無化学肥料30年』ボロンテ、二九七―三一三頁、所収。

中村達也／一樂照雄［1983］「食糧は商品であってよいのか」『協同組合経営研究月報』協同組合経営研究所、三六二号、四三―六〇頁、所収。

波夛野豪［2019］「有機農業・産消提携の動向とＣＳＡの可能性」波夛野豪／唐崎卓也『分かち合うＣＳＡ　日欧米の取り組みから』創森社、二四八―二九六頁、所収。

原山浩介［2001］「消費者にとっての『有機農業運動』　開かれた活動領域と残された課題」『村落社会研究』七号二巻、三七―四八頁、所収。

福島土といのちを守る会／十周年記念誌編集委員会［1991］『有機農業運動に生きて』福島土といのちを守る会／十周年記念誌編集委員会。

藤田和芳／小松光一［1992］『いのちと暮らしを守る株式会社』学陽書房。

星寛治［1976］「産直は何をめざすのか」『月刊潮流』東京ジャーナル、七月号、六二―六八頁、所収。

本橋征輝／白根節子［1976］「『農』と『食』をよみがえらせるもの　作る者と食する者との交流から」『土と健康』有機農業研究会、四四号、一九―二八頁、所収。

有機農業研究会［1975］「有機農産物の流通問題をめぐって　四九年一二月一四日の月例研究会から」『たべものと健康』有機農業研究会、三一号、一一―一六頁、所収。

有機農業研究会［1976］「生産と消費の関係を円滑にするために」『土と健康』有機農業研究会、五二号、一―一三頁、所収。

よつ葉乳業［1997］『よつ葉乳業30年史』よつば乳業株式会社。

よつ葉乳業［2003］『よつ葉牛乳が歩んだ道　よつ葉共同購入30年記念誌』よつ葉乳業株式会社。

第6章　持続可能な世界のための消費実践——海洋プラスチック問題の現状と対策

斉藤　尚

はじめに

近年、循環型経済への移行が声高に唱えられている。循環型経済が成功するためには、政府による法的規制だけでなく、経済活動主体である企業や消費者による自発的な努力が必要である。新古典派経済学においては、企業と消費者は、それぞれ利潤および効用の最大化原則に従って行動するとみなされてきた。その背景には、個々人が経済的効率性を追求することが社会厚生の向上に役立つという見方がある。だが循環型経済においては、企業と消費者は利潤追求と環境保全との両立可能性を探る必要がある。

そのような観点から、近年、生産者が生産から廃棄まで責任をもつという生産者拡大責任原理が打ち出され、また、消費者の責任も問われるようになりつつある。とりわけプラスチックごみ問題に関しては、プラスチックを消費するすべての市民が責任の一端を担わなければならないだろう。プラスチックごみの多くは、包装容器やペットボトルなどの使い捨てプラスチックであり、消費者がこれらの利用を控えることは有益である。

本章ではこの問題のなかでも喫緊の課題である海洋プラスチック問題を取り上げる。現在、私たちの生活において用いられたプラスチックの一部は海洋プラスチックごみとして海洋に流出し、海洋汚染によって海洋生物をはじめとした様々な生態系に影響を及ぼしている。日本近海は海洋プラスチックごみのホットスポットであり、近海に含まれるマイクロプラスチックの数は、二〇一六年の調査において世界平均の約二七倍であると言われている［中嶋 2019: 51］。また日本人は魚を多く食べる文化習慣があり、他国の人びとと比べて、海洋プラスチックを体内に多く摂取している可能性がある。さらに、海洋プラスチックごみの発生原因の約四割は使い捨てプラスチックであり、中でも包装容器の占める割合は高いのであるが、日本人の一人当たりのプラスチック包装容器の使用量は、二〇一八年の国連環境計画（ＵＮＥＰ）の調査レポートによれば世界二位である。

本章は海洋プラスチック問題をどのように解決すべきかという問題の検討をつうじて、消費社会において、環境に配慮する生活とはどのようなものか、日本の消費者は今なにをすればよいかを検討する。結論を先取りすれば、本章は日本における政策レベルでの取り組みをより一層有効なものにするために、環境ＮＰＯや地方自治体の取り組みを政策に取り入れること、またその取り組みを発展させるために、経済と環境問題の関係に関する思想を市民が形成、共有し、持続可能な消費を行うことが重要であると指摘する。

1　海洋プラスチック問題の現状と対策

海洋プラスチックの問題は、いまどれほど深刻なのだろうか。そして各国はこれまで、どのように対応してきたのだろうか。

（1）海洋プラスチック問題の現状

世界におけるプラスチックの生産量は増え続けており、一九六四年には一、五〇〇万トンであったが、二〇一〇年に二億七、〇〇〇万トン、二〇一五年には一九六四年の二〇倍以上の約三億八、〇〇〇万トンになった。今後プラスチック生産量はさらに増加し、二〇三四年には二〇一五年の量の約二倍、二〇五〇年には約四倍の約一六億トンになると予想されている［枝廣 2019: 7］。プラスチック生産量のうち約四割が使い捨てプラスチックであり、その多くが飲料水をはじめとした食品などの商品の梱包などに用いられる。それらの使い捨てプラスチックは短時間で利用された後にすぐに廃棄されることが多い[1]。

使い捨て以外のプラスチック製品の廃棄も含めて、プラスチックごみはそれぞれの国の規定に従って処理される。これらの処理の中で、完全に処理されずに海洋に投棄あるいは流出するプラスチックを海洋プラスチックごみと呼ぶ。二〇一〇年に海に流れ出した海洋プラスチックごみの量は推計で四八〇〜一、二七〇万トンであり、その中間値が八七五万トンである。その量は生産量の増加に伴って増え続けており、このままのペースでいくと、二〇二五年までに年間一、七〇〇万トンになると推定される［中嶋 2019］。二〇一五年の試算では、累積量としてすでに一億五、〇〇〇万トンのプラスチックごみが海の中にあり、二〇一六年のダボス会議の試算によると、二〇一六年前後で年間八〇〇万トンのプラスチックが海に遺棄されている。このペースが続くと、二〇五〇年には海洋プラスチックごみと海洋中の魚の重さが同じになる。

このように累積量が増え続ける理由は、海洋プラスチックごみは自然物として分解されるまでに非常に長い時間がかかるからである。その長い時間のあいだに、それらは海洋中の生物に様々な悪影響を与える。調査によれば、多くの海洋生物がプラスチックごみを誤飲することで死んでいる。微粒化したプラスチックであるマイクロプラスチックもまた無数の海洋生物の体内に取り込まれている。人は魚などからの摂取も含めて平均的に一週間で〇・五グラムのマイクロプラスチックを摂取しており、これは実にクレジットカード一枚分に当たる。[2] マイクロプラスチック自体は有害ではないケースもあるが、それは有機汚染物質を吸収しやすく、食物連鎖を通じて人類にも影響を与えることが予想される。[3]

もっとも、海洋プラスチックごみの最も直接的な原因は海へのプラスチックの不法投棄や、途上国においてプラスチックの回収やリサイクルが完全に機能していないための投棄などである。日本も含めた多くの先進国においては、プラスチックの回収やリサイクルが進んでおり、海への直接的な投棄は少ない［中谷 2019］。

だが、たとえ先進国がプラスチックのリサイクルを促進しているとしても、そのようなリサイクルは完全ではない。日本に関して言えば、たとえば二〇一三年には九四〇万トンのプラスチックごみが生み出され、約六七％が焼却され、約二五％がリサイクルされ、約八％が埋め立て処理されている［中嶋 2019: 16］。このような日本のごみ処理には次のような問題がある。第一に、日本のプラスチックごみの一部は間接的に海洋プラスチックごみとなる。日本はリサイクル率二五％のうちの七割を海外に輸出し、輸出先でリサイクルに回している［中嶋 2019: 17］。その輸出先は二〇一八年までは主に中国、それ以降はタイ、マレーシア、ベトナム、台湾などであるが、それらの国々の多くはリサイクル設備が整っておらず、日本から輸出されたプラスチックごみはその国々で不適切に投棄されるケースもある。

第二に、日本はサーマルリサイクル方式への依存度が高い。日本は焼却のうち全体の五七％において焼却の際の熱を有効利用するという意味で熱回収をしており、この熱回収をサーマルサイクルと呼ぶ。サーマルリサイクルを含めると日本のリサイクル率は八二％という高水準になるが、熱回収は二酸化炭素を多く排出するうえに、日本の熱回収は発電効率が二〇〇六年の数値で約一一％と低い［安田 2008: 279］。またパリ協定（二〇一五年に採択された気候変動の抑制に関する国際協定）により、二一世紀の上半期に温室効果ガスの放出をゼロにする目標が掲げられている。そのため、石油から作られるプラスチックは二〇五〇年以降には燃やせなくなり、サーマルリサイクルができなくなる［中嶋 2019: 111］。

第三に、生活あるいはリサイクルを通じても出るマイクロプラスチックを完全に制御することは不可能であり、それらの多くは海洋に流出する。

このように、現状において日本のプラスチックごみ処理の方法には様々な問題がある。さらに、プラスチックのリサイクルには多大のコストがかかり、すべてのプラスチックごみをリサイクルするのは困難である。[4] たとえ適切にリサイクルされたとしても、マイクロプラスチックを完全に制御することはできない。結論として、海洋プラスチック問題の解決のためには、適正な熱回収やリサイクルを徹底するだけでは不十分であり、プラスチックの生産量および使用量を減らすことが極めて大切である。

（2）問題の対策

ではこのような海洋プラスチック問題に、世界はどのように対応してきたのだろうか。二〇一四年に国連環境計画でプラスチックによる海洋汚染が環境問題として提起され、二〇一五年のＧ７エルマウ・サミット首脳宣言において初めて、海洋プラスチック問題が国際的に重要な政策上の問題であるという認識が共有された。同年には「国連が定める一七の持続可能な開発目標（ＳＤＧｓ）」の中の一四番目の目標として「持続可能な開発のために海洋資源を保全し、持続的に利用する」という目標が掲げられ、それに基づいて問題の解決に向けた国際的取り組みが開始された。

その後取り組みへの国際的協力は加速し、二〇一八年にはＧ７シャルルボワ・サミットにおいて、「健全な海洋及び強靱な沿岸部コミュニティのためのシャルルボワ・ブループリント」をＧ７の首脳全員が承認する。さらにそれに基づき、同年にはＥＵが主導して海洋プラスチックごみの削減の数値目標を定めた海洋プラスチック憲章がＥＵとＧ７のうちのアメリカと日本を除くカナダ、フランス、ドイツ、イタリア、イギリスの五ヶ国のあいだで締結された。海洋プラスチック憲章における数値目標は以下のとおりである。

・二〇三〇年までに、一〇〇％のプラスチックが再利用、リサイクル、また他に有効な選択肢がない場合は回収可能となるよう産業界と協力する。

・二〇三〇年までに、適用可能な場合にはプラスチック製品におけるリサイクル素材の割合を少なくとも五〇％増加させるために産業界と協力する。

・産業界および中央政府・地方自治体の協力のもと、二〇三〇年までにプラスチック包装の少なくとも五五％をリサイクルおよび再利用し、二〇四〇年までにすべてのプラスチックを一〇〇％回収する。

［海洋プラスチック憲章（ＪＥＡＮ 全文仮和訳）online］

さらに、ＥＵは環境先進国として先進的なプラスチックごみ対策、とりわけ使い捨てプラスチックの利用量削減の取り組みを多く取り入れている。たとえば、欧州委員会は二〇一八年一月に欧州プラスチック戦略を発表し、「二〇三〇年までにＥＵ市場のすべてのプラスチック容器包装をリユース・リサイクル可能にする」ことを掲げた［重化学工業通信社 2019: 128］。二〇一九年五月にＥＵは二〇二一年から使い捨てプラスチックの一部の流通を禁止する法案を可決した。その一部とは、皿、カトラリー、ストロー、マドラー、コップなどを指す［ibid.: 121］。

　また同年、ＥＵでは欧州化学機関（European Chemical Agency：ECHA）によってマイクロプラスチックを段階的に禁止にする提案がなされた。ＥＣＨＡの提案が採択されれば、二〇二〇年以降は化粧品や塗料、洗剤などに添加されている年間三万六、〇〇〇トンのマイクロプラスチック繊維と粒子が削減されることになる。この提案は、二〇二〇年末までの約一年半の審議を経て発効される見通しである。[5] このように国際的取り決めおよびＥＵの政策は、使い捨てプラスチックの利用量削減あるいはその利用の禁止という方向性で進められている。つまり、それらは使用量削減の数値目標と期限を設定し、再利用やリサイクルできるものだけを例外的に認める。その背景には、前述した通りパリ協定によって定められた二〇五〇年の温室効果ガスゼロ目標があると考えられる。

　他方で日本はリサイクル法の定着によるごみ回収という独自の方法でプラスチック問題に取り組んできた。日本政府は海洋プラスチック憲章に署名しなかった理由として、国内の法整備が整っておらず、また国民経済への影響力が不明な点を挙げている［重化学工業通信社 2019: 80］。国民経済への影響力とは、日本独自のリサイクル法の運用に対するそれであると考えられる。高野によれば、日本は資源が乏しく埋め立てによるごみ処理が難しいため、３Ｒ（Reduce（削減）、Reuse（再利用）、Recycle（リサイクル））推進を早くから進めており、一九九一年に再生資源利用促進法ができてから、二〇〇三年には循環型社会形成推進基本計画が閣議決定されている。また各家庭によるごみ分別などを定めたリサイクル法も定着している。

　このようなリサイクル法は、国際的取り組みにおけるプラスチックの利用量の削減という方向性とは異なる。日本のやり方は、生産量の量的削減をするのではなく、軽量化技術による資源の削減や、リサイクル率と熱回収の有効利用率を上げることなどである。だが、たしかにプラスチックの軽量化はできたものの、全体的な利用量が増えたため、軽量化によるアプローチは直接プラスチックごみの量の減少につながらなかった。また熱回収を除くリサイクル率は二〇一九年に二七％と低く、熱回収は国際的にはリサイクルとみなされていないなどの問題点がある。

この問題の背景には、日本はエネルギー供給における化石燃料への依存度が二〇一七年で八七％と高く、パリ協定に向けた国際的な脱石油化の流れに抗しているという点が挙げられる。要するに、日本はリサイクル法の定着など過去のやり方や石油エネルギーの効率化というアイデアにとらわれて、パリ協定において示された方向性に反しており、海洋プラスチック憲章におけるような使用量の削減を求める国際的な基準設定にも適していない。そのためプラスチック憲章に署名できなかったと考えられる［高野 2019: 48–50］。

日本が海洋プラスチック憲章に署名しなかったことは、国内外から様々に批判されてきた。海洋プラスチック憲章不採択後から大阪サミットまでの政府の国内法の整備としては、二〇一八年六月に「第四次循環型社会形成推進基本計画」が、二〇一九年五月に「プラスチック資源循環戦略」が出された。この戦略の特徴は、海洋プラスチック憲章と同程度の数値目標を設定するという点が挙げられる。そのなかでも特徴的な取り組みは、レジ袋有料化法案（二〇二〇年七月成立）であり、消費者に使い捨てプラスチック削減のための経済的インセンティブをもたせるために作られている［枝廣 2019: 70］。

国内で循環戦略が審議された後、日本が主催国となる二〇一九年のＧ20大阪サミットでは、海洋プラスチック憲章の不採択後にプラスチック問題に対する日本の対応を国際的にアピールすることが必須の課題とされた。そのサミットの成果としては、大阪ブルー・オーシャン・ビジョンが承認され、プラスチック問題に関してもリサイクルなどの数値目標と達成時期が明記された。ただし問題点としては、そこには海洋プラスチック憲章には書き込まれていた、使い捨てプラスチックの使用削減目標が書き込まれていないという点が挙げられる［高野 2019: 20］。

さらに日本国内の循環戦略の問題点としては、以下の二点が挙げられる。第一に、それには海洋プラスチック憲章で示されていたような二〇三〇年時点での達成目標に向けたロードマップが明確化されていないという点である［高野 2019: 79］。戦略において掲げられる数値目標は実効性のある数字ではなく、めざすべきマイルストーンとして提示され、実現に至る方策はこれから課題として残されたままである［ibid.: 109］。とりわけ、日本はＥＵにおけるような使い捨てプラスチックの生産規制を行わないため、具体的方策に欠けている［高橋 2019: 54］。第二に、海洋プラスチック憲章とは異なり、使い捨てプラスチックをすべてリサイクル可能にするという長期目標が描かれていない点である。その理由として、日本はプラスチック産業が発達し、また分別排出によるリサイクルという方式が定着しており、プラスチック生産量を下げることは経済に負担がかかるために見送られたという分析がある［ibid.: 54］。要するに、日本は実質的にはリサイクル法を中心とした体制から脱却しきれていない。

　しかし、日本のやり方には限界が露呈している。二〇一八年まで日本はプラスチックごみを主に中国に輸出していたが、二〇一八年に中国が海外からのプラスチックごみの輸入を停止した。それを受けて日本は他の発展途上国に輸出を切り替えたものの、それらの国々も次々と規制を設けている。そのため日本はプラスチックごみを自国処理せざるを得ないが、その処理が追い付いていない［中嶋 2019: 18］。

　以上が最近の国際的及び日本国内の取り決めである。要するに、リサイクル法中心の日本の取り組み方と、使用量の削減を目指す国際的な取り決めないしＥＵの取り組み方のあいだには依然として乖離がある。日本に関しては、二〇一九年に数値目標を含めたプラスチックの削減案が出されたが、実現に至る方策やその中身に関しては、たとえば環境先進国と呼ばれるＥＵに比べると、実効的な使い捨てプラスチックの使用制限あるいは禁止という点でまだ問題をかかえている。

このような問題をかかえる日本において、その問題を解決するために今後どのような制度デザインが期待されるだろうか。

2　日本で求められる制度デザイン

（1）ＥＵと日本の相違点

前述したように、ＥＵと日本では海洋プラスチックごみ問題への取り組み方が異なる。そのような差異が生じる原因として日本におけるリサイクル法体制を挙げた。ではなぜ日本はリサイクル法から脱却し、ＥＵのようにより有効な策を採れないのだろうか。その理由として、次の二点を挙げることができる。

第一に、日本とＥＵでは立法過程の仕方が異なるという点である。ＥＵが上述した野心的な環境政策を行うことができた理由の一つは、欧州委員会が環境ＮＧＯと政策対話を繰り返し、後者の意見を政策決定に反映させることができたからであると言われている。このような政策対話は、ＥＣＯＳ（標準化のための欧州環境市民組織）を通じて行われる［高橋 2019］。高野によれば、「世界経済フォーラムの報告書や、ＥＵの循環型経済パッケージを主導したのは、国家でも政治家でもなく、環境ＮＧＯのエレン・マッカーサー財団」である［高野 2019: 81］。エレン・マッカーサー財団は冒険家のエレン・マッカーサーが二〇一〇年に設立した循環型経済を目指す財団であり、グーグル、ナイキ、コカ・コーラ、ペプシをはじめとしたグローバル企業や研究機関がパートナーとして参加している［ibid.: 81］。エレン・マッカーサーはイギリス人女性の冒険家で、二〇〇五年にヨットによる世界一周単独航海の世界記録を樹立した。

彼女はその際に、陸地で営む日常生活はすべて有限な天然資源に基づいており、それらの使い捨てをやめなければ天然資源は直ちに枯渇するというインスピレーションを得たと述べている。[6] その枯渇を防ぐためには経済の変容が不可欠であるという彼女の意見は多くの大企業の賛同を得て、政治的影響力をもつ彼女の財団が設立された。ＥＵにおいては、このような環境ＮＧＯは財源や郵便料金の割引などの特権がある。またＥＵにおいては環境ネットワークのＥＣＯＳはステークホルダー組織の一つとして正式に承認されており、「欧州委員会内の六〇を超える技術委員会に参加しており、主に専門家を介して標準化開発作業に参加している」という［高橋 2019: 56］。このような「政治的機会」がＮＧＯに与えられていると、かれらは実行力のある提言を行い、それを政策に反映させることができる［ibid.: 56］。さらにＥＵでは、環境ＮＧＯがインターネットを通じてポスト・プラスチック社会への転換を促す役割を果たしている。

　要するに、ＥＵにおいては政策過程において環境ＮＧＯの提案という「下からの啓蒙」が影響を与えうる体制が整っている。同時にその思想はインターネットを通じて市民たちに流通し、かれらもまた環境ＮＧＯに啓蒙されるとともに、民意として国内の法整備に影響を与え、それがＥＵの政策にも反映される。

　これに対して、日本は「下からの啓蒙」が政策決定に影響を与える体制が整っていない。日本においても、市民社会では使い捨てプラスチックを削減する活動などがなされている。それにもかかわらず、特に環境ＮＧＯに政治的機会が提供されず、そのため日本ではそれらの活動が政策決定に影響を与えない。高橋［2019］は、ＥＵに比べて日本の環境ＮＧＯが政治的機会構造に乏しいことを指摘する。高橋によれば、日本の環境ＮＧＯは「法的位置が低く、資金調達方法が制約され、郵便規定などの優遇措置も受けられず、政治的機会も供与されない」[7]［ibid.: 56］。日本においては、環境ＮＧＯのネットワークはステークホルダーとして承認されておらず、そのため彼らが政治的意思を通すためには、個々のＮＧＯがロビー活動などにより意思表示をするにとどまる。[8] またインターネットを通じた環境問題の議論の活性化という点においても、日本においては影響力の高い環境ＮＧＯが生まれていない。

　第二の理由は、ＥＵと日本ではプラスチック問題を産業政策に取り入れる仕方が異なるという点である。ＥＵの方針は、パリ協定に向けた脱石油社会というビジョンのもとでの循環型経済の実現である。それは資源効率性（Resource Efficiency, RE）を基準とした豊かさの追求を目指し、それに従って産業政策を実施する経済システムを意味する。資源効率性とは、人々が地球が持続可能であるような仕方で、資源をより有効に利用しているか否かを示す。この指標を用いることでＥＵは、人間の経済活動（ＧＤＰ）と資源の消費量および環境影響を切り離し、前者の成長が後者二つの増加と正比例しないことを目指す［高野 2019: 27–29］。ＥＵにおいてはＲＥに基づく国内政策が増えており、今後はそれに基づくＥＵレベルでの数値目標が設置されることで、ＲＥが豊かさを測定する基準となるであろう。循環型経済は「儲かるエコ」と呼ばれ、「ＥＵでは、サーキュラー・エコノミー（＝循環型経済）によって二〇三〇年までに約一兆ユーロの付加価値が生み出され、ＧＤＰ七％の経済成長につながると考えている」［枝廣 2019: 72、括弧内引用者］。

　このようなビジョンのもとで、ＥＵにおいてプラスチック問題は産業政策の一環として、循環型経済における新しい生産者像を提起している。それは拡大生産者責任原理と呼ばれ、「生産者の責任が製品の生産・使用段階だけでなく、廃棄・リサイクル段階まで及ぶ」という考え方［ibid.: 69］である。この考え方に基づいて、ＥＵは温室効果ガス削減などの環境問題全体への影響を踏まえて、前述した生産量規制を行う［山川 2018］。

　他方で、日本はどのようなビジョンのもとで産業政策としてプラスチック問題を検討しているのだろうか。たしかに日本は早くから循環経済の理念を取り入れ、第四次循環型社会形成推進基本計画などにおいてそれを推進しつつ、理念として拡大生産者責任原理を提唱している。しかし日本はプラスチック対策をリサイクル法と熱回収に依存しており、それを温室効果ガス削減という環境問題の根幹をなす課題と連携していない。その理由は、日本はプラスチック対策をプラスチック産業の保護と同時進行で行っているからであると考えられる。また拡大生産者責任原理に関しても、国は家庭から出されるプラスチックごみの処理を原理に基づいてプラスチック産業に要請せずに、環境問題の一つとして地方自治体に要請している。この点からしても、日本は循環型経済の理念が実践的に機能していないことがわかる。要するに、日本にはプラスチック問題と温室効果ガス問題を含めた環境と経済の関係を示し、組織や人々の行動の指針となりうる統合的な制度設計が不足している。

前述したように、海洋プラスチック問題の現状を考慮に入れれば、熱回収を含めたリサイクルには限界があり、特に使い捨てプラスチックの利用削減の対策を取る方が望ましい。それでは、日本においてその対策を取るためには何が必要だろうか。次節ではＥＵの方策の日本への応用可能性を検討する。

（2）日本政府以外の日本での取り組み

前述した海洋プラスチック憲章の不採択に対しては、日本でも多くの団体が海洋プラスチック憲章の早期採択を求める署名活動に賛同している[9]。この署名活動の代表団体は一般社団法人ＪＥＡＮ（Japan Environmental Action Network）という環境ＮＧＯであり、二〇一八年に環境省に署名を提出している。

さらに、ＪＥＡＮはロビー活動によって二〇〇九年に海岸漂着物処理推進法（略称）の成立に貢献している。その一方で、二〇一九年のプラスチック資源循環戦略に対しては、政府に反対の意見書「減プラスチック社会提言書」を出しており、使い捨てプラスチックの削減を目指して、よりＥＵや国際的取り組みに適う脱プラスチック社会を進めるべきであると述べている［Jean HP, online］[10]。

プラスチック問題に対して、独自の取り組みを行う自治体もある。たとえば徳島県上勝町は「『できるだけ燃やさない』と日本で初めてゼロ・ウエイスト宣言を行い、町民ぐるみで四五ものきめ細やかな分別を行うことで、焼却に回される廃棄物を最小化している」［枝廣 2019: 56］。この上勝町の取り組みに協力するＮＰＯ法人ゼロ・ウェイストアカデミーは、花王が推進するリサイクル事業（詰め替えパウチを回収してプラスチック素材にする）にも協力している［ibid.: 56］[11]。

そのほか京都府亀岡市は、二〇一八年一二月に市議会が「二〇三〇年までに使い捨てプラスチックごみゼロのまちをめざす」とする「かめおかプラスチックごみゼロ宣言」を行った［枝廣 2019: 77］。亀岡市のホームページには、協定締結店、民間企業、市役所及び学校などが協力して、プラスチックごみゼロのために具体的な取り組みを行う様子が描かれている[12]。

さらに教育機関においても様々な試みがなされている。たとえば国立大学法人である東京農工大学は、二〇一九年八月に「農工大プラスチック削減５Ｒキャンパス」活動宣言をし、キャンパス内でプラスチックごみをゼロにするための取り組みを行っている。５Ｒとは従来の３Ｒに renewable（再生可能制限への代替）、research（研究）を加えた東京農工大学独自の方針である。具体的には、ペットボトルの利用を制限するためにマイボトル用の浄水給水器を設置したり、学内会議におけるペットボトルの飲料水の無料配布を禁止したり、また大学生協においてレジ袋の削減に努めたりなどをしている［朝日新聞 2019］。

この他にも多くの企業が社会貢献の一環としてプラスチック削減対策に取り組んできた。とりわけ日本の化学・素材産業界における五団体は、海洋プラスチック問題への対応に向けて海洋プラスチック問題対応協議会（Japan

Initiative for Marine Environment, JaIME）を設立し、情報発信や科学的知見の共有などの対策をとってきている［重化学工業通信社 2019: 143］。日本の有名企業のプラスチック削減対策の一例は以下の通りである。

すかいらーく：二〇二〇年までにプラスチックストローを順次廃止［朝日新聞 2018］
三井住友海上火災保険：社員食堂でプラスチックストロー、カップを紙製に切り替え［神田／川村 2018］
味の素グループ：プラスチック廃棄物のゼロ化
三菱ケミカルホールディングス：次世代バイオプラスチックの開発
王子製紙グループ：環境対応素材の開発［岸川／藤野／大和 2019］

このように日本において地方自治体、環境ＮＧＯ、企業が連携してプラスチック問題に取り組む事例が数多く見られる。これらの事例から、自治体や企業の取り組みとしてはＥＵにおけるような拡大生産者責任の原理や脱プラスチックの長期目標に向けた取り組みがなされていることがわかる。しかし、日本においてはこれらの取り組みを政府が活かしきれていない。ＥＵ型のより開かれた政策決定がなされるためには、日本政府は特定産業の保護や地方自治体への過度な要請を緩め、こうした地方自治体や企業の取り組みを活かす必要がある。そうすることで、日本は拡大生産者責任原理の考え方を法制化し、海洋プラスチック憲章の採用および使い捨てプラスチックの削減の長期目標に向けて、具体的なロードマップを作る必要がある[13]。

３　循環型経済における持続可能な消費

では最後に、日本政府がとりわけ使い捨てプラスチックに関して有効な策を打ち出せていない現状において、市民社会がなすべきこととは何だろうか。

経済活動への法的規制を行う場合、生産者側への規制を設けることが最も効率的である。そのためこれまでの国際的な取り決めは多くの項目が国家や企業に向けられており、消費者に対して何らかの活動を推奨するものは少ない。たとえば海洋プラスチック憲章では、「消費者に対して持続可能な財を選択することを教育・支援する」とのみ述べられている。ＥＵの政策においても、消費者への要請よりも生産の規制を行っている。

だが、環境保全に対する消費者の意志表示は、企業に行動変容を促すことができる。とりわけ、有効な法的規制がまだ乏しい日本においては、企業の自主的な削減のみならず、消費者が自らプラスチックの利用を減らすことが必要である。つまり市民が倫理的観点からみずからプラスチックを拒否することは、プラスチック問題の解決に対して実効性がある。またそのような市民の態度は、使い捨てプラスチックの利用削減を公約する政党への支持率を高め、政府に新たな政策立案を促すことができるだろう。

消費者の責任あるいは倫理として、一九九〇年代以降に議論されるようになった倫理的消費の概念が挙げられる。一九七〇年代までは、主に消費者は財の購入および利用に関して選択の自由が認められ、それが権利として法律に擁護さるべきであるという議論がなされてきた。日本の法律としては、一九六八年に消費者基本法（消費者の利益の保護を目的）が成立した。他方で一九九〇年代になると、倫理的消費者という概念が生まれ、消費による能動的な社会改革が推奨されるようになった。そのような社会改革とは、企業が行うフェアトレード、公害問題や環境問題への取り組みなどを考慮に入れたうえでの消費活動を行い、それらの問題を軽視する企業への不買運動などを行うことである。一例としては、委託先の工場で労働者を劣悪な環境で働かせていたことが発覚し、一九九〇年代後半に消費者による不買運動が起こったナイキ社のスウェットショップ問題などが挙げられる。

並行して、一九九〇年代には持続可能な社会の実現のための消費、すなわち持続可能な消費という概念が生まれた。持続可能な消費は一九九二年の「アジェンダ21」において、「環境へのストレスを軽減し、人類の基本的ニーズを満たすような消費と生産形態を促進する」という目標として取り上げられた［福士 2020: 39］。それは地球資源が有限であるという共通認識のもとで、その利用を最小限に抑制し、将来世代のニーズを守りながらも、より良い生活の質をもたらす財の使用のことを指す［ibid.: 11, 49］。持続可能な消費は、倫理的消費を持続可能な社会実現という目的に当てはめた概念であると言えるだろう。この概念を海洋プラスチック問題へと応用すると、消費者が自らの消費活動によって直接ないし間接的に天然資源に対して害を与えることを考慮に入れ、プラスチックの安易な利用を制限することが消費者のもつべき倫理とみなされる。[14] つまり、持続可能な循環型社会の実現のための消費活動が消費者に求められるようになる。

他方で、消費者の倫理に対する疑問点として以下の三点が指摘されてきた。根本によれば、それは第一に消費者倫理を求めることが消費者の選択の自由に対する制約とみなされるという問題である。第二にフリーライド問題である。消費者一人の購買行動による影響力は僅かであり、また自らが努力せずともほかの消費者の努力の成果を享受することができる。第三に、共通基準の設置の困難さという問題である［根本 2014］。

これらの問題は一般的な倫理的消費の問題点を指摘するものの、日本の海洋プラスチック問題に限ると、それらの問題点を克服できると考える。第一の点に関しては、たしかに消費者の選択の自由を生産規制により抑制することは可能であるが、それを直接的に妨げるような強制的な法的規制を設けることは難しい。他方で倫理的自由とは個人が自ら倫理に従うと選択することを意味するのであり、それは選択の自由の制約とは言えない。

第二の点に関しては、たしかにプラスチックの利用量は膨大であり、個人の影響力は小さい。さらにほかの人々が行動を自制すれば自らは利便性を享受できるのであり、フリーライドの誘惑が残る。しかし、もしそれを支える思想が人々のあいだに行動規範として文化的に浸透していれば、社会的信用への懸念からフリーライドの誘惑は弱まるだろう[15]。

日本には、このような行動規範として社会的に浸透しうる環境倫理の土台となる文化的思想が存在する。たとえばノーベル平和賞を受賞したワンガリ・マータイは日本の「勿体《もったい》ない」という思想を環境倫理の礎《いしずえ》ととらえた。この言葉はもともと仏教用語であり、生物は相互に関連付けられて生かされており、それにより持続的な生命の循環が可能になるという思想である。そのような自然観は循環経済を基礎づけるだろう。適切なリサイクルが困難な使い捨てプラスチックは生命の循環から外れる性質をもち、そうであるからこそ悪影響を及ぼす。つまり、使い捨てプラスチックの使用規制は日本の自然観にかない、賛同を得やすいと考える。

第三の点に関しては、たしかに個々人がどの程度プラスチックを削減すればこの問題が解決されるのかという共通基準を設置することは理論的にも実践的にも困難である。そのため個々人にとって、どのような行動が問題解決に直結するのかが不明である。このような困難さが一因となり、多くの個人が海洋プラスチック問題を知っており、解決すべき問題とみなしているにもかかわらず、具体的な行動に移せないという問題が生じていると考えられる[16]。

この問題を解決するためには、筆者は市民社会における実践例を学ぶことが重要であると考える。なぜなら、そのような例を市民が共有しあい、またどの程度受容可能かを検討しあうことにより、どの程度のプラスチックの削減なら自らの生活スタイルの中で無理なく続けていかれるかという共通基準が形成されていくと考えられるからである。受容可能な基準が科学的根拠に基づいた効果を発揮するか否かは、市民と専門家が協力し合って検討していくことができる。このような市民社会の集合知から学ぶ「下からの啓蒙」をつうじて、政府は基準となる行動指針を設計しうるだろう。

また、そのような実践例は人々が自らの行動とプラスチック問題の関連性を知るきっかけとなる。持続可能な消費のためには、消費者はある製品を単に「使う」ために消費するのではなく、「作る・使う・捨てる」というその製品のライフサイクルにおいて、それがどの程度の環境負荷をもつかを考慮して購入する必要がある。このような思考を「ライフサイクル的思考」と呼ぶ。だが身近な消費活動とその環境負荷の関係は、消費者から見えづらい［本藤／平山／中島／山田／福原 2008］[17]。これは倫理的消費の第四の問題点と言えるだろう。それを埋めるためには、消費者が実践例をつうじて物の消費を「ライフサイクル的思考」から再検討し、それに基づいて生活スタイルを再検討する必要がある。

たとえば行動指針の実践例として、以下の三つの例が挙げられる。第一に海洋研究開発機構の研究員の中嶋亮太は、プラスチックに関する研究を進めながら「プラなし生活」を送り、自らのブログでは科学的な記事を中心に、古賀陽子と共同のホームページでは生活の中の実践的方法を発信している[18]。中嶋によるプラスチックを使わない生活のアドバイスは以下のとおりである。

【初級編】

① マイボトル、マイバッグを使う

② 食器を洗うスポンジをプラスチック製から、綿やセルロース素材のもの、たわしに変える

③ 台所の三角コーナーのプラスチック製の網をやめる。シンクの受け皿に直接ゴミをため、紙に包んで捨てる

【中級編】

① ラップをやめて「みつろうラップ」を使う[19]

② タッパーをやめて琺瑯〔ほうろう〕やガラス製品に

③ テフロン加工のフライパンをやめて、鉄やステンレス素材のものに

【上級編】

① シャンプーを固形にする

② 洗剤に重曹を活用する[20]

［海洋プラごみ専門家が本気で薦める「プラなし生活」今日から使えるアイデア online、亀甲括弧内引用者］

第二に古賀陽子はブログにてプラスチック・フリー生活の様々な実践を紹介している[21]。古賀は三重県に住む主婦であり、二〇一九年からプラスチック・フリーでありつつもおしゃれで楽しい生活スタイルを提供している。彼女はキッチン、パーソナルケア、掃除、洗濯、買い物などの分類のなかで具体的に代替可能なプラスチック製品を挙げていき、代替品にした場合の活用方法などを紹介している。

第三に翻訳家の服部雄一郎は、神奈川県葉山町の村役場でのごみ処理の経験を経て、現在は高知県でプラスチッ

ク・フリー生活を実践しつつ、ウェッブでその実践例を紹介する。堀部はこのような個人の実践の意義について次のように述べる。

> もちろん、個人の実践なんてあまりにもささやかです。政策が社会を動かすパワーなどとは比べるべくもない。とは言え、実際に生活を変えてみようとする人の数は驚くほど少ないし、そこにはやはり、大規模な政策には決して作り出せない種類の、たしかなきらめきやよろこびがあるはずで（もちろんピンチや失敗も……）、だからこそ見えてくる／伝えられる価値もあるのではないか――そんなふうに感じたのです。[22]

この言葉のように、これらの実践例は私たちが自らの生活を顧みるインスピレーションとなり、そのような生活スタイルが私たちの生活の質をどのように変えていくのかを検討するきっかけとなる。そのような触発と新たな実践、そして専門家を交えた議論を通じて、私たちに受容可能な共通基準は形成されると考える。

おわりに

結論として、環境に配慮する生活とは、個々人が消費行動を含めた自らの行動がどのように自然環境に影響を及ぼすのかを知り、本来多くの人がもつ自然への関心や配慮を具体的な行動につなげることで成り立つと考えられる。とりわけ日本は政府の対策において明確なロードマップが出されておらず、また理論的にも共通指針が難しいなかでは、個々人がプラスチックの利用を減らした生活スタイルを自ら考え、その行動を発信していくことで、下からの啓蒙を推進していくことが必要であり、また有効な手段である。さらに下からの啓蒙が政府に届くための制度設計も必要であり、そのような制度のもとでこそ日本の循環型経済社会は様々なアイデアを取り入れて活性化していくと考える。

注

1　たとえば使い捨てプラスチックの一つであるレジ袋の平均利用時間は、一二分とも二〇分とも言われている［中嶋 2019:11］。

2　「人間が日常生活で飲み込むプラスチック、週にカード一枚分」豪研究 online

3　高野によれば、一グラムの海洋プラスチックごみに付着する汚染物質の量は、海水一トンに含まれるそれに匹敵する［高野 2019: 33］。

4　プラスチックごみのリサイクル率は世界全体で見ると九％である［中嶋 2019:13］。

5　"ECHA proposes to restrict intentionally added microplastics" online

6　「TED動画　デイム・エレン・マッカーサー：私が世界一周単独航海で学んだ意外なこと」online

7　たとえば、二〇一一年にＮＰＯ法と寄付税制が改正され、税制の優遇を受ける認定ＮＰＯの認可基準が緩和されたが、この問題は残されている。

8　前述した第四次循環型社会形成推進基本計画やプラスチック資源循環戦略を審議する委員会の委員のうちＮＰＯ法人の代表者は一名である。

9　署名には、環境ＮＰＯ法人をはじめとした二一団体が賛同している。「日本も海洋プラスチック憲章に一日も早く署名を」online

10　ＪＥＡＮの主張は日本政府の方策よりもＥＵのそれに近いが、ＪＥＡＮの要請から日本においては環境ＮＰＯの意見が立法過程において政治的に受け入れられていないことがわかる。

11　詰め替え用パウチとは、液体洗剤やシャンプー、リンスなどの商品において、詰め替え用の商品を入れている容器のことを指す。

12　「かめおかプラスチックごみゼロ宣言について」online

13　現在、二〇二一年度施行を目指す「プラスチック資源循環促進法案」の国会での審議が開始されている。その法案では、ストロー、フォーク、スプーンなどの使い捨てプラスチックの使用削減を店舗に義務付ける案が出されている。「使い捨てストロー、

削減を義務化　プラごみ対策、新法案概要が判明」online

14　投資活動において投資家が環境を配慮した企業への資金投入を行うことも重要であるが、そのためには投資家がそのような投資で利益を得る必要があり、消費者側の協力が必要不可欠である。

15　政府介入が必要になるが、レジ袋の有料化などの金銭的インセンティブの付与などにより、この問題を少なくすることもできる。

16　内閣府「環境問題に関する世論調査」（二〇一九年八月）によれば、八九％の人が「あなたは、プラスチックごみによる海の汚染などのプラスチックごみ問題に関心がありますか」との問いに対して肯定的に回答した。また「海と日本人に関する」意識調査結果によれば、海の豊かさを守るために具体的に行動しているかという問いに対する肯定的な回答は、別の問いで「海に行きたい」と答えた人の場合、ごみの持ち帰り（六六％）以外の項目で一九〜四四％であり、「海に行きたくない」と答えた人の場合、ごみの持ち帰り（四一％）以外の項目で一〇〜二七％であった。ただし、「海の問題が自分の生活で、どう影響があるのかを具体的に知ること」が自らの行動を変化させると答えた人は「海に行きたい」人が八〇％、「海に行きたくない」人が五八％と多かった。

17　そのほかにも、ライフサイクル思考を環境教育などによって人々に教えるなどの試みがなされるべきである［本藤／平山／中島／山田／福原 2008］。

18　中嶋亮太ブログ online、中嶋亮太と古賀陽子のブログ online

19　みつろうラップとは、綿一〇〇％の布にみつろうを染み込ませたものであり、洗えばラップの代用品として繰り返し使える。

20　紙で包まれた固形シャンプーを使うことで、液体シャンプーが入っているプラスチック・ボトルや詰め替え用パックを用いる必要がない。固形シャンプーは長持ちする。また日本では様々な種類の掃除用洗剤がプラスチック・ボトルに入って売られているが、それらすべてを重曹に代えて洗えば、それらのボトルを使う必要がなくなる。重曹は天然物質のため環境に良い。

21　古賀陽子ブログ online

22　服部はプラスチック関連の書籍の翻訳も行っており、そのなかでもプライモンドン&シンハ［2019］はプラスチック・フリー生活の実践的な方法を様々に紹介している。服部雄一郎のブログ online

参考文献

朝日新聞［2018］「プラ製ストローやめます　すかいらーくＨＤ、20年までに」『朝日新聞』二〇一八年八月一七日朝刊、四頁。

朝日新聞［2019］「東京農工大、プラ使用0宣言　50年までに達成目指す」『朝日新聞デジタル』二〇一九年八月一五日。

枝廣淳子［2019］『プラスチック汚染とは何か』岩波書店。

神田明美／川村剛志［2018］「社員食堂でプラカップ・ストロー廃止　損害保険大手2社が取り組み　紙製に切り替え」『朝日新聞』二〇一八年九月二〇日朝刊、七頁。

岸川和馬／藤野大輝／大和敦［2019］「海洋プラスチックごみ問題への企業の対応：統合報告書・ＣＳＲ報告書に見る日本企業の対策意識」大和総研。

高野秀重監修［2019］『プラスチックの現実と未来へのアイデア』東京書籍。

髙橋若菜［2019］「使い捨てプラスチックごみ削減を提起する市民社会の影響力」『環境経済・政策研究』一二巻二号。

内閣府［2019］「環境問題に関する世論調査令和元年8月調査」内閣府大臣官房政府広報室。

中野かおり［2018］「プラスチックごみをめぐる最近の動向：海洋プラスチック問題への取組」『立法と調査』四〇六号、四八―五七頁、所収。

中谷隼［2019］「プラスチック資源循環と海洋プラスチック問題」『環境経済・政策研究』一二巻二号。

中嶋亮太［2019］『海洋プラスチック汚染　「プラなし」博士、ごみを語る』岩波書店。

根本志保子［2014］「消費　消費者は環境に責任があるのか」橋本努編『現代の経済思想』勁草書房、三一五―三三九頁、所収。

根本志保子［2018］「倫理的消費　消費者による自発的かつ能動的な社会関与の意義と課題」『一橋経済学』一一巻二号、一―一七頁、所収。

福士正博［2020］『持続可能な消費と社会的実践理論』柊風舎。

プライモンドン、シャルタン／シンハ、ジェイ［2019］『プラスチック・フリー生活　今すぐできる小さな革命』服部雄一郎訳、ＮＨＫ出版。

本藤祐樹／平山世志衣／中島光太／山田俊介／福原一朗［2008］「環境教育におけるライフサイクル思考の利用：持続可能な消費にむけたミッシング・リンクの可視化と再生」『日本ＬＣＡ学会誌』四巻三号、二七九―二九一頁、所収。

山川肇［2018］「使い捨てプラスチック政策の国際動向　欧州の取り組みを中心として」『廃棄物資源循環学会誌』二九巻四号、二九四―三〇三頁、所収。

参考サイト

"ECHA proposes to restrict intentionally added microplastics"（ECHA/PR/19/03） echa.europa.eu/-/echa-propose-to-ristrict-intentionally-added-microplastics（二〇二一年一月三一日閲覧）

「海と日本人に関する」意識調査結果（日本財団、二〇一九年七月一一日） https://www.nippon-foundation.or.jp/who/news/pr/2019/20190708-33532.html（二〇一九年一一月二五日閲覧）

海洋プラスチック憲章（ＪＥＡＮ全文仮和訳） http://www.jean.jp/OceanPlasticsCharter_JEANver.ProvisionalFull-textTranslation.pdf#search=%27%E6%B5%B7%E6%B4%8B%E3%83%97%E3%83%A9%E3%82%B9%E3%83%81%E3%83%83%E3%82%AF%E6%86%B2%E7%AB%A0+%E5%86%85%E5%AE%B9%27)（二〇二〇年三月九日閲覧）

「海洋プラごみ専門家が本気で薦める「プラなし生活」：今日から使えるアイデア」*The Asahi Shimbun GLOBE +*　https://globe.asahi.com/article/13036588　（二〇二〇年三月九日閲覧）

「かめおかプラスチックごみゼロ宣言について」『亀岡市ホームページ』https://www.city.kameoka.kyoto.jp/kankyousoumu/plasticzero.html（二〇二〇年三月九日閲覧）

古賀陽子ブログ「IMACOLLE―いまコレ―自分の「今」をコレクション」http://imacolle1050.com/（二〇二〇年三月九日閲覧）

中嶋亮太ブログ「CORAL REEFS THE DEEP-SEA: Marine Ecology」https://dr.ryotanakajima.com/（二〇二〇年三月九日閲覧）

中嶋亮太／古賀陽子ブログ（Wakamori&Yoko）「プラなし生活」https://lessplasticlife.com/　（二〇二一年一月三一日閲覧）

「日本も海洋プラスチック憲章に一日も早く署名を」Change.org　https://www.change.org/p/日本も―海洋プラスチック憲章―に一日も早く署名を（二〇二〇年三月九日閲覧）

服部雄一郎ブログ「サステイナブルに暮らしたい：ゼロウェイスト&プラスチックフリーの家づくり」http://sustainably.jp/（二〇二一年一月三一日閲覧）

「使い捨てストロー、削減を義務化：プラごみ対策、新法案概要が判明」『共同通信社』https://this.kiji.is/722721453932199936?c=110564226228225532（二〇二一年一月三一日閲覧）

「ＴＥＤ動画　デイム・エレン・マッカーサー：私が世界一周単独航海で学んだ意外なこと」*Digital Cast*　https://digitalcast.jp/v/22934/（二〇二二年一月三一日閲覧）

Ⅳ　顕示しない消費の台頭

消費社会にとって「シンプルな生活」とは?

第7章　普通を究めるくらし――無印良品が提示する現代の「用の美」

鈴木康治

はじめに

消費社会はこれまで、私たちの日常生活をきらびやかに演出してきた。ところが近年になって、これとは逆の消費傾向が生まれている。生活を華美に彩ることよりも、彩らないことの良さが再発見されるようになった。例えば、無印良品は、「普通のくらし」を提案することで、日本の消費文化をリードし、今や世界の消費文化を導くブランドへと発展している。二一世紀の私たちの消費文化は、この無印良品を中心に、「普通さ」を積極的に求める方向に転回している。人びとは、なぜ華美な生活よりも普通のくらしを求めるのか。普通のくらしという生活様式は、消費文化の成熟に照らして、どのような積極的な意義を持っているのだろうか。

本章では、無印良品の経営戦略を手がかりに、普通のくらしの良さについて考えたい。以下ではまず、無印良品の経営戦略を分析して、同ブランドが一貫して、普通のくらしを追求してきたことを明らかにする。次に、普通のくらしは、「合理性」と「空っぽの器（自在性）」という、二つの価値理念によって支えられていることを確認する。そのうえで、普通のくらしの追求は、「清潔」を重要な価値としており、この清潔の価値は、現代において「用の美」という日本の民芸文化を継承する観点に接続されることを論じる。最後に結論として、普通の生活には、華美な生活とは別の快楽があることを指摘する。

１　無印良品と普通のくらし

（1）　無印良品の事業展開

無印良品は、株式会社良品計画が手がけるブランドである。七、〇〇〇以上のアイテム数を有し、日本を含む二九の国・地域に店舗を展開している。近年、無印良品の活動は、製造小売業という枠を超えて広がり、カフェやレストランやホテルの経営、地域活性化、里山保全、リサイクルの推進、働き方改革、各種施設のリノベーションまで手がけるようになった。近年の良品計画グループの業績は好調であり、無印良品は今やグローバルな人気を誇るブランドとなっている。

図７－１は、ここ一〇年間の良品計画の業績の推移である。二〇一一年二月期（決算月は二月、ただし二〇二〇年二月期以降は八月に変更）から二〇一八年二月期まで、連結と単体のいずれにおいても、増収増益を達成した。直近二期は連結も単体も対前年比で減益となったが、増収を続けている。二〇二〇年二月期の売上高は、良品計画グループ（連結）で見ると約四、四〇〇億円、単体で見ると約三、三〇〇億円であった。

良品計画は「ＭＵＪＩ」というブランド名で海外事業を展開している。良品計画が海外出店を開始したのは一九九一年である。海外事業の展開は、二〇〇〇年代に入るまでは一進一退であったが、〇〇年代後半からは拡大している。

図７－１　良品計画（連結・単体）の業績推移

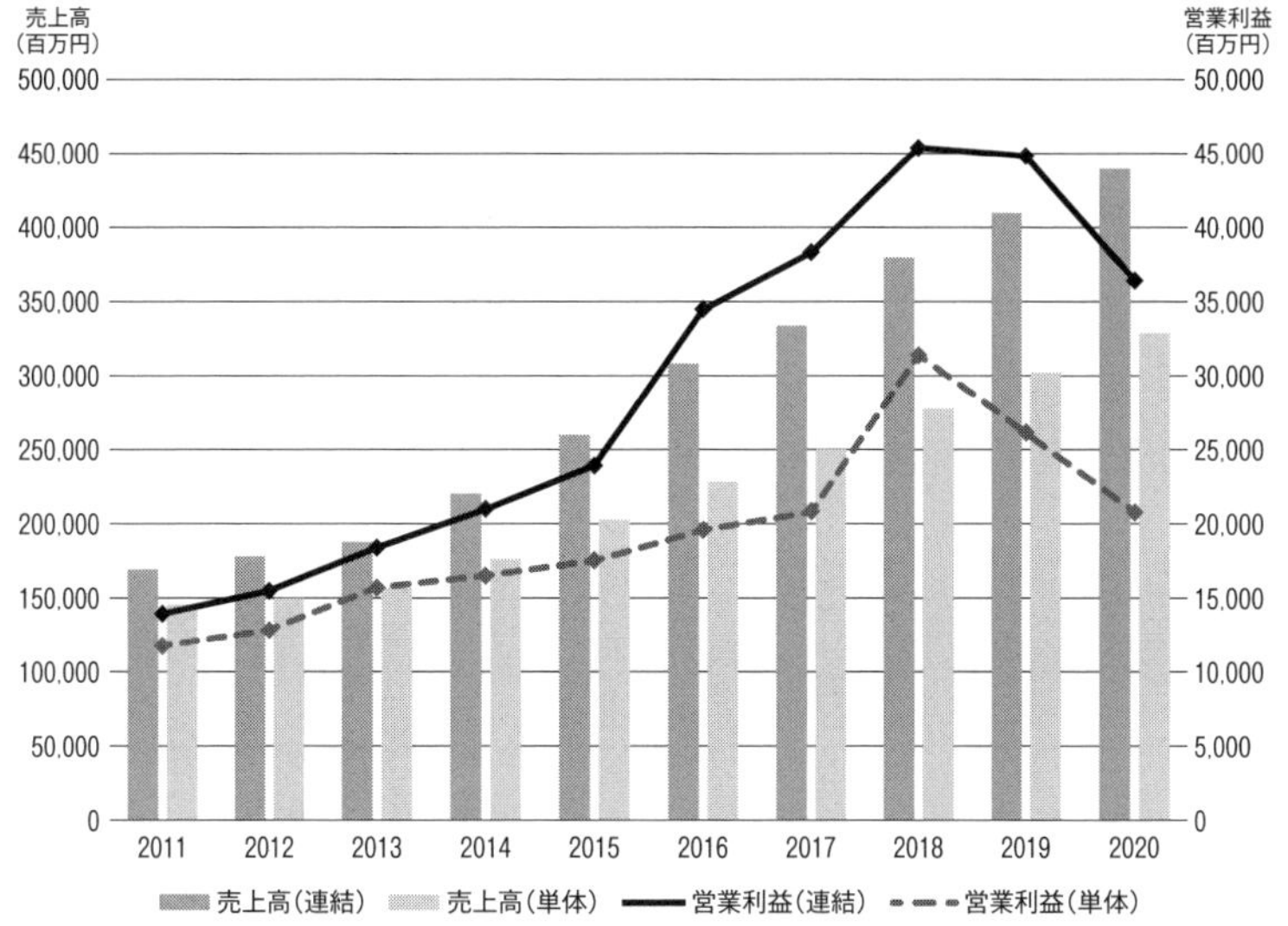

出典：良品計画「データブック（各年版）」より筆者作成。

図７－２　店舗数および売上高（連結）の海外割合の推移

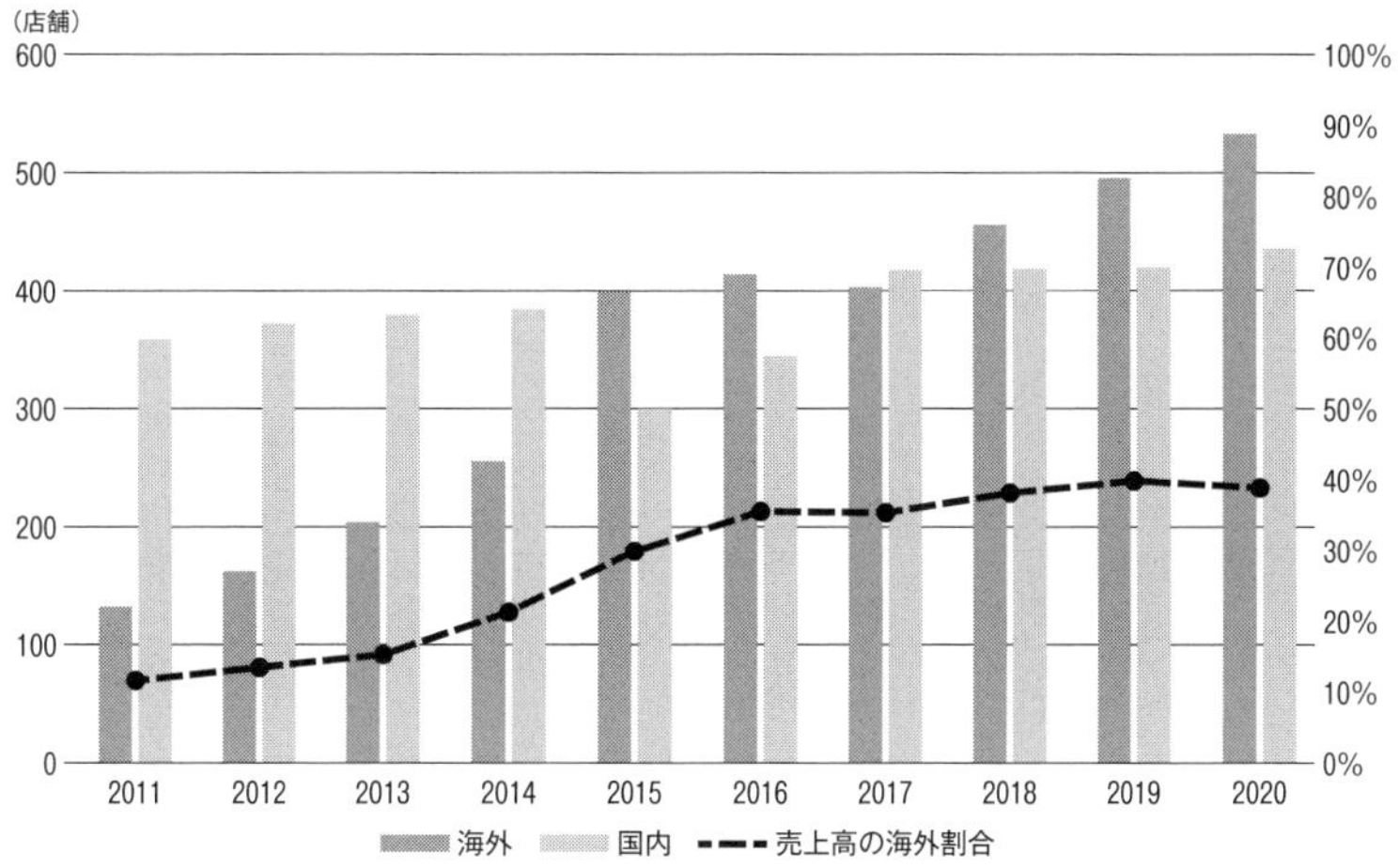

出典：良品計画「データブック（各年版）」より筆者作成。

海外出店計画のノウハウを社内でマニュアル化したことが、着実な出店を促すことにつながった［松井 2015: 5–6］。[1]

図7－2は、最近一〇年間の良品計画の店舗数および売上高（連結）に占める海外割合の推移である。店舗数について見ると、日本国内はおおむね三〇〇店舗から四〇〇店舗で推移しているものの、海外の店舗数は、二〇一七年二月期を例外として、ほぼ毎年増加傾向にある。二〇一五年二月期には、海外の店舗数が国内の店舗数を上回った。こうした海外の店舗数の急速な増加は、良品計画グループの海外事業の拡大を如実に示すものである。海外事業の重要性は今後ますます増大していくことが予想される。

（2）消費社会の合理化

無印良品の誕生は一九八〇年一二月である。当時の消費社会に対する「二重のアンチテーゼ（対案）」として企図されたブランドであった。[2]アンチテーゼの一つは、華美で高価な海外ブランドに対比される「無印」である。もう一つは、低価格で粗悪な商品に対比される「良品」である［良品計画 2010: 128; 金井 2010: 14］。無印良品は、しばしば反体制商品としても位置づけられた。無印良品を立ち上げた一人である堤清二によれば、「反体制」とは、アメリカ的な豊かさとファッション性に対する異議という意味である［堤・三浦 2009: 99–100］。アメリカ的な物質主義の文化を築くのではなく、また、機能や品質よりも記号性を重視するファッション文化を築くのでもない。こうした当時の支配的な消費文化に対抗する商品を開発することが、無印良品の目指すところであった。

無印良品の基本方針は、品質が確かなアイテムだけを、ノーブランドかつ手頃な価格で提供するというものである。無印良品は、この消費社会に対する対案を「合理性」という言葉を用いて発信してきた。「わけあって、安い。」これは無印良品の最初の広告に書かれたキャッチフレーズである［良品計画 2010: 29］。この言葉には、無印良品が当初から追い求めてきた合理性という訴求点が集約されている。その場合の合理性には二つの側面がある。一つは、無駄を省き商品の機能性を重視するという生産の論理としての合理性である。もう一つは、消費者の納得を重視するという消費の論理としての合理性である。無印良品は、こうした機能性と納得性という二つの合理性を、「わけ」という一つの言葉で表現した。以下、それぞれを「機能的合理性」および「納得的合理性」と呼ぶことにする。

無印良品は、発足時から今日に至るまで、過剰や無駄や装飾を徹底的に省き、商品デザインの機能性を追求してきた。その帰結として、品質を損なうことなく、低価格を実現してきた。無印良品には、ものづくりに関する三つの原則がある。「素材の選択」、「工程の点検」、「包装の簡略化」である。こうした無印良品の生産方針は、機能的合理性の追求といえる。無印良品の商品には、それぞれの「わけ」がある。個々のわけは、ものづくりの過程で様々な努力や工夫を通じて実現された機能的合理性を体現している。

無印良品はまた、販売戦略として、価格の安さや品質の良さを提供できる理由を、消費者に積極的に説明してきた。「われ椎茸」や「フレーク鮭水煮」は、無印良品の初期を代表する商品である。椎茸は割れていても風味は同じである。鮭の身は不揃いでもおいしさは変わらない。このようなわけを消費者に説明して、良質で安価な商品を販売した。こうした無印良品の戦略は、納得的合理性の追求といえる。価格の妥当性や品質の良さの論理的な根拠が提示されるため、消費者は納得して商品を購入することができる。

無印良品は、これら二つの合理性、すなわち機能的合理性と納得的合理性を同時に追求するために、一般の消費者の意見やクレームを丹念にすくい上げた。商品開発の段階に消費者の意見を反映させる取り組みは、すでに無印良品の前身ともいえる西友ストアーのプライベートブランドの開発においても重視されていた。西友ストアーは、一九六〇年代末からプライベートブランド（「ウエストパック」「西友清浄野菜」など）の開発や販売を開始しており、一九七七年一〇月には「SEIYU LINE」を総合ブランド名とし、統一的に事業を展開していた［橋本／小山 1991: 160–161］。[3] SEIYU LINE の開発過程では、商品科学研究所の協力のもとで、主婦の意見が反映される仕組みが作られていた［由井／田付他 2010: 87］。商品科学研究所は、豊かな社会におけるより良い消費生活のあり方を追求するために、西武流通グループの後援で一九七三年一〇月に設立された。堤清二はその理事の一人であった。

SEIYU LINE の基本コンセプトは、無駄を省き、商品本来の機能のみを追求することで、良品廉価を実現することである。そこにはすでに、無印良品の基本コンセプトの原型が表れていた。SEIYU LINE の開発には、後に無印良品の立ち上げメンバーとなる田中一光と小池一子が携わっている［橋本／小山 1991: 161; 西川 2015a: 149］。無印良品は、この西友ストアーの取り組みを受け継いで、消費者がものづくりの過程に参加して、消費者が納得のいく商品を開発する仕組みを築いていった。[4]

（3）消費者の自由

無印良品はさらに、消費者主権という理念を掲げた。自立した消費者一人ひとりが自由に考え、自分が納得できる消費生活を送る。こうした理想の消費生活の実現に向けて消費者を支援したいという思いが無印良品の消費社会批判には含まれていた。堤は「無印良品は何を訴求したいと思っていたかと言うと、それはただ一点、消費者主権なんです」［堤／三浦 2009: 100］と述べている。[5] 堤のいう消費者主権とは、消費者たちが日々のくらしの中で自由に創意工夫を発揮できる余地を確保することである。それは、消費の自由を通じて、多様な消費生活の実現を目指すものである。そこには生産者に対して消費者の立場を強くしようという政治的な意味合いは含まれていない。無印良品は、人びとの自由や自律を後押しするような商品アイテムを、消費者に選択肢として提示する。主体はあくまで消費者であり、商品アイテムの使い方や組み合わせは消費者に委ねられる。堤は、消費者の自由の確保こそが無印良品の存在意義であり、そしてまた消費社会批判の規準であるべきであると主張した［鈴木 2018：42–43］。

二〇〇〇年代に入ると、無印良品は、簡潔さという方向性を突き詰める中で、そこに新たな自由の意味を見出していく。その契機となったのは、二〇〇一年一二月に立ち上げられたプロジェクト「無印良品コンセプトファクトリー」である。当時は企業業績の悪化を受けて、無印良品のコンセプトや開発手法を再検討することが求められていた［西川 2015c：149–150］。プロジェクトのリーダーを任されたのは、後に社長となる金井政明であった。金井は、アドバイザリーボードの原研哉や深澤直人らとの議論を通じて、無印良品のコンセプトの明確化に取り組んだ[6]。その理念は、二〇〇三年に発表された「無印良品の未来」という広告に表れている［日経デザイン編 2015：180］。無印良品はこの頃から、ノーデザインではなく、「素」を旨とする究極のデザインを目指すようになる。

無印良品が見出した究極のデザインの理念は、「空っぽの器（エンプティネス）」という価値である。空っぽの器とは、究極の自在性を意味する表現である。無印良品の本質は、主張ではなく受容にある［原 2010：118］。空っぽ（エンプティ）であるからこそ、すべてを受容できるという逆説的な発想から、無印良品はあらゆる消費者のニーズやスタイルに対応しようとした。たんなる簡潔さではなく、究極の簡潔さとしての空っぽという価値を追求することで、消費者の自由の拡大に寄与することができる。そこには、自立した自由な消費者を育てるという狙いが含まれている。究極のデザインは、どのような用途にも対応できる自在性を有している。無印良品のアイテムは、人びとが思い描く理想の消費生活のイメージに合わせて、その用途を変えることができる。消費者の様々なイメージや思いに寄り添い、消費生活の多様性を尊重するという無印良品の姿勢がそこには表れている。

もちろん、無印良品の商品には統一性がある。しかし、その統一性は、何らかの消費様式を消費者に押しつけるものではない。無印良品の統一性は、自由で多様な消費生活を受け入れる点にある。無印良品は鏡のようなものである。消費者は無印良品の中に、自身の可能性を読み取る。そして、消費者たちが読み取った可能性は、無印良品にフィードバックされ、新たな商品開発を促し、消費における自由と合理化の好循環を生み出していく。原はこのような好循環を「欲望のエデュケーション（教育）」と呼んでいる［原 2010：118］。欲望のエデュケーションとは、無印良品が人びとに向かって何らかのメッセージを一方的に教え込むことではない。多くの人びとが無印良品との係わりを通じて、知らず知らずのうちに欲望の方向性を変化させ、自発的に消費生活への反省的意識を持つようになることである。

（4）普通のくらしの論理

無印良品は、機能的合理性と納得的合理性の二つを追求しつつ、空っぽの器すなわち究極の自在性という価値を、消費者の生活に定着させようと企てた。無印良品の思想の根底には、二つの合理性と、空っぽの器が持つ自在性がある。

無印良品は、自由な消費者たちが充足感を持って日々の生活を見つめることができるように、新たな生活様式を打ち出していく。無印良品のウェブサイト「What is MUJI?」では、「これがいい」ではなく「これでいい」と思えるような、理性的で節度のある満足感の重要性が説かれている。理性的で節度のある満足感は、無限の欲望に駆られたファッション性の追求とは反対に位置する価値観である。なぜならそれは、消費に事件性や新奇性を求めず、ごく普通のモノの中に中庸のデザインを追求することを意味するからである。抑制のきいた中庸の消費、すなわち普通のくらしの中に、理性的な美しさを感じることができる生活様式を無印良品は提案するようになった。

無印良品は「What is MUJI?」の中で、いつも変わらずに生活の基本と普遍とを提示し続けていくと述べている。

消費者からの多様な意見や評価を受容しつつ、消費者とのコミュニケーションを通じて商品開発を行う一方で、消費社会批判というスタンスも無印良品は捨てていない。無印良品の強みは、合理性と自在性の追求に裏打ちされた、普通のくらしの良さを繰り返し提示できるところにある。普通のくらしの中に合理性や自由の要素が豊かに感じられるために、人びとは消費生活に充足感を覚え、節度のある自己の消費様式に自信と誇りを持って、「これでいい」といえるようになる。

無印良品は折に触れて、『無印の本』（一九八八年）や『素手時然』（二〇一五年）などのコンセプトブックを発売してきた。『無印の本』では、「自然と。」「無名で。」「シンプルに。」「地球大。」という四つのキーワードが示され、『素手時然』はタイトルの四文字それぞれがキーワードとなっている。こうしたキーワードは、一見雑多でまとまりがないようにも見えるが、無印良品の価値観に広がりを与えている。無印良品が追求する諸価値の構図を示すと、図7－3のようになる。空っぽの器という価値が中核にあり、これが消費者の自由、すなわち多様な消費様式の希求を許容する素地となっている。空っぽの器は同時に、究極の自在性を表している。空っぽの器という自在性を具体的に商品化する際に、重要な手段的価値となるのは、合理性（機能性および納得性）である。機能美、自然、低価格、無名性、簡潔、地球大など、その他の価値は、合理性と自在性を追求する過程で派生したものである。

無印良品は、図7－3のような諸価値の構図を自覚的に展開することで、多くの消費者の思いに応えることができると考えている。「What is MUJI?」では、この諸価値の構図について、次のように説明している。

> 極めて合理的な生産工程から生まれる無印良品の商品はとても簡潔ですが、／これはスタイルとしてのミニマリズムではありません。言わば「空っぽの器」のようなもの。／単純であり空白であるからこそ、あらゆる人々の

図7－3　無印良品が追求する諸価値の構図

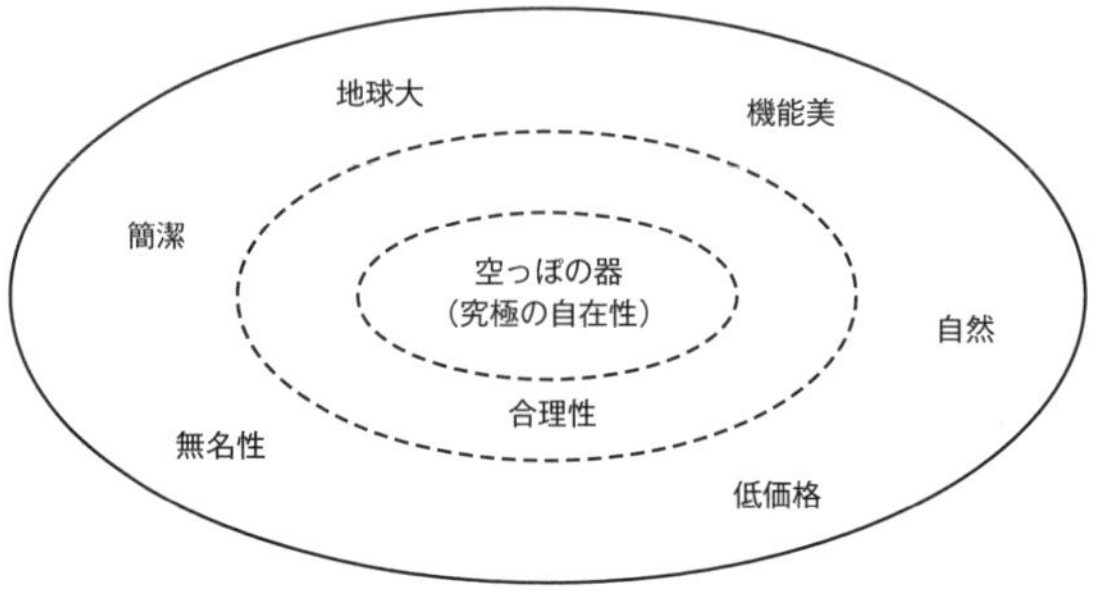

出典：筆者作成。

思いを受け入れられる究極の自在性がそこに生まれるのです。／省資源、低価格、シンプル、アノニマス（匿名性）、自然志向など、いただく評価は様々ですが、いずれにも偏ることなく、／しかしそのすべてに向き合って無印良品は存在していたいと思います［無印良品ウェブサイト「What is MUJI?」］。

無印良品はさらに、こうした諸価値の根底に日本の伝統美とのつながりを見出し、とりわけ海外市場において、日本らしさという魅力を訴求しようとしている。例えば、二〇〇五年のキャンペーン「茶室」は日本文化とのつながりをとくに強調したものになっている。同キャンペーンでは、慈照寺・東求堂の書院「同仁斎」や大徳寺・玉林院の茶室「霞床席」などを紹介し、和室や茶の湯に見られる簡素な造形への美意識を日本独自の価値として高く評価している［良品計画 2010: 132–135］。

2　普通のくらしがもたらす消費社会の変容

（1）　規範としての普通と清潔なくらし

これまで見てきたように、無印良品は、生活の基本と普遍を提示し続けていくという方向性を踏まえて、普通のくらしを「これでいい」と自信を持って肯定できるような、新しい消費文化を提案している。無印良品は、普通のくらしに関する人びとの美意識や倫理観の底上げを図りながら、理性的な満足へいたる消費生活の土台作りを展開している。

　こうした普通のくらしの追求は、その一つの帰結として、消費生活に「清潔」という規範を組み込む。清潔とは正常性を表す規範である。正常性は普通であることと言い換えることができる。すなわち、普通であることを規範として志向する態度や行動が清潔となる。そこには二つの側面がある。その一つは衛生である。医学的かつ物理的な「清さ」である。もう一つは、浄化・美化・洗練といった精神的な諸価値である［Smith 2007: 邦訳 13］。清潔とはつまり、物質的な汚れ（ヨゴレ）と精神的な穢れ（ケガレ）の二つに係わる規範的な価値である。正常性の規範としての清潔は、「整序的清潔」と「忌避的清潔」の二つに分けることができる［鈴木 2018: 157–158］。

　ここで整序的清潔とは、「いつも通り」という普通が望ましいとする規範である。その特徴は、正則性の保持という点にある。この規範的作用は、M・ダグラスが環境の組織化やものごとの体系的秩序づけとの関連において指摘した清潔の論理である［Douglas 1966: 邦訳 33, 103］。正則性の保持とは、通常のモノの空間的配置や組み合わせ、あるいはものごとの実施や計画に関する時間配分や手順の段取りの適切性などにこだわる規範性である。それはルールの侵犯に係わる規範性であると言い換えることもできる。

　これに対して忌避的清潔は、「目立たなさ」という普通が望ましいとする規範である。その特徴は、非顕示性の保持という点にある。この規範的作用はN・エリアスが不快なものの忌避や隠蔽との関連において指摘した清潔の論理である［Elias 1969: 邦訳 148, 260–261］。非顕示性の保持とは、作法や身だしなみなどの趣味の良し悪しや社交での振る舞いの良し悪しにこだわる規範性である。それは同調性の侵犯に係わる規範性であるといえる。

　このように清潔には、「いつも通り」と「目立たなさ」という二つの規範的価値がある。無印良品が追求するのは、まさにこれら二つの価値である。無印良品は、二〇〇八年のキャンペーン「やさしくしよう」の広告文の中で、清潔を日本独特の生活文化の特徴であるとし、「清楚な空間や隅々まで気を行き届かせる配慮。そこに価値を置く文化が私たちの文化なのです」〔良品計画 2010: 138-139〕と述べている。こうした美意識としての文化は、清潔の規範そのものである。日本の美意識には、清潔に価値を置く生活文化が蓄積されている。無印良品の商品アイテムやコンセプトは、とくに海外から「日本的」と評されることが多い。日本的な特徴を形作る重要な要素の一つは、清潔の規範である。清潔は普通のくらしの中に見出すことができる。

（２）生活のルーティン化とリズムの快楽

無印良品は、「いつも通り（整序的清潔）」と「目立たなさ（忌避的清潔）」という二つの価値を、具体的にどのように商品や商品開発に体現してきたのだろうか。

整序的清潔は、ルールの侵犯に係わる規範性である。整序的清潔は、いつも通りであること、あるいはいつも通りにすることによって、モノの配置やコトの手順などの秩序づけを保持することを求める。その規範は、生活の秩序に対する綿密な配慮として表れる。例えば、掃除や片付け、モノの配置や扱い方などに対する配慮である。清潔なくらしにおいては、こうした秩序への配慮が適切なかたちで実践されなければならない。

そのための一つの方法は、ものごとのルーティン化（あるいはマニュアル化）である。ものごとのルーティン化には従来、否定的なイメージが付きまとってきた。決められた作業を繰り返すだけで何の楽しさも意外性もないといったイメージや、だれがやっても同じ結果になるので個性の発揮がないといったイメージである。確かに、強制的にやらされるルーティンに対しては、こうした批判が当てはまるかもしれない。しかし、ものごとのルーティン化には、自律的な側面もある。

自律的に従うルーティンとは何か。それは成就的（コンサマトリー）な行為である。成就的な行為とは、行為それ自体の遂行を第一の目的とするものである。例えば料理は、食事をするための手段的な行為にすぎないともいえるが、見方を変えれば、それ自体が楽しい行為であり、第一の目的となりうる。成就的な行為において、行為の結果は、それほど重要な意味を持たない。行為それ自体を、どれほど上手にやったか、あるいはどれほどその行為に没入できたか、といった要素が重要となる。そこでは行為過程の様式性や実行順序、さらには手続きの適切性や、振舞いの完璧さなどに対するこだわりが生まれる[7]。

私たちの日常生活は、たんなる手段的な行為ではなく、それ自体が目的となる成就的な行為の集合である。私たちは日常のルーティン行為を通じて、その行為の成就性を高めていく。ルーティンの反復を通じて、より洗練された所作やモノの繊細な扱い方ができるようになり、その行為の手順や過程に熟達するようになる。成就的な行為が半ば自然に遂行されるまでに熟達するとき、それを習慣と呼ぶことができる。習慣としての成就的行為には、ある種のリズムが付随する。それはその人なりの行為のリズムである。自律的なルーティン化とは、そのような自分だけのリズムに自発的に従うことである。音楽やダンスと同じように、成就的行為のリズムに積極的に身をまかせることでそこに快楽が生じる。その快楽はある種のグルーヴとしての高揚感である。日常の生活の中で、特定の習慣を半ば自然に反復的に遂行できる環境が保持されているならば、私たちはそのくらしを「これでよい」と充足感を持って肯定することができる。普通のくらしのルーティンをこなす中に、リズムに乗るような快楽を感じることができるからである。

整序的清潔の追求にはこのように、行為のルーティンのリズムを中断したり乱したりしないように環境を整序するという規範が含まれている。

無印良品の商品開発は、こうした整序的清潔の規範と親和的である。親和性を示す一つの例は、「くりかえし原点、くりかえし未来。」という無印良品のメッセージである。無印良品は掃除に似ている。掃除とは、生活空間の心地よさを保つための繰り返しの営みである。

> 隅々まで掃除が行き届いていること。これが日本の家屋や庭の心地よさの基本です。いかに豪華であっても掃除がいい加減だと心地よさは生まれません。逆に、つくりは簡素でも、掃除がきちんと行われていることで、家や庭はとても気持ちよく美しく感じられます。……調度や寝具は必要な時に出して使い、座敷はできるだけ何もなく簡潔なしつらいが配慮されてきました。ものを沢山見せるのではなく、最小限であることが心地いいと考えられてきたからです［無印良品ウェブサイト「くりかえし原点、くりかえし未来。」］。

ここでいわれている掃除とは、たんに物理的な汚れを落として空間をきれいにすることではない。整理整頓や無駄を省くこと、あるいは汎用性の高い簡素な空間づくりなどの意味合いも含まれている。掃除とは、空間の整序である。空間を整序して、いつも通りの状態を復元することである。この点において、掃除は成就的な行為である。無印良品が掃除に似ているのは、どちらも正則性の保持を志向する成就的な行為に係わるためである。

いつも通りという普通の規範は、人びとが自分なりに「これでいい」と思える商品群を配置した生活空間を作り上げるための動機を構成している。具体的には、長く使えるモノや汎用性のあるデザインのモノ、何気なく使っても安全なモノなどへの志向として消費者の購買行動に影響を与える。特段何も意識することなく半ば自然に反復される行為の連関が、いつも通りとしての生活習慣を形成する。いつも通りの生活習慣は何か特定の目的を目指して行われるものではない。それは成就的な行為である。成就的な行為は、反復されることで自然な所作として身についていく。そのとき生活習慣は、全体として一つのリズムを作り出す。いつも通りの生活のルーティンにリズムの快楽が伴う。そのリズムを崩さずに一連の行為をスムーズに遂行できるようにするモノの集積や配置がなされているとき、人びとは普通のくらしにこれでいいと納得できるようになる。

　無印良品において、このような理念を示すのが、オブザベーション（観察）と呼ばれる商品開発の手法である。オブザベーションとは、開発に係わるスタッフがチームを組んで、実際に一般の家庭を訪問し、生活用品がどのように使われているかを観察する手法である［日経デザイン編 2015: 15-13, 18-19］。ありのままのくらしの中でのモノの配置や使用法を観察して、気づいたことや疑問を持ったことなどについて、その家の人びとに聞き取りをする。オブザベーションは、人びとの無意識の生活習慣に関する気づきを共有化し、局所的なノウハウとして埋もれていた利便性などを認知的知識として一般化する作業であるといえる。オブザベーションでの気づきを活かすことで、生活のリズムをよりスムーズにしたり、整理整頓をより簡潔にしたりする商品の開発につなげることができる。自然で簡潔なデザインや機能性を持つモノの提案を通じて、生活の自律的なルーティン化を促進し、いつも通りのくらしをより快適なものへと作り変えていく支援をするという無印良品の姿勢が、オブザベーションの考え方の中に反映されている。

（3）用の美と無名性の快楽

　ここまで「いつも通り（整序的清潔）」という規範をめぐる無印良品の取り組みについて見てきた。ではこれに対して「目立たなさ（忌避的清潔）」という価値について、無印良品はどのような経営戦略を展開しているだろうか。忌避的清潔は、目立たないこと、あるいは目立たなくすることを通して、周囲との調和を求めるものである。それは言い換えれば、非顕示性の保持という規範である。できるだけ目立たないように生活することは、日々のくらしに平穏をもたらす。日々のくらしを平穏に送るためには、それを機能的に支える適切な日用品の利用が欠かせない。どのような日用品がそうした用途にふさわしいであろうか。

美の本質は、普通のくらしの中で用いられる日用品の中にある。そのように主張したのは、柳宗悦である。柳は、無名の職人が作った工芸品を「民芸」と名づけて、仲間と共にその魅力を発信する活動（いわゆる民芸運動）を一九二五年から展開した。無印良品と柳には、いくつかの接点がある。その一つは、無印良品による柳のテキストの紹介である。無印良品が展開する「MUJI BOOKS」の中に、「人と物」という選集の文庫本シリーズがある。その一冊目が『柳宗悦』である。柳は、花森安治および小津安二郎と共に「もの、ひと、くらしの飾らない本来の姿を見つめつづけ、それぞれの立場から考え、発信した三人。」［無印良品ウェブサイト「文庫本『人と物』」］とみなされている。また『素手時然』の中でも、柳の『民芸とは何か』のテキストが引用されている。もう一つは、アドバイザリーボードの深澤とのつながりである。深澤は二〇一二年から現在まで、柳が設立した日本民芸館の館長を務めている。「日本民芸館の館長になるということ」というテキストの中で、深澤は無印良品での自身の仕事に言及し、民芸運動との共通性について述べている。もう一人のアドバイザリーボードである原も、『日本のデザイン』の中で、柳（および柳宗理）の考え方や活動に共感を示している［原 2011: 49］。

柳が民芸に見出した美は、「用の美」と呼ばれる。用の美とは、生活用品が備える実用に適した機能美のことである。実用から離れて工芸はない。また、実用から離れて工芸の美はない。柳はこの原則を「用美相即」や「用美一如」と表現した［柳 2006: 67, 70］。美しい国を実現するためには、民衆と美とを近づけなければならない。民衆の普通のくらしの中に美を埋め込まなくてはならない。これが柳の信念であった［柳 2006: 94］。そのための重要な役割を担うと期待されたのが用の美を持つ民芸であった。

柳が機能美を持つ民芸を高く評価したのは、そこに普通であることの美しさを認めたからである。民芸の美しさは、健全・健康であると柳はいう。用とは奉仕である［柳 2006: 68］。実用品である民芸は、人びとの普通のくらしの用途に仕えている。民衆の用途に仕えるためには、モノは丈夫でなければならない。また、仕えるものは華美であってはならない。高価であっても希少であってもいけない。こうした用途への奉仕という民芸の本質が、その美を健全・健康なものに作り上げる。健全・健康という価値は、普通であること、すなわち正常性の規範につながる。柳は次のように述べている。

> 健康ということは無事であることであり、尋常であることを意味します。一番自然な正当な状態であることであります。この世にどんな美があろうとも、結局「正常の美」が最後の美であることを知らねばなりません。凡ての美はいつかここを目当てに帰って行くのでありまして、「正常」というと何か平凡なことのように取られるかも知れませんが、実はこれより深く高い境地はないのであります［柳 1985: 237］。

用の美には加えて、無名性という特徴がある。すぐれた民芸の多くは無銘（無名）の品である。無名性には、美の追求において、大きな利点がある。個人の範囲を超え出るという利点である。無名性は、個を解放して、集団や組織の伝統へと連なることで、より自由な個性を発揮させる。柳はそれを秩序の美と呼んでいる［柳 2005: 193–195］。組織や伝統に従うことは、自由の美へといたる方途であり、反対に個に固執することは、かえって自我への拘束となる。秩序の美に従うことは、作為を離れて自然の理法に従うことでもある。この意味において無名性は、組織の法則と自然の法則とに準じて自由な美を追求することに結びつく。

無名性は、非顕示性と言い換えることができる。個としての差異や特殊性へのこだわりを捨てて、普遍や一般に連なることが非顕示的な普通のくらしである。機能性にすぐれた非顕示的な生活用品は、人びとに自信に満ちた自由で堅実な消費生活を保証する。非顕示的な消費は、過度のファッション性や装飾性などから離れて、不必要に個性を競わない。そのため、人びとは非顕示的な消費を通じて、自己の基準で選んだ生活様式に長く充足できるようになる。普通のくらしに軸足を置きつつ、新しいことにも柔軟に挑戦できるようになる。そこには非決定の心地よさと匿名性の気軽さという無名性の快楽が伴っている。

無印良品が追求する機能的合理性という価値は、用の美や民芸に着目する柳の思想や活動と親和的である。機能的合理性と用の美とは、どちらも日常のありふれた生活用品に、美の本質を見出すものである。無印良品のアイテムは機能的合理性に基づき、生活の基本と普遍を体現することを企図して開発される。それは日々のくらしの平穏をさりげなく、非顕示的に支えるようにデザインされている。消費において非顕示性を追求すればするほど、その様式から夾雑物《きょうざつぶつ》や無駄な部分が取り除かれ、生活の基本と普遍を志向するより純粋な要素だけが残っていく。普通のくらしの空間は非顕示的であるがゆえに、清潔な空間となる。無印良品のアイテムやその組み合わせが生活空間に清潔さを付与する一つの理由は、それらのアイテムが周囲のモノとも調和しつつ、普通のくらしの非顕示性を保持する機能を果たすからである。そこには目立たなさという忌避的清潔の規範が作用している。

無印良品は、用の美に配慮した実用品を生活空間に配置する普通のくらしを目指す点で、日本の民芸文化を継承している。日々のくらしになくてはならないモノが過不足なく揃い、それらのモノそれぞれが、その機能的合理性を非顕示的に発揮することで普通のくらしの平穏は守られる。消費者は普通のくらしの中で、無名性の快楽と秩序の美の恩恵とを享受する。そのような生活空間は、デザインされた非顕示性のために、簡素で清楚な空間となる。

おわりに

以上、本章では無印良品の経営戦略を取り上げて、「普通のくらし」が持つ新しい消費文化的な意義を論じてきた。無印良品の中核には、合理性（機能性と納得性）と自在性（空っぽの器）という二つの価値がある。この二つの価値に裏打ちされるかたちで、簡潔や自然や無名性といった他の価値が派生してくる。そして、これらの価値は全体として、無印良品のブランドイメージを構成している。これらの価値はまた、消費者が無印良品を通じて、自己の生活様式を希求する際のイメージでもある。

無印良品は、一方では「空っぽの器」を提案することで、消費者の多様で無定形な欲求をすくい上げてきた。また他方では、その空っぽの器を「素」として、普遍的で健全な「普通のくらし」を提案してきた。言い換えれば、空っぽの器によって、消費者の多様な欲求と普通のくらしを両立させようとしてきた。無印良品が提案する生活様式の基本にあるのは、自由な発想と合理化の論理の融合が生み出す生活の素の様式性である。それは「普通を究めるくらし」の様式性であるといえる。

普通であることが規範として追求されるとき、それは清潔の規範となる。無印良品は、清潔という規範が日本の伝統文化の重要な要素であることを踏まえて、清潔な日本文化のイメージを海外の事業展開において積極的に訴求点として活用している。普通のくらしを究めることは、生活空間の清潔を考えることでもあり、日本の伝統文化の美的感覚を見直すことでもある。

> すべての工芸家は「平常心」に活きねばならぬ。来るべき工芸は普通のものを作ることに躊躇してはならない。なぜなら、かかるものを作る場合ほど、美しさが慥《たし》かとなる場合は決してないのであるから。かかる平易な道が、与えられた工芸の道なのである［柳 2005: 149］。

柳はかつて、工芸の美が普通のくらしの追求にかかっていることをこのように述べていた。無印良品はこの柳の思想を受け継いで、普通を究めるくらしを提案している。普通のくらしには、きらびやかな消費生活とは別の快楽がある。正則性を保つことは、行為の成就性を高め、そこに生まれる生活のリズムには快楽が伴う。また、非顕示的な消費をすることは、個人という限定性を超え出ることを可能とする無名性の快楽が伴う。こうした快楽を伴う消費は、成熟した今日の消費文化の一つの到達点といえるかもしれない。それはまた、日本の民芸文化が持つ用の美の普遍性を、グローバルな規模で発展させる試みでもある。日本の伝統的な民芸文化を継承する無印良品は、普通のくらしを志向するグローバルな普遍性を持った新たな消費文化を切り拓いているといえよう。

もちろん、こうした普通のくらしを追求する消費文化の担い手は、無印良品だけではない。その他のブランドの多くの商品もまた、普遍的で健全な普通のくらしを支えている。本章では、そうした事例の一つとして無印良品の分析を行った。より広い視野で普通を志向する現代の消費文化の展開を検討することは今後の課題としたい。

注

1　松井忠三によれば、良品計画の社内には「MUJIGRAM」と「業務基準書」という二つのマニュアルがある［松井 2015: 4–5］。

MUJIGRAMは店舗で使用するマニュアルで、業務基準書は店舗開発部や企画室など本部で使用するマニュアルである。松井は良品計画の業績が悪化していた二〇〇一年一月に社長に就任し、業務のマニュアル化などを推進して同社の業績回復に成功している。

2　無印良品は株式会社西友（当時は西友ストアー）のプライベートブランドとして、家庭用品九アイテム、食品三一アイテムの計四〇アイテムからスタートした。無印良品はその後、西友からの独立性を強めていく。一九八三年六月に最初の専門店「無印良品青山」をオープンし、一九八五年九月にはフランチャイズチェーン（ＦＣ）の本格展開を見据えて無印良品事業部が設立されている。そして一九八九年六月に株式会社良品計画が設立され、西友からの独立を果たし現在に至っている。無印良品の初期の歴史については西川［2015a, 2015b］にまとめられている。

3　西友ストアーはSEIYU LINEの後も、新たなプライベートブランドを次々と手がけている。一九八〇年に無印良品、一九八一年に「古郷銘品」、さらに一九八三年に商品科学研究所との共同開発による「主婦の目」、一九八四年に「グルメ専科」と「食の幸」といった具合である［セゾングループ史編纂委員会編 1991: 52-54, 60, 66］。

4　現在、「くらしの良品研究所」というコミュニティサイトを無印良品は運営している。同研究所は消費者との交流やコラボレーションの場を作る目的で二〇〇九年一一月に設立されたものである。消費者とのコラボレーションを通じて商品開発を行う一方で、無印良品の取り組みや理念などを消費者に周知する場として機能している。その背後には、消費者とのコミュニケーションを通じて、これからの消費や社会の在り方を共に考え、創り出していくことを重要視する無印良品の考え方がある。

5　こうした消費者の自由の確保という意味での消費者主権重視の背景には、堤の流通産業に関する考え方がある。堤は流通産業をマージナルな産業と捉えていた。マージナルとは流通過程において、生産の側の資本の論理と消費の側の人間（生活）の論理が結びつくという意味である［堤 1985: 301］。そのため流通産業は、つねに消費の論理や動向に気を配らなければならない。「流通業は消費者が何を期待し、どのような生活欲求をもつかを的確に解読し、それに答えていかねばならない。／『生活提案』ということがよく言われる。その場合、気をつけなければいけないのは、提案というとかっこうがいいけれども、押しつけになりはしないかということである。『提案』するのはあくまでも消費者であり、流通業者はその意味で本質的にマーケット・オリエンテッドでなくてはならない。その方向づけのない『提案』はかえって危険だ」［堤 1986: 220-221］とも堤は述べている。この引用から、消費者主権の概念は堤にとって流通産業を考えるための鍵概念でもあったことが窺える。堤はさらに、消費者という視点を超えて、生活者というより包括的な視点から企業と顧客、企業と社会とのつながりを考えることの必要性を認識していた。資本の論理ではなく人間（生活）の論理に根差した企業活動を生活総合産業として展開していくべきことを堤は論じている［堤 1992: 297］。

6　無印良品はこのプロジェクトを通じて、アドバイザリーボードの機能の見直しを行った。アドバイザリーボードとは、外部のクリエイターをメンバーとして構成された組織である。現在、無印良品では幹部社員とボードメンバーとが会するミーティングが毎月一回開かれているが、二〇〇〇年前後の一時期は形骸化していた。無印良品は、ブランド設立当初から外部のクリエイターの意見を商品開発に積極的に取り入れてきた。アドバイザリーボードは外部のクリエイターとの活発なやり取りを繰り返す中から、半ば自生的に立ち上がってきた組織である［日経デザイン編 2015: 113, 115］。当初のメンバーは田中一光、小池一子、杉本貴志、麹谷宏、天野勝の五名である。その中心はグラフィックデザイナーの田中である。田中は一九七三年よりセゾングループのアートディレクターとして活躍してきた。多くの受賞歴があり、一九九四年に、ニューヨークＡＤＣの殿堂入りと紫綬褒章の受章を果たした。さらに二〇〇〇年には、文化功労者にも選ばれている［無印良品ウェブサイト、「田中一光と無印良品」］。無印良品の設立において重要な役割を果たした田中は二〇〇二年一月に急逝する。二〇〇〇年代に入ると、原研哉と深澤直人が新たなメンバーとしてアドバイザリーボードに加わることとなった。原は、二〇〇二年より無印良品のアートディレクションを担当している。長野オリンピックの開閉会式プログラムや愛知万博のプロモーションなどを手がけたグラフィックデザイナーであり、現在は武蔵野美術大学教授も務めている［原 2008: 81］。一方、深澤も二〇〇二年よりアドバイザリーボードを務めている。二〇〇七年にロイヤルデザイナー・フォー・インダストリー（英国王室芸術協会）の称号を授与されるなどの経歴を持つプロダクトデザイナーであり、現在は多摩美術大学教授も務めている［良品計画 2010: 255; NAOTO FUKASAWA DESIGNウェブサイト、「Profile」］。アドバイザリーボードの機能の見直しが図られ、ボードメンバーの入れ替わりも生じた二〇〇〇年代初頭は、無印良品にとって大きな転機であったといえる。もっとも、無印良品の経営戦略は当然ながら、経営環境に合わせて時代と共に変化し続けている。八〇～九〇年代は合理性を追求するノーデザインの時代と総括することができる。次の〇〇～一〇年代は、生活の基本と普遍を追求する究極のデザインの時代と呼ぶことができる。さらに無印良品は近年、「感じ良いくらし」という考え方を強調するようになっている。それは、社会や自然とのつながりに配慮したサステナブルな消費生活の実践という要素を含むものであり、公共性への配慮をより前面に打ち出した生活様式の提案へと一歩踏み込んだ内容となっている。「感じ良いくらし」の実現という経営戦略を掲げた無印良品の商品開発や事業展開がどのようなものになるか。今後の動向が注目される。

7　成就的（コンサマトリー）の概念と対照をなすのは道具的（インストルメンタル）という概念である。成就的行為の焦点が行為の遂行それ自体に置かれているのに対して、道具的行為の焦点は行為の帰結に置かれている。手段—目的関係という視点から両者を見た場合、道具的行為は目的志向であり、成就的行為は手段志向であるということも可能である。登山を例に両者の特徴を比較してみよう。ある山の山頂に到達することを目的として登山が計画されたとする。道具的行為として登山を行う場合、例えばヘリコプターに乗って麓から山頂まで一気に移動すればよいことになる。ヘリコプターに乗るという行為の帰結として、山頂に到達するという当初の目的が達成できるからである。一方、成就的行為として登山を行う場合は、どのようにして山頂に到達するかという登山のプロセスが重要となる。例えば自分の足で歩いて登ることにこだわる人であれば、ヘリコプターや自動車などの乗り物を使って山頂に到達することはもはや登山と呼ぶことはできない。その個人にとっては、身体の疲労や険しい地形などの困難を自分の足で歩いて乗り越えた末に山頂に到達するというプロセス全体が登山とされるからである。なお、成就性を帯び易い行為の領域として、遊戯（ゲームやスポーツなど）、儀礼、社交、消費を挙げることができる［鈴木 2017: 75-78］。これらの行為は、結果よりも過程や遂行に、そして目的よりも手段にこだわる面が強いためである。

参考文献

Douglas, Mary［1966 → 2002=1972 → 2009］*Purity and Danger: An Analysis of Concepts of Pollution and Taboo*, London and New York: Routledge. メアリ・ダグラス『汚穢と禁忌』塚本利明訳、筑摩書房。

Elias, Norbert［1969=1977-78］*Über den Prozess der Zivilisation-Soziogenetische und Psychogenetische Untersuchungen*, 2 Bände, Bern: Francke Verlag. ノルベルト・エリアス『文明化の過程（上・下）』赤井慧爾他訳、法政大学出版局。

Smith, Virginia［2007=2010］*Clean: A History of Personal Hygiene and Purity*, Oxford: Oxford University Press. ヴァージニア・スミス『清潔の歴史　美・健康・衛生』鈴木実佳訳、東洋書林。

金井政明［2010］「『これがいい』ではなく『これでいい』」良品計画『MUJI　無印良品』ＤＮＰコミュニケーションズ、一四—一六頁、所収。

小池一子／原研哉編［2015］『素手時然』平凡社。

鈴木康治［2017］「消費行為の高度化についての理論的考察　成就的行為論との接点を中心に」『健康リスクに対する消費者の意識と行動についての実証研究　震災以降の東日本を中心に（科学研究費補助金研究成果報告書）』七二—八五頁、所収。

鈴木康治［2018］「清潔志向と消費様式の安定化に関する実証分析　非消費主義の概念を手がかりとして」『経済社会学会年報』

四〇号、一五六―一六五頁、所収。

鈴木哲也［2018］『セゾン　堤清二が見た未来』日経ＢＰ社。

西友［1988］『無印の本』リブロポート。

セゾングループ史編纂委員会編［1991］『セゾンの活動　年表・資料集』リブロポート。

堤清二［1979→1986］「流通革命を疑う」堤清二『堤清二・辻井喬フィールドノート』二一七―二二五頁、所収。

堤清二［1985］『変革の透視図　脱流通産業論』トレヴィル。

堤清二［1992］「生活総合産業論再考」セゾンコーポレーション編著『生活総合産業論　消費社会への接近視覚』二七九―二九八頁、所収。

堤清二／三浦展［2009］『無印ニッポン』中央公論新社。

NAOTO FUKASAWA DESIGNウェブサイト「Profile」https://naotofukasawa.com/ja/about/（二〇二〇年一〇月三〇日閲覧）。

日経デザイン編［2015］『無印良品のデザイン』日経ＢＰ社。

西川英彦［2015a］「無印良品の経営学　［第1回］無印良品の誕生」『一橋ビジネスレビュー』六三巻一号、一四八―一六三頁、所収。

西川英彦［2015b］「無印良品の経営学　［第2回］無印良品の拡大」『一橋ビジネスレビュー』六三巻二号、一三二―一四九頁、所収。

西川英彦［2015c］「無印良品の経営学　［第3回］無印良品の再生」『一橋ビジネスレビュー』六三巻三号、一〇四―一一八頁、所収。

橋本寿朗／小山周三［1991］『セゾンの歴史（下巻）』リブロポート。

原研哉［2008］『白』中央公論新社。

原研哉［2010］「無印良品のアイデンティティとコミュニケーション」良品計画『MUJI　無印良品』ＤＮＰコミュニケーションズ、一一八―一六九頁、所収。

原研哉［2011］『日本のデザイン　美意識がつくる未来』岩波書店。

深澤直人［2012］「日本民藝館の館長になるということ」http://www.mingeikan.or.jp/about/directors_statement.pdf（二〇二〇年二月七日閲覧）。

松井忠三［2015］『図解　無印良品は、仕組みが9割　仕事はシンプルにやりなさい』KADOKAWA。

無印良品ウェブサイト「くらしの良品研究所」https://www.muji.net/lab/（二〇二〇年一月二七日閲覧）。

無印良品ウェブサイト「くりかえし原点、くりかえし未来。」https://www.muji.net/message/2010.html（二〇二〇年二月一四日閲覧）。

無印良品ウェブサイト「文庫本『人と物』」https://www.muji.com/jp/mujibooks/archive_hitotomono.html（二〇二〇年二月七日閲覧）。

無印良品ウェブサイト「What is MUJI?」https://www.muji.com/jp/about/（二〇二〇年一月二二日閲覧）。

無印良品ウェブサイト「田中一光と無印良品」https://www.muji.net/ikkotanaka/#/quote1（二〇二〇年一〇月三〇日閲覧）。

柳宗悦［1928→2005］『工藝の道』講談社。

柳宗悦［1941→2006］『民藝とは何か』講談社。

柳宗悦［1948→1985］『手仕事の日本』岩波書店。

柳宗悦［2017］『柳宗悦　MUJI BOOKS人と物１』良品計画。

由井常彦／田付茉莉子／伊藤修［2010］『セゾンの挫折と再生』山愛書院。

良品計画ウェブサイト「データブック（各年版）」https://ryohin-keikaku.jp/ir/finance_results/databook/（二〇二〇年五月一六日閲覧）。

良品計画［1988］『無印の本』リブロポート。

良品計画［2010］『MUJI　無印良品』ＤＮＰコミュニケーションズ。

良品計画［2015］『素手時然』平凡社。

第8章　消費ミニマリズムの倫理――〈下からの啓蒙〉が変える消費社会

橋本　努

はじめに

博報堂買物研究所の分析によると、二〇一五年は消費社会の分岐点となった。この年を境に、人々はあまりモノを買わなくなったという。ネットで商品情報を検索しているうちに、欲求そのものが流れ去ってしまう。[1] 商品に関する情報を知れば知るほど、その商品をあまり欲しいと思わなくなってしまう。そのような現象がみられるようになったという。

この「欲求の流去」という現象と並行して、世間では最小限のモノで暮らす「ミニマリズム」への関心が高まった。ミニマリズムという言葉は、二〇一五年の流行語大賞の候補（五〇語）の一つにも選ばれた。この頃からネットでは、ミニマリストたちが綴るブログがよく読まれるようになり、その内容が今度は書籍として出版されるという現象が続いた。生活をできるだけシンプルにするというミニマリズムの運動が、にわかに人々の関心を集めるようになった。

もちろん、生活をシンプルにしようという運動は、さまざまな時代にあった。その思想は、ブッダやディオゲネスなどの偉人にさかのぼることもできるだろう。[2] あるいは中野孝次著『清貧の思想』［中野 1992］は、日本人の清貧生活について、その系譜を伝えている。シンプルかつ清貧に生きるという理想は、人類史とともに古いといえる。しかしでは二〇一五年になって、なぜ消費のミニマリズムが注目されるようになったのか。本章では、この現代版のシンプル生活の現象を読み解きながら、消費社会において「消費しない生活」とは何かという問題に迫りたい。

1　消費ミニマリズムの時代

(1) こんまり現象——日本発の世界ブーム

毎年「世界で最も影響力のある一〇〇人」を公表しているアメリカの雑誌『ＴＩＭＥ』は、二〇一五年、日本人のなかから小説家の村上春樹とともに、近藤麻理恵をその一人に選んだ。近藤麻理恵は、二〇一一年に刊行した「片付けマニュアル」の本、『人生がときめく片付けの魔法』（サンマーク）で世界的にブレイクしたのである。同書は世界四〇カ国以上で翻訳され、シリーズの累計で一、〇〇〇万部以上も売れている。

「こんまり」の愛称をもつ近藤麻理恵によれば、モノを捨てるかどうかは、実際に触れて「ときめく」かどうかで判断するといいという。「ときめき」を感じなければ捨ててかまわない。捨てるときは、一気に捨てたほうがいい。近藤が唱える片づけ技術の要点は、およそ以上に尽きるのであるが、彼女の本は、世界中の人々から共感をもって迎えられた。近藤は「禅」の思想には触れていないけれども、アメリカでは、仏教や禅に興味のある人たちが彼女の本をまず手に取ったようである。[3] ニューヨーク・タイムズ紙は著者の近藤麻理恵を、「禅のお手伝いさん（Zen nanny）」として紹介している。

朝日新聞は、二〇一五年（一〇月二三日）の記事「世界をときめかせる日本発の片付け術」で、この世界的な「こんまり」現象をいちはやく分析している。それによると、「ときめき」という日本独特の言葉が、アメリカで「スパーク・ジョイ（spark joy）」という新たな訳語で紹介されたことが好評で、「日本語独特の感性が新鮮に受け止められ」たようだという。二〇一五年は、他の先進諸国においても、ミニマリズムの消費スタイルが話題になりはじめた時期でもあった。ミニマリズムの世界的な流行を背景に、近藤麻理恵の片付けマニュアルは爆発的に売れた。[4]

これまで「生活の豊かさ」といえば、モノを所有することであった。ところが二一世紀になると、とりわけ先進諸国では、モノを持たないことの豊かさが認識されるようになった。「所有すること＝豊かさ」であれば、やがて先進諸国の家庭には、モノがあふれてしまうだろう。『人生がときめく片付けの魔法』は、そんな先進諸国の家庭の悩みを解決するための処方を提供した。近藤は、いらないモノを捨てる際に、大切なモノに対しては、あらためてその「ときめき」を経験するという、楽しいテクニックを提案した。

（2）もう、モノはいらない

近藤麻理恵がアメリカでブレイクする一方で、日本で最もよく売れたミニマリズムの本は、佐々木典士著『ぼくたちに、もうモノは必要ない。』［佐々木 2015］であった。佐々木は、実際に自宅を片づける作業をレポートしながら、同書でモノを持たない生活の理想を語っている。

佐々木は当時、ある出版社の編集者だった。ところが編集者として食べていくことは難しい。佐々木はしだいに、自分の人生を後悔するようになった。「大学時代の友人が住んでいるのは東京の埋め立て地にある高級マンション。きらびやかなエントランス、ダイニングには趣味のよい北欧家具と食器がならぶ。……友人は大手企業に入社し、安定した高収入。社会人になって間もなく、映画の趣味が合う美しい彼女と結婚し、子宝にも恵まれた。おしゃれな服を身につけた赤ちゃんは本当にかわいい。大学では大差なかったのに、何が自分とこの友人を隔てていったのだろう？」「この収入と貯金ではとても将来を考えられないと、彼女と別れたこともある」。成功した友人と比較して、佐々木は自分の人生をひがんだ。自己嫌悪に陥った。そんな鬱屈した状態から立ち直ることができたのは、モノを捨てるミニマリズムの実践を通じてであったという。「モノを捨てて、本当によかった。／ぼくははっきりと、違う人間になり始めている。」「かつてのぼくのようにみじめで、自分を誰かと比べてばかりの人、つまり自分のことを不幸だと思っている人にはモノから一度離れてみることが、とにかくおすすめだ」〔佐々木 2015: 29-31〕。

　佐々木の提唱するミニマリズムは、人と比較して自分の境遇をひがむのではなく、自分のいまの生活を見直して、これまでとは違う人間になろうと訴える点に特徴がある。佐々木は「自己嫌悪からの解放」を訴える。「もったいない」とか「まだ使える」という理由でモノを捨てないと、部屋のなかにはモノが溢《あふ》れてしまうだろう。すると人は、増えたモノに圧倒されて、それだけでエネルギーを使い果たしてしまうだろう。佐々木はこれまでの人生で、「せっかく集めたモノをうまく活用できず、自分を責めてばかりいた。いくら集めても、足りないものばかりに目がいっていたので自分でも気づかぬうちに他人を妬んでいた。それでも捨てられず、言い訳で身動きできず、自己嫌悪。悪循環へ陥っていた」〔佐々木 2015: 44〕。ミニマリズムは、こうした「所有物をうまく活用できていない自分」への嫌悪感情から解放されるための企てであったという。

　佐々木によれば、ミニマリズムを実践すると、次のような効果がある。あらゆるメディアの広告に惑わされる時間が減る。セレブにあこがれることがなくなる。買い物の時間が減る。モノを選ぶ基準がはっきりしてくる。家事が減る。ダラダラしている時間が減る。探しものの時間が減る。時間が豊かになって、自分について改めて考えるようになる。いますぐ幸せを味わうことができる。ホコリにまみれた自己像を浄化して、自分を好きになることができる。行動的になれる。瞑想・坐禅・ヨガを通じて自分の内側から自然や宇宙と通じあうことができる。ストレス解消のための消費がなくなる。物欲がなくなる。食欲は健全になる。他者の視線が気にならなくなる、等々。

ミニマリズムはこのように、世俗に暮らしながらも世事に影響されず、自分にとって本当の幸せを発見するための試みとなる。むろんミニマリズムは、幸せを実現するためのきっかけでしかないだろう。「ミニマリズムを目的と混同してしまうと、それを達成した後に待っているのは虚無感だけだ。ただミニマリズムは目的だと混同するほど有効で、追求しがいのある手段であることは間違いない」、というのが佐々木のメッセージであった[5]。

（3）人気ブロガー、エリサの場合

この他にも多くのミニマリストたちが、ブログや書籍を通じて情報を発信してきた。ここでは人気のミニマリスト、エリサを紹介したい。自らのミニマリズム生活を綴ったブログ「魔法使いのシンプルライフ」は、「にほんブログ村」のミニマリストのカテゴリーで、ランキング一位になったこともある。月間ＰＶ（ページビュー）数が五〇万回を超える人気ブロガーとされるが、現在はブログを閉鎖してユーチューブに拠点を移している。エリサは札幌在住で、バルーンアートイベントを企画する会社の代表取締役社長である。しかし小・中学生のときは、不登校が続き、自分の部屋は「おもちゃ箱をひっくり返したようにごちゃごちゃ」していたという。高校時代は一変して、何事にも積極的になり、卒業するとすぐに結婚。子どもが生まれてからは、さまざまな仕事に就いた。しかしやがて離婚と離職という、つらい時期を経験した。そんなエリサがミニマリズムに惹かれたのは、二〇歳を過ぎた頃であった。フリーマーケットに出店したことがきっかけとなって、持ち物を減らすようになる。それから一〇年が経ち、一か月の短期留学

を経験したときに、日常生活はトランク一つの生活道具で間に合うことに気づいたという［エリサ 2016: 174-175］。

短期留学から戻ってきて三か月が経ったとき、「なりたい自分」について書き出す機会があった。そのときに書いた言葉は、「いつでも穏やか」「家事が楽しい」「凛とした佇まい」であったという。いつでも穏やかに過ごしたいので、お互いに思いやりを持って付き合える人を選ぶことにする。家事を楽しくしたいので、家事が簡単にできるように、物を減らすことにする。凛とした佇まいでいたいので、自分の魅力を活かせる服を選ぶことにする。以上の三つの願いのうち、ミニマリズムは直接には第二の願いであるといえる。けれどもエリサは、これらの願いをすべてミニマリズムの実践に結びつけた。モノを減らすミニマリズムの実践によって、自分と向き合い、自分の願いをかなえることができたのだという[6]。

私たちはしばしば、自分のコンプレックスをモノで埋め合わせることがある。例えば、カッコいいウェアを買うだけで、運動した気になってしまう。何かを所有すると、自分がすぐれた人間になった気がする。コンプレックスを捨てるためには、自分で自分を変えるよりも、モノを買う方が楽である。しかしモノを買っても、結局のところ、モノの所有は自分に不満をもたらすようになる。モノを買い続けると、今度はそれらを管理したり収納したりするための手間と時間がかかる。一つ一つのものを活かすのではなく死蔵すると、気分も重たくなってくる［エリサ 2016: 158, 99, 125］。

エリサによれば、ミニマリズムは、たんに所有しているだけのモノや死蔵されたモノから自分を解放して、生き生きと生きるための方法である。しばしばミニマリズムは、モノを買わない生活によって、「経済が回らない社会」をもたらすのではないかと批判される。しかしエリサは、自分のミニマリズムはむしろ物欲旺盛で、これまで「なんとなく買う」「妥協して買う」「ひとまず買う」という態度だった消費スタイルを、「真剣に買う」「吟味して買う」「迷ったら買わない」という態度に変えていく実践であるという。ミニマリズムを通じて、エリサはモノ以外の価値を感じるようになった。例えば、誰かを喜ばせるためのプレゼント、大切な人に会いに行くための旅費、自分の未来を作るための投資、などの価値を感じるようになった。いわば「コト消費」に対して、お金をかけることができるようになった［エリサ 2016: 146–147］。ミニマリズムによって、常識にとらわれず、流行に流されず、しかも人に振り回されずに、自分の生き方を実現することができるようになったという。

（4）ミニマリズムの他の例と背景要因

以上、ミニマリズムで話題になった三人を紹介してきた。この他にもさまざまなタイプのミニマリストたちがいる。例えば、（1）高校生のときに経験した失恋がきっかけでモノを捨てるようになり、その後ミニマリズムを通じて自分を律するようになったという自己再生の物語［ゆるり 2013a, 2013b］、（2）「レストランに行くお金がない」とか「ピアノの練習がしたい」などといって、ママ友仲間の社交関係を断るという「関係性からの撤退」志向［森 2017］、（3）厳選された道具のみでレンタル・オフィスで仕事をすれば捗《はかど》るという仕事術［土橋 2014］、（4）三〇歳で仕事をやめ、親の遺産を掘り崩しながら貧しくも豊かな生活をする節約術、[7]（5）最高の品を一つだけ厳選して持つという賢い消費の提案［たっく 2015］、（6）一昔前の暮らしを取り入れながら、冷蔵庫、エアコン、掃除機、電子レンジ、自動車、洗剤などを使用せず、環境負荷の少ない生活をする実践、[8]（7）二〇代の頃に謳歌した自由を捨てて平凡なサラリーマンになっていく大人の良識に抗して、自由を取り戻すためにミニマリズムを提唱するという自己啓発論［四角 2012］、（8）三〇歳で脱サラし、飲食業や農業など複数の営みを通じて、持続可能なホンモノ志向の人たちと豊かな人間関係を築く物語［高坂 2014］、（9）人間関係を離れ、小屋を建てて孤独に思索する生活の報告［高村

2015］、(10) 脱サラしてシェアハウスを経営、自分のホームページで広告収入を得たりしながら気ままな生活を送る人生謳歌の幸福論［ｐｈａ 2017］、等々。

このように、さまざまなスタイルのミニマリストたちがいるが、皆に共通して認められるのは、従来の生活規範に対する批判である。一生懸命に働いて、しっかりした人間関係を築いて、経済的にも社会的にも成功した人生を送るという理想に対して、異議を申し立てている。以上の例はいずれも極端なケースであるが、読者の多くは、こうした極端なミニマリストたちに影響を受けて、自分の生活を一部見直すという「ソフトなミニマリズム」を実践するであろう。現代のミニマリズム文化は、一部のコアな実践者たちと、それに共鳴する多くの大衆的なミニマリストたちから成り立っていると考えられる。[9]

では、ミニマリズムが流行する背景には、どんな要因があるのだろうか。

背景としてまず浮かぶのは、スマートフォンとパソコンの普及である。いまやスマートフォンがあれば、多くの欲求を満たせるようになった。例えば、電話、カメラ、テレビ、オーディオ機器、ウォークマンなどの携帯音楽プレーヤー、ゲーム機、時計、カレンダー、懐中電灯、地図、メモ帳、コンパス、地図、時刻表、辞書、等々。こうした道具の機能は、スマートフォンによって代替されるようになった。加えて、写真や書類は、これをスキャンしてデータ化すれば、実物を捨てることができる。カセットテープ、レコード、ＣＤ、ＭＤ、そしてこれらを再生する機材も、その音源をデータとして保管すれば、捨てることができる。スマートフォンとパソコンの普及によって、私たちは多くのモノを捨てることができるようになった。

メディア環境研究所の「メディア定点調査二〇一八」[10] によると、二〇一〇年に九・八％だったスマートフォンの普及率は、二〇一八年には七九・四％になった（東京地区のみの調査）。人々がスマートフォンに費やす時間は、二〇〇六年には一日平均一一分であったが、二〇一五年には八〇・三分、二〇一八年には一〇三・一分に伸びている。一日あたりのメディア総接触時間は、二〇〇六年には三三五・二分であったが、二〇一八年には三九六・〇分に上昇している。人々はこの間、テレビ・ラジオ・新聞・雑誌に触れる時間を減らして、スマートフォンに触れる時間を増やしてきた[11]。

一般にモノの消費は、「慣れるにしたがって飽きる」という過程をたどると言われる。ところがスマートフォンは、人を飽きさせない。つねに新しい刺激が、スマートフォンの画面から入ってくる。スマートフォンがあれば、欲求は満たされる。他のモノはいらない、物欲はかきたてられない、ということになってきた。

もちろんスマートフォンの普及は、ミニマリズムのすべてを説明するわけではないだろう。他の要因は、商品の情報や評価がネット上にあふれるようになったことである。ここで仮想例として、コーヒーカップの購入について考えてみよう。従来の消費社会では、気に入ったコーヒーカップを見つけたら、その場で買わないと、同じコーヒーカップに出会える機会はあまりなかった。だから人々は、気に入ったらその場で買った。ところがしばらくすると、別のよいコーヒーカップを見つけることがある。人々は、少ない情報のなかで、機会を逃さずに購入する必要があったので、結果として自宅に、自分用のコーヒーカップが溜まっていくことになった。直近で最後に買ったコーヒーカップも、考えてみればベストというわけではない。もっと探せば、お気に入りのカップを見つけることができるであろう。友人はもっと洒落たカップをもっていて、羨ましい。このようにモノによる自己表現は果てしがなかった。

ところが現代のネット社会においては、スマートフォンやパソコンの画面で商品情報を検索すれば、最善のカップを見つけるまで消費を留保することができる。これまで消費者は、商品に対する情報を十分に得ることができず、商品を実際に購入して、自分の欲求を洗練させていく必要があった。ところが現在では、アマゾンなどのサイトで商品購入者たちの感想《レビュー》を見ることができる。人々は商品を買わなくても、情報のみで、想像上の試行錯誤ができるようになった。使用者の感想や詳細な製品情報、あるいは専門家による批評など、ネット上のさまざまな情報を得てから買うことができるようになった。私たちは、「消費を通じた試行錯誤」から「情報検索を通じた試行錯誤」へと、消費のスタイルを変化させてきた。ミニマリズムが流行る背景には、こうした消費スタイルの変化があるだろう。

　この他にも、ミニマリズムが流行る背景的要因をいくつか挙げることができる。（1）女性の雇用者数は、一九八四年から二〇一八年にかけて約一・七倍に増える一方、正社員の数はほぼ横ばいであり、その結果として非正規雇用者の割合が増えている。非正規低所得労働者の増加は、低所得が理由となって、ミニマリズムへの関心を支えている可能性がある。[12]（2）下宿する大学生への仕送り額は、一九九四年にピークを迎えたが、この年と比べると、二〇一五年の仕送り額は約三割も減っている。家賃の上昇も考慮に入れると、下宿する大学生の可処分所得はさらに減っている。こうした下宿大学生の所得低下が、ミニマリズムへの関心を支えている可能性がある。[13]（3）総務省が発表した二〇一四年の人口移動報告（外国人を除く）によれば、東京圏（東京都、神奈川県、埼玉県、千葉県）では転入者が転出者を上回り、「転入超過」が五年ぶりに一〇万人を超えた。なかでも東京都は、七万三、二八〇人の転入超過であった。日本全体として人口は減少しているとはいえ、この時期における東京圏の過密化は、ミニマリズムへの関心を高めた可能性がある。[14]（4）家具小売業の年間商品販売額は、一九七二年の約六、九七一億円から、一九九一年には約二兆七、四〇七億円へと増大したものの、その後は減少に転じ、二〇〇七年には一兆三、〇六六億円、二〇一二年には約八、二六四億円にまで減少した。その後、家具小売業の販売額は、二〇一六年には一兆一、三三六億円にまで回復したものの、その額は一九九一年のピーク時と比べると半分以下である。家具市場の衰退は、ミニマリズムの背景をなしている。[15]（5）二人以上の世帯（農林漁家を除く）の推移をみると、名目ベースの「被服および履物」の年間消費額は、一九九一年に三〇・二万円でピークを迎えたものの、その後は減少傾向にあり、二〇一五年には一三・九万円にまで下がった[16]。約五四％の減少である。百貨店販売における衣料品販売額の割合も減っている。一九八五年から二〇〇八年までは五〇％程度を維持してきたものの、それ以降は減少傾向にあり、二〇一六年には四四・三％にまで下がっている。また百貨店の販売額そのものが減少しており、ピークであった一九九一年の一二・一兆円から、二〇一六年には六・六兆円へと減少している。こうした衣料品市場の衰退は、ミニマリズムの背景をなしている。

以上はミニマリズムの背景をなす諸要因といえる。なお、しばしば人々の消費は「モノ」から「コト」（経験重視）へ移ってきたといわれるが、実際には人々のコト消費額が増えているわけではない。例えば、消費者庁『平成29年版消費者白書』の「世帯主の年齢階級別一か月当たり消費支出の推移」をみると、一九九九年から二〇一四年にかけて、食費は八、〇〇五円の減少。交通・通信は平均でみると二、七九三円の増加であるものの、世帯主が三〇歳未満の場合は、四、五一五円の減少である。余暇市場の規模の推移をみると、ピークは一九九六年の九〇兆九一四〇億円で、その後、二〇一七年には六九兆九、三一〇〇億円へと減少している。これらのデータは、近年になって「コト消費」がとくに増えているわけではないことを示している。人々はむしろ消費そのものを減らしている。脱消費志向がミニマリズムの背景にあるといえるだろう。

2　ミニマリズムの諸類型

(1)　脱資本主義の諸形態

ミニマリズムの背景には、人々の脱消費志向がある。鶴見済の『0円で生きる』［鶴見 2017］は、消費しないで生きるための知恵を、さまざまな観点から検討していて興味深い。この本から読み取れるのは、脱資本主義的に生きる生活スタイルには、四つの思想パタンがあるということである。第一に、人から「無料で貰《もら》うやりとりの輪」を築いたり、余り物を共有したりする実践は、コミュニタリアニズムの理念に基づく企てである。第二に、資本金なしでメルカリなどのネット市場で稼ぐというのは、それ自体としては市場自由主義の理念に基づく脱資本主義の企てである。第三に、公共サービスを利用して生きる実践は、リベラルな福祉国家思想に基づく企てである。第四に、自然界から無償のものを得る実践は、ディープ・エコロジーなどの環境思想に基づく企てである。

しかし以上の四つに含まれない脱資本主義の思想が二つある。一つは、「ゴミは宝の山」であるとの発想から、ゴミを拾って生活するという生き方である。これは「もったいない」という節約の思想に関係するが、最近ではコンビニやスーパーストアなどで廃棄される食品の問題（「食品ロス」）を告発する運動に結びついてもいる。このような視角から生活の新たな理想を体系的に展開する思想家は、しかしまだ現れていない。もう一つには、ミニマリズムの思想と実践がある。ミニマリストは、自分の身の回りの品を捨てて、清貧で禅的な生活をしようとする。[17] コミュニティを形成することにはあまり関心がなく、環境への負荷を気にすることはあっても、ミニマリストたちは生きるために

「拾う」ことはしないだろうし、行政に頼ろうともしないであろう。では、ミニマリズムとはどんな思想なのか。以下では脱資本主義の一つのパタンとして、ミニマリズムの思想を捉えたい。

（2）エッツィオーニの分類と考察

アメリカにおけるミニマリズムは、一九八一年に刊行されたエルジンの『自発的簡素（ボランタリー・シンプリシティ）』［Elgin 1981＝1987］をバイブルとして、その後さまざまに展開してきた。コミュニタリアニズムを代表する論客の一人、A・エッツィオーニは、このアメリカのミニマリズムについて、独自の観点から考察している[18]。

エッツィオーニによれば、自発的簡素の運動には、およそ三つの種類があるという［Etzioni 2003: 8–12］。第一に、「ダウンシフターズ」と呼ばれる人たちがいる。ブレザーは高級でも、ジーンズをはくといった具合に、カジュアルな生活を営む人たちである。こうした人たちは仕事の時間を短くしたり、賃金の安い仕事に切り替えたりするなど、生活水準を低くすることによって得られる豊かさを求めている。第二に、生活を徹底的に簡素化する人たち（strong simplifiers）がいる。例えば、仕事そのものをやめて、年間二万五、〇〇〇ドルの生活費を、自分の蓄えから捻出して生活するような人たちである。そのなかには、執筆やボランティアの仕事をしたりする人たちもいる。低所得を受け入れて、子どもと過ごす時間を大切にしたりする人もいる。第三に、生活のすべてをシンプルにする人たち（holistic simplifiers）がいる。例えば、豊かな郊外や高級な都市区域を離れて、小さな町や田舎に移住し、シンプルな生活を徹底する人たちである。これは自覚的な社会運動の一つであり、一貫した明確な哲学によって動機づけられた実践と言えるだろう。

このように、自発的簡素には、さまざまなレベルの実践がある。共通するのは、自分の社会的地位を顕示するのではなく、自分の社会的地位を引き下げてでも幸せになろうとする企てである。ミニマリストたちは、生涯学習、公共生活、ボランティア、共同体への参加、インターネットのサーフィン、スポーツ、文化的諸活動、自然観察、自然とのふれあいなどの活動から、より多くの満足を得ている。金銭やプレステージ（地位の顕示）によるウェルビイングの増大には関心がなく、「外見はシンプルだが、中身はリッチ（outwardly simple, inwardly rich）」な生活が、ミニマリストたちの目標になっている。

エッツィオーニによれば、アメリカのミニマリストたちは、社会のなかで高い地位と所得を得ることができたけれども、それをあえて断念してシンプルな生活を志向する点に特徴があるという。その場合、人々は、「自分は本当はもっと稼ぐことができるけれども、私はそれを選ばない」とか、「私は資本主義社会のなかで失敗したわけではない」というシグナル（メッセージ）を他者に伝達する必要がある。ではそのようなシグナルの発信は、いかにして可能なのか。それはモノが少ない生活を、社会的に強いられたのではなく、自分で選んだということを表現するような、「低コストかつ認知しうる消費財」を選ぶことによってであろう。例えば、シンプルな生活に結びついた「セレクト・グッズ」を購入したり、従来のステイタス財と同様に認知しうる財を購入する。あるいは、低所得層の人たちにはしばしば買う余裕がない財を購入することによって、そのようなシグナルを伝えることができるかもしれない。

このように、自分は資本主義の社会で成功することができたけれども、倫理的な理由からあえてそうしなかった、というシグナルを送ることは、今日では成功した創造階級《クリエイティブ・クラス》の人たちの消費パタンにもみられる。創造階級の人たちは、自分の社会的地位を顕示することよりも、自分が創造的であるために必要な生活を重んじる。そのためには「中身がリッチ」であることを示すような消費が選好される。例えばピョートル・フェリクス・グジバチは著書『ニューエリート』で、新しいエリートが同時にミニマリストでもあると捉え、次のような表を作成している（表8－1

表8－1　エリートの新旧比較

	オールドエリート	ニューエリート
性質	強欲	利他主義
要望	ステータス	インパクト・社会貢献
行動	計画主義	学習主義
人間関係	クローズド（差別）	オープン（コミュニティ作り）
考え方	ルールを守る	新しい原則を作る
消費行動	誇示的消費	ミニマリズム

出典：グジバチ［2018：13］。

参照）。[19] 新しいエリートたちは、もはや誰かに見せびらかすような消費に関心を示さない。たとえ資本主義の社会で成功しても、それを誇示しないシグナルを送ることが、消費生活の一つの特徴になってきた。

　けれども、自分が創造階級に属しているわけではない場合、ミニマリズムを実践するインセンティブは、どこにあるだろうか。それはまずもって、日々の消費生活に対する不安に根差しているように思われる。エッツィオーニは、次のように指摘している。世の中にはショッピングが楽しいという人たちがいる。しかし「ショッピングそれ自体から満足を引き出そうとする人々にとって、このショッピングという活動を切り詰めると、空白になった時間は不安をもたらすであろう。空いた時間は、他のアクティビティに関するテイスト（嗜好）を磨くとか、それにコミットメントするという、そういう仕方で用いられるべきなのであるが、ショッピング好きの人々には不安をもたらす」であう［Etzioni 2003: 15-18］。

　ショッピングは、自分のテイストを磨くための営みであるとはいえ、真のテイストを磨くためには、別の活動も必要である。私たちは、いったいどこまで自らのテイストを磨きたいのかといえば、それは骨の折れる活動であることも知っている。コストが高ければ、私たちは自分のテイストを洗練させようとしないであろう。ある意味でミニマリズムは、こうしたテイストの洗練化を引き受けなくても、価値ある時間を過ごすことができるという、シンプルな生活の提案といえるかもしれない。例えば、他者との絆や愛や親密性の形成、友人関係の形成、瞑想の実践、自然とのコミュニケーションなどは、テイストを磨くというよりも、コミュニケーション力や受容力を磨くものである。ヴェブレンはテイストを磨く有閑階級の生活を理想としたが、これに対してミニマリズムの理想は、テイストではなくコミュニケーションや各種の受容力を磨くダウンシフターズの生活にあると言えるかもしれない。

エッツィオーニによれば、ミニマリズムがもたらす社会的帰結は、環境にやさしい町づくりであり、例えば古い建物の再開発や再利用、田舎への移住、希少な財をあまり使わない生活スタイルなどであるという。こうした試みは、資本主義に抗する対抗文化であり、コミュニタリアニズムによる「善き生」の実践と重なるであろう。ミニマリズムは余暇時間を拡大することで、豊かさを享受するための社交的条件を生み出す。

むろんミニマリストたちは、実際には豊かな社交を望んでいないかもしれない。むしろ田舎での隠居生活や、環境市民の自律した生活、あるいは清貧を志す保守主義の生活を求めているかもしれない。こうしたスタイルは、コミュニタリアニズムとは異質の生活理想であるだろう。ミニマリズムの実践は、日本ではむしろコミュニティから離脱する生き方と結びついている[20]。そこで最後に、コミュニタリアニズムには回収されないミニマリズムの思想について、検討してみたい。

（3）　世俗内脱世俗のミニマリズム

エッツィオーニは、能力がある人たち（エリート）のオルタナティヴな自己実現運動としてミニマリズムを捉え、そのなかのコミュニタリアニズム的な実践に注目した。けれども日本のミニマリズムは、人間関係からの離脱を志向している。たしかに売れているミニマリズムの本のなかには、片づけを通じてもっと活動的な生活を送るように啓発するものもある。しかし日本のコアなミニマリストたちの多くは、資本主義社会が醸成する消費欲に踊らされず、世

表8－2　禁欲と遊びに照らしたミニマリストの位置

	禁欲	遊び（ルドゥス）	瞑想・無為ほか
現世内職業	プロテスタンティズム	創造階級	?
現世内脱職業	?	脱サラ趣味人	ミニマリスト・禅
現世離脱	修道院	登山家、釣り人	老子・禅

出典：筆者作成。

表8－3　脱煩悩を志向するミニマリズムの位置

	煩悩	煩悩洗練型	市民精神	脱煩悩
上昇志向	虚栄 顕示的消費 至福の時間	〈文化〉の理想 自己投資	市民的自律 生活協同組合運動	観照的生活 卓越主義
現状維持/中立	物質的満足	有閑階級の生活 スローフード	リベラリズム	二次的ミニマリズム
ダウンシフト志向	低次の欲望への耽溺	労働時間削減による文化的自我の洗練	環境市民	コア・ミニマリズム

出典：筆者作成。

俗の人間関係から一歩降りたところに生活の理想を求めている。そこには脱資本主義への関心があるだろう。

これまで資本主義を批判する視点は、社会主義や共産主義の思想によって与えられてきた。資本主義を超える運動は、各種の共同体や共同性の関係を育むことにあるとみなされてきた。アナキズムにおいても、国家に干渉されない自治の理念が強調されてきた。ところがミニマリズムには、この世俗社会のただなかで、世俗的な生き方を避け、他者との交流を控えつつ、自然の価値を理解するなど、いわば「禅」に通じるような方向性がある。むろんミニマリストたちの多くは、宗教的な救済への関心を抱いているわけではない。けれども従来の経済倫理（資本主義のもとでの禁欲倫理）との対比で検討すれば、表8－2のような類型のなかにミニマリズムを位置づけることができる。

世俗の資本主義社会において倫理的に生きる道は、これまでウェーバーのいう「資本主義の精神」のように、職業を通じた禁欲生活にあるとみなされてきた。これに対して近年のＩＴ産業の勃興は、創造階級の生活スタイルをもたらし、遊びの要素を含む創造的な活動にこそ利潤の源泉があるとみなすようになった。これらに対してミニマリズムは、禁欲や創造によって資本主義を駆動することには、あまり関心を寄せていない。むしろ例えば、ヒマな時間をまったり過ごしたり、あくせく働かずにネットでさまざまなコンテンツを享受したり、あるいは自然環境に身を置いたり、冷蔵庫を捨てて前近代的な生活に回帰するなど、ゆったりした時間を過ごすことに関心を抱いている。こうした関心は広い意味での観照的な生活といえる。日本ではこれまで、「禅」の文化がこのようなスタイルに近い考え方を提供してきた。

　別の観点からコアなミニマリストたちを捉えてみると、そこには人間の煩悩から離脱する傾向を認めることができる（表８－３を参照）。

　私たちの心身を悩ませる煩悩の数は無数にあるといわれるが、資本主義とはある意味で、人間の煩悩（欲望）を動員しつつ、富の全般的な形成を企てるシステムである。煩悩は、それがもし文化的な洗練と結びつかない場合、たんなる階級上昇志向の虚栄か、たんなる階級維持志向の物質的満足の追求か、あるいは階級を下降させてでも満たしたい低次の欲求充足になるだろう。ヴェブレンのいう「顕示的消費」は、それがたんなる階級上昇志向の虚栄に結びつく場合には、批判の対象となる。しかし煩悩を洗練させて、有閑階級の文化的な技芸を身につける場合の消費生活は、一つの文化的な理想とみなされる。煩悩は、それを取り除くことよりも、それを洗練させることが文化的な目標となる。文化的な洗練は、自らの階級的地位を上昇させることもあれば、すでに高い地位を享受する場合や、地位を下げてまで探求されることもあるだろう。いずれにせよ、顕示的な消費は、それがもし文化的な洗練に向かう場合には、必ずしも批判されることはない。

　煩悩はしかし、文化的な洗練とは別に、市民精神を通じてその克服が目指されることもある。実際、「顕示的消費」に対する批判の言説は、自律した市民の精神を理想とする立場からなされてきた。自律した市民とは、市場に依存しない自律的な経済基盤を持ちつつ、その基盤から市場や資本主義の誘惑をしりぞけて、自らの経済生活を理性的にコントロールする主体である。例えば生活協同組合の運動は、煩悩を満たすような消費行動を克服して、自律した協同経済の営みを理想とする。これは自律による煩悩の克服である。また、どんな個人であれ、現実社会のなかでは尊厳をもって尊重されるべきだという自由主義《リベラリズム》の考え方がある。この考え方に従えば、顕示的消費に翻弄される人も生活協同組合運動に携わる人も、いずれも尊厳をもって尊重されるべきであり、問題は消費依存症（低次欲望への耽溺）によって尊厳の基盤を奪われることであるとされる。この他、環境問題に関心のある市民は、自らの生活をダウンシフトさせて、環境に配慮する生活を企てるであろう。環境市民は、地球規模の環境と社会、あるいは次世代の人々の生活基盤への平等な配慮といった観点から、最も適切な生活を模索するであろう。以上の考え方はいずれも、煩悩を律しようとする点で、啓蒙された市民の生き方といえるだろう。

　煩悩を満たす、煩悩を洗練させる、煩悩を律する、という以上の類型と比較するならば、ミニマリズムの立場は、煩悩を脱却する方向に向っている。その脱却が高い精神性を目指す場合には、ミニマリズムは卓越を目指す修行となるだろう。ミニマリストたちはしかし、必ずしも高い精神性を求めているわけではない。むしろその精神性を高める実践の入り口付近で、世俗社会を肯定しつつも、煩悩から自由であるようなスタイルを模索しているようにみえる。コアなミニマリストたちは、極端にモノを捨ててお金を節約することで、すでに修業へと踏み出しているかもしれない。多くのミニマリストたちも、そのようなコアなミニマリストたちを見倣って、小さな修行を試みているといえるかもしれない。

おわりに

ミニマリストたちは、資本主義社会を一歩降りたところで、豊かな生活が可能になることを教えてくれる。それは市民的自律を強調するリベラリズムや、社会的な共通善を強調するコミュニタリアニズム、あるいは対抗文化的な創造性を強調するアナキズムなどとは異なる啓蒙である。それは「脱資本主義」と呼ぶにふさわしい提案であるだろう。ところがミニマリズムは、逆説的な作用を抱えている。それは、資本主義を新たにドライブする可能性である。コアなミニマリストに影響を受けた多くのソフト・ミニマリストたちは、身の回りのモノを片づけることで、新たな購買欲をかきたてられるかもしれない。ミニマリズムの文化は、アイロニカルにも、現代の資本主義が自己再生するための、一つの契機を提供するかもしれない。

加えてミニマリズムは、「本当によいモノを少なく買う」という傾向を刺激する点で、消費の保守化（流行を追わず上流階級の消費様式を追求する立場）をもたらす可能性もある。消費の保守化は、顕示的消費の洗練化をもたらし、人々はますます他者の消費行動に幻惑されなくなるという、新しい消費文化をもたらす可能性もある。

いずれにせよこれまで消費社会に対する批判は、知識人たちの言説に基づく「上からの啓蒙」であった。ところが最近では、ミニマリストたちの実践による「下からの啓蒙」へと移っている。知識人はもはや、消費社会を批判する担い手としては、無力にみえる。というのも、もはや知識人の啓蒙された生活では、環境問題を根本的に解決することはできないように見えるからである。私たちの消費社会はそれほどまでに、環境に負荷をかけてしまっている。この深刻な状況を乗り越えるためには、いかなる企てが必要なのか。ミニマリズムはそのための、一つの実践的解答であるといえるかもしれない。

注

1　博報堂買物研究所［2018: 41-43］。

2　このような観点から編まれた社会思想の抜粋集を参照［Samuel Alexander and Amanda McLeod eds. 2014］。

3　「ときめき判断が禅？「世界の100人」に選ばれた〝こんまり〟」『アエラ』二〇一五年五月一一日号、所収。

4　やました［2009］は、台湾や中国で一〇〇万部以上売れたといわれるのに対して、近藤［2011］は、世界で一、〇〇〇万部のメガヒットとなった。

5　佐々木［2015: 169］。佐々木は本書を出版した後、二〇一六年に出版社を辞めて、京都の田舎で一人暮らしをはじめた。最初のころは、ダイビング、サーフィン、マラソンなど、時間があったらやりたいと思っていたことにたくさん挑戦したという。しかしあり余る時間があると、かえって出来ないことがあることに気づいた。「不自由から逃れた先には、自由の苦しみが待っていた」という。自由な時間をいかに使うのか。佐々木が次に著わした本は、習慣を身につける方法に関する書であった［佐々木 2018］。本書の扉によると、佐々木が身につけた習慣は、「朝五時起き」「ヨガ、瞑想」「日記」「ブログ、原稿を書く」「筋トレ」「10㎞ランニング」などであり、やめた習慣は「お酒を飲むこと」「甘いものを食べること」であったという。ミニマルな生活の理想は、こうして一定の習慣を身につけながら自分の才能を伸ばしていくという自己実現へと向かった。

6　エリサ［2016: 148-149］。

7　山崎［2011］。この他、週二日のみの介護職で月収一〇万円以下の生活を謳歌する、大原［2015］も参照。

8　アズマ［2015］。この他、稲垣［2017］は、朝日新聞社を退社して、ついに冷蔵庫なしの生活を始めた経緯を綴っている。

9　コアなミニマリストたちは、テレビやソファのみならず、机や冷蔵庫までも捨てる。佐々木［2015］、大原［2015］、アズマ［2015］、稲垣［2017］、および、高村［2015］を参照。

10　http://mekanken.com/cms/wp-content/uploads/2018/05/384db15f3ac2bacb5ef92d09517795c1.pdf（二〇二一年一月一四日閲覧）。

11　人々がパソコンに触れる時間は、二〇〇六年には一日平均五六・六分であったが、二〇一一年には八一・七分にまで増加、その後二〇一七年にかけて五九・三分にまで減少したが、二〇一八年には再び六六・六分へと増加している。

12 「早わかり　グラフでみる長期労働統計」Ⅱ労働力、就業、雇用、図8－3「雇用形態別雇用者数　女性　1984年～2019年」、『ユースフル労働統計2020』独立行政法人「労働政策研究・研修機構、二〇二〇年、所収。

13 新聞記事「私大生への仕送り、生活費1日850円　首都圏周辺、過去最低を更新」『朝日新聞』二〇一六年四月七日朝刊二面、所収。

14 「東京圏集中、再び加速、人口流入、5年ぶり10万人超、昨年、大阪・名古屋圏は2年連続転出超。」『日本経済新聞』二〇一五年二月六日朝刊二面、所収。

15 『商業統計表 産業編第1巻（総括表）』（平成9年度版および平成19年度版）「1．産業分類細分類別、年次別の事業所数（法人・個人別）、従業者数、年間商品販売額、商品手持額及び売場面積」を参照。

16 この期間に、世帯を構成する人数そのものが減っていると考えられるので、割り引いて解釈する必要があるだろう。一九九〇年から二〇一五年にかけて、「夫婦のみ」世帯は一五・五%から二〇・二%に増加する一方、「夫婦と子」世帯は三七・三%から二六・九%へと減少している。『日本の世帯数の将来推計（全国推計）』（二〇一八（平成三〇）年推計）国立社会保障・人口問題研究所、人口問題研究資料、第三三九号、を参照。

17 ミニマリズムと禅の関係について、吉村［2016］、および、金嶽［2018］を参照。

18 Etzioni［2003］。エッツィオーニは「自発的簡素」という用語を使っているが、この運動のその後の展開を踏まえて、以下ではこの理念を「ミニマリズム」と解釈して議論を進める。

19 遺憾ながらグジバチはこの表について説明を加えず、同書全体のコンセプトを表すものとして示している。しかしグジバチのようにグローバルに活躍するエリートがモノに執着せず、身軽に世界を移動するスタイルは、ミニマリズムと親和的であるだろう。

20 コミュニタリアニズムであれば、人から「無料で貰うやりとりの輪」を築いたり、余り物を共有したりする実践へと向かうであろう。

参考文献

Alexander, Samuel and McLeod, Amanda eds. [2014] *Simple Living in History: Pioneers of the Deep Future*, Melbourne:

Simplicity Institute Publishing.

Elgin, Duane [1981= 1987] *Voluntary Simplicity: Toward a way of life that is outwardly simple, inwardly rich*, New York: Morrow Quill. デュエイン・エルジン『ボランタリー・シンプリシティ：人と社会の再生を促すエコロジカルな生き方』星川淳訳、ＴＢＳブリタニカ。

Etzioni, Amitai [2003] "Introduction: Voluntary Simplicity - Psychological Implications, Soietal Consequences," in Daniel Doherty and Amitai Etzioni eds., *Voluntary Simplicity: Responding to Consumer Culture*, New York: Roman & Littlefield.

アズマカナコ [2015]『もたない、すてない、ためこまない。身の丈生活』主婦の友社。

稲垣えみ子 [2017]『寂しい生活』東洋経済新報社。

エリサ [2016]『トランクひとつのモノで暮らす』主婦の友社。

大原扁理 [2015]『20代で隠居　週休5日の快適生活』K&Bパブリッシャーズ。

金嶽宗信 [2018]『［禅的］持たない生き方』ディスカヴァー・トゥエンティワン。

グジバチ、ピョートル・フェリクス [2018]『ニューエリート』大和書房。

髙坂勝 [2014]『減速して自由に生きる』ちくま文庫。

近藤麻理恵 [2011]『人生がときめく片付けの魔法』サンマーク。

佐々木典士 [2015]『ぼくたちに、もうモノは必要ない。』ワニブックス。

佐々木典士 [2018]『ぼくたちは習慣で、できている。』ワニブックス。

高村友也 [2015]『僕はなぜ小屋で暮らすようになったか』同文館出版。

たっく [2015]『必要十分生活』大和書房。

土橋正 [2014]『モノが少ないと快適に働ける』東洋経済新報社。

鶴見済 [2017]『０円で生きる』新潮社。

中野孝次 [1992]『清貧の思想』草思社。

博報堂買物研究所 [2018]『なぜ「それ」が買われるのか?』朝日新書。

ｐｈａ [2017]『持たない幸福論』幻冬舎文庫。

森秋子 [2017]『脱力系ミニマリスト生活』KADOKAWA。

やましたひでこ［2009］『新・片づけ術「断捨離」』マガジンハウス。

山崎寿人［2011］『年収１００万円の豊かな節約生活術』文藝春秋。

ゆるりまい［2013a］『わたしのウチには、なんにもない。』エンターブレイン。

ゆるりまい［2013b］『なんにもない部屋の暮らしかた』メディアファクトリー。

吉村昇洋［2016］『禅に学ぶくらしの整え方』オレンジページ。

四角大輔［2012］『自由であり続けるために　20代で捨てるべき50のこと』サンクチュアリ出版。

あとがき

橋本　努

いかに自分らしく生きるか、いかにセンスよく生きるか、いかに意義深い人生を送るか……。

消費社会論はこれまで、こうした私たちの生き方をめぐる問題に、さまざまに答えを与えてきた。T・ヴェブレン、J・K・ガルブレイス、J・ボードリヤールといった論客たちは、人々の消費スタイルの是非をめぐって華々しい知の世界を築いてきた。ところが二一世紀に入って、消費社会の研究は、理論書や思想書としてみるべきものが少なくなったように思う。先進諸国では軒並み、消費社会そのものが停滞してきたからであろうか。この二〇年間、日本では消費論を専門とする理論家がほとんど現れず（例外は間々田孝夫）、注目すべき海外の消費理論の多くも紹介されていないのが現状である。

けれども消費社会はいま、新たな局面を迎えている。欲望消費が衰退するなかで、多様な消費行動や消費者運動が生まれている。本書はその新たな動きを捉えるべく、第一線の研究者たちが取り組んだ共同研究の成果である。最新の消費理論を紹介しつつ、新しい消費文化の動向を分析している。消費者市民の活動、ハンドメイド文化、産消提携運動、脱プラスチック運動、無印良品、消費ミニマリズムなどに光を当てている。これらは日本が誇るオリジナルな消費文化であるにもかかわらず、これまであまり研究されてこなかった。

本書のタイトルは「ロスト欲望社会」としたが、これは序章で論じたように、私たちはいま、ポスト近代の消費文化がしだいに衰退する時代を生きているという認識に基づいている。むろん本書の各章は、欲望の衰退をストレートに論じているわけではない。私たちの欲望が衰退しても、消費社会は多様に展開する。その新しい動向について検討している。

それにしても私たち日本人の欲望は、本当に萎《な》えてしまったのだろうか。

例えば最近、欲望消費の中心にあった自動車が売れなくなり、若者たちが異性と交際する割合もしだいに減ってきたと言われる。若者たちの欲望消費が喚起されず、結果として日本経済は、外国の需要（外需）に頼らざるを得ない状況が生じている。経済ナショナリズムの観点からみれば、私たちは旺盛な欲望消費を営むべきではないか。欲望消費は、日本経済を支える営みであり、愛国的な営みでありうるからである。

ところが最近の若者たちの欲望消費は、減退している。例えば、かつてバブル期の女子大生ブームを牽引した女性誌『ＪＪ』は、二〇二一年に事実上の休刊に追い込まれた。一時は七七万部の発行部数を誇った同誌は、二〇二〇年四～六月には平均して約四万五、〇〇〇部にまで落ち込んだという。[1] 他の女性ファッション誌もしだいに売れなくなってきた。この一〇年間で、ファッション誌の特集内容も変化している。かつては結婚対象となる男性の目線を意識した服装を提案してきた女性誌も、最近では、「自分目線」でゆったり着ることができるような服やスニーカーを紹介するようになった。[2] 例えば雑誌『Ｏｇｇｉ』は、二〇一九年二月と二〇二〇年二月にそれぞれスニーカー特集を組んだところ、完売になるほどの人気が出たという。

おそらく欲望消費がピークに達したのは、日本では一九八〇年代末から一九九〇年代初頭にかけての「バブル経済期」であっただろう。それ以降、若者たちの可処分所得は減り、日本経済の先行きが不透明になるなかでしだいに節約志向が高まっていった。加えて世界は現在、地球温暖化によって新たな局面を迎えている。環境問題に照らしたとき、欲望消費は問題である。欲望消費は多くの二酸化炭素を排出せざるを得ない。地球温暖化とともに、きらびやかな欲望消費に対する倫理的な咎《とが》めが生じてきた。

一九八〇年代に消費文化が花開いたとき、話題の中心にあったのは、ブランドの衣服であった。ポストモダンの記号消費は、同じ性能でも、他者が買う商品とは異なる色や形の商品に、付加価値《プレミアム》をつける文化を生み出した。さまざまなバリエーションの衣服が売られ、人びとは競って他者と異なる記号の衣服を纏《まと》った。ところが衣服はその後、売れなくなる。衣服の販売数量はそれほど減っていないが、利益率が低くなり、毎年過剰の在庫が生じるようになった。一九九〇年に売れ残った衣服（下着を含まない外衣のみ、アウトレットでの販売数は含まない）は、三・五％であったが、二〇一八年になるとこれが五三・四％に達している。この年には実に、約一五億五、〇〇〇万点の衣服が売れ残ったことになる[3]。

ファッションの世界では、衣服の単価を下げるために、大量生産が求められる。その一方で流行のサイクルは速く、結果として売れ残った在庫が大量に処分される。こうした「衣服ロス」は、環境に対して破壊的であるだろう。地球環境の問題を考えるとき、私たちはファッション産業の実態に憂慮の念を抱かざるを得ない。

すでに私たちの環境意識は、二〇一一年三月一一日に起きた東日本大震災をきっかけに高まっていた。私たちは震災後、原子力発電や火力発電に頼らず、自然エネルギーを用いて生活したいと展望した。そのためには電気代を節約する必要があることも理解した。

近年になって、ヨーロッパでは気候変動問題をめぐって、「気候のための学校ストライキ」を起こしたグレタ・トゥーンベリさんの活動が関心を集めた。二〇一七年、一五歳のときに一人で学校ストライキを起こしたグレタさんの活動は、現在、国際組織や政府組織に対して、新たな環境対策を促す大きな力になっている。

加えて、二〇一八年に提出されたＩＰＣＣ（気候変動に関する政府間パネル）の特別報告書も、反響を呼んだ。この報告書によると、私たちが大きな気候変動を避けるためには、地球の温暖化を産業革命以来、一・五度以下の上昇に抑えなければならず、そのためには二酸化炭素（CO_2）排出量を二〇三〇年までに四五％削減し、二〇五〇年頃には正味ゼロにしなければならないという。それ以上に二酸化炭素を排出すると、地球は気温の臨界点を迎えて、大規模な災害に見舞われる可能性が高いという。この削減目標を達成するためには、私たちは毎年平均して、一五％の二酸化炭素排出量を減らさなければならない。しかしこれはほとんど実現不可能な問題ではないか。日本政府は現在、二〇五〇年までに温室効果ガスの排出量を実質ゼロにするという目標を掲げているものの、ＩＰＣＣが指摘する二〇三〇年問題に対しては、根本的には応じていないようである。

地球環境の問題を深刻に受けとめるとき、私たちは二〇三〇年までに、どんな消費行動をすべきなのだろうか。二〇二一年に入って、ＮＨＫのシリーズ・テレビ番組「ＮＨＫスペシャル　２０３０未来への分岐点」が話題を呼んだ（一月九日／二月七日／二月二八日放送）。第一回は「暴走する温暖化　〝脱炭素〟への挑戦」と題して、温暖化をめぐるさまざまな予測が紹介された。二一〇〇年には、東京の猛暑日が四七日間になると予想され、屋外で労働できる時間は、三〜四割減少するだろうと予測されている。もし私たちが大きな気候変動を避けることができなければ、世界経済は二〇五〇年までに、二〇％の損失を生み出すとの試算もある。長期的にみると、私たちがいま欲望消費を減らすことには経済的に合理的な理由がある。けれども私たちは、この経済合理性を真剣に受け止めていないようにみえる。このままでは地球は破局的な状況を迎えてしまうのではないか。破局に陥らないための分岐点が二〇三〇年に迫っている。二〇三〇年に向けて、私たちはいま何をすべきなのか。NHKの番組では、このような大きな問題が、とりわけ未来を担う若者たちに投げかけられた。

地球環境問題に対応するために、私たちは現在、欲望消費を抑えるように求められている。私たちは欲望を喪失することが、倫理的であるような時代を迎えている。けれども、次のように考えることもできるのではないか。すなわち、自分の欲望を抑えるのではなく、欲望の向かう先を変えて、これまでとは異なる仕方で欲望を充足しうるのではないかと。

例えば地球温暖化の影響で、牛肉やマグロの値段が高騰すれば、私たちはその代替物、例えばクリーン・ミート（培養肉）や近海でとれる小魚の食事に、新しい快楽を発見するようになるかもしれない。私たちは、自然環境と両立する欲望消費を育むことができるかもしれない。

現代人にとって、消費の根本問題とは、ますます深刻化する環境問題を受けて、代替的な快楽消費はいかにして可能か、という問いになるだろう（本書第一章を参照）。このような可能性も含めて、本書のタイトルは「ロスト欲望社会」とした。ロスト欲望社会は、欲望の喪失が倫理的である時代において、新しい消費文化はいかにして可能か、という問いを提起している。

＊

本書は、新型コロナウイルスの感染症が拡大する前から始めた企画であり、コロナ禍の消費社会については、これを直接の研究対象にはしていない。しかしこの一年間、私たちはコロナ禍で「不要不急の外出は控えるように」と求められ、消費スタイルの大きな変容を迫られてきた。この一年と数か月の間に、私たち何を失い、何を発見ないし再発見したのだろうか。最後にこの問題をめぐって、簡単に記しておきたい。

この数年間、国内のギフト市場は、全体としては拡大傾向にある一方、中元・歳暮市場の規模は、ゆるやかな縮小傾向にある。ただし二〇二〇年はコロナ禍で、国内のギフト市場は前年比で七・六％減の、九兆八、八四〇億円の見込みとなった。それでも二〇二〇年の年末には、帰省を控えるかわりに歳暮を贈るという現象がみられ、これを「帰歳暮」という新しい言葉で捉える動きがあった。[4] 人と人との接触を避けて、ネットを介して歳暮を贈る人が増えた。ギフトを送るという温かな行為が、改めて関心を集めた年でもあった。

自宅で自粛生活を送るように余儀なくされた私たちは、住まいやライフスタイルの問題にも改めて関心を向けはじめた。人との接触が減った結果、人目を惹くような衣服や化粧品などの顕示的商品は売れなくなり、代わって、家を片付けるための商品や、ゲーム・ソフト、あるいは調理器具や日曜大工用品などが売れた。こうした消費の傾向は、顕示的消費とは対照的に「巣ごもり消費」と呼ばれるようになった。巣ごもり消費は、自宅でヒマな時間をつぶすための、退屈しのぎの面もあるかもしれない。あるいはコロナ禍でマスクが不足したために、仕方なくミシンを買ってマスクを手作りした、という人もいるかもしれない。ハンドメイドの市場について言えば、二〇二〇年は「生地、布」「裁縫材料」が売れる一方で、他のアクセサリー類の需要は縮小した。[5] 人々は、アクセサリー類を身につけて外出する機会が減ったため、ハンドメイドの市場においても、顕示的消費行動の縮小がみられた。

コロナ禍で私たちは、自宅でリモートワークする機会も増えた。リモートワークが全般化すれば、人々はますます郊外の広めの住宅に関心を寄せるのではないか。実際、郊外の中古住宅市場は活気を見せており、東京の人口は転出超過となった。二〇一〇年代半ばごろから「ていねいな暮らし」という言葉が流行っているが、コロナ禍で私たちは、ていねいに暮らすことの価値をいっそう認識したと言えるかもしれない。

一方で、各種の消費者団体は、新型コロナウイルスの影響で増大した消費者被害の問題の対応に追われてきた。品不足になったマスクや消毒液は、店頭やインターネットで高値販売された。身に覚えのないマスクなどが送り付けられて、高額な料金を請求されるケースが生じた。結婚式場を解約すると、高額なキャンセル料を請求されたケースもあった。政府が雇用対策のために「特別定額給付金」の手続きを始めると、悪徳業者が行政機関名を名乗り、個人情報や銀行口座などを詐取するケースも生じた。同じような手口の情報詐取は、新型コロナウイルス感染に不安を募らせる消費者に、さまざまに仕掛けられた。こうした被害から消費者を救済すべく、各種の消費者団体は、消費者に対して情報面での啓発を続け、電話相談を受け付けてきた。

おそらくコロナ禍で、最も試練に立たされた消費者運動は「顔の見える関係」を大切にする産消提携運動であっただろう。例えば「所沢生活村」では、消費者会員はこれまで通り、配分所でマスクを着用して直接生産物を受け取ることができたが、「安全な食べ物をつくって食べる会」では、多くの会員は対面を避けるために、生産者から直接宅配で受け取る方法に切り替えた。このような非対面型の消費への移行は、もしかすると止まらないかもしれない。[6]

新型コロナウイルスの影響で、私たちは対面での接触を避けるために、外食店を利用する際にも店内での食事を避けて、持ち帰り（テイクアウト）をするようになった。その結果として、以前よりもプラスチックごみが増えている。二〇二〇年四月から一一月までに出されたプラスチック容器包装のごみ（プラスチックごみ）は、前年比で四・七％増加し、過去一〇年で最多になった。[7] こうしたごみの問題を受けて、日本政府は最近、新しい法案「プラスチック資源循環促進法案」を閣議決定した（二〇二一年三月九日）。この法案が国会で成立すれば、全国展開するコンビニなどの事業者は、提供時に「消費者に必要かどうか尋ねる／有料化する／木などの素材に代替する」などのうちのいずれかの対応を義務づけられるであろう。[8]

日本政府は二〇二〇年一〇月、菅総理が所信表明演説にて、二〇五〇年までに脱炭素社会を実現すると発表し、米国では、同年一一月の大統領選挙で新たに選出されたバイデン大統領が、パリ協定に復帰すると表明した。日米のこうした動きは、私たちの消費生活のスタイルにも、これから少なからぬ影響を与えるにちがいない。加えて二〇二〇年は、コロナの影響で世界経済が停滞し、二酸化炭素の排出量が全体として七％減ったが、[9]先に紹介したＩＰＣＣの特別報告書に依拠すれば、私たちはさらに八ポイント排出量を減らす必要があった。ほとんど不可能に近い目標ではあるが、私たちは環境倫理の観点から、欲望消費をいっそう自粛するようにと求められている。

むろん、欲望消費とは異なる新しい消費文化もしだいに成熟してきた。日本では例えば、無印良品に代表されるシンプル消費がそれである。店舗販売を主軸とする無印良品の業績は、コロナの影響で一時振るわなかったものの、二〇二〇年九月一日から一一月三〇日の期間は、黒字に転じた。[10]パジャマ、肌着、靴下などの「くらしの基本」となる商品やキッチン用品や掃除用品などの価格の見直しを行ったこと、また、テレビ番組でレトルト・カレーや菓子が紹介されたことなどが好評だったようである。無印良品の新たな販売戦略は、コロナ禍の「巣ごもり消費」需要を捉えた。

モノを徹底的に捨てる消費ミニマリズムの文化も、コロナ禍で新たな盛り上がりを見せた。例えば、フィンランドのドキュメンタリー映画『１００日間のシンプルライフ』や、断捨離をテーマとするタイの映画『ハッピー・オールド・イヤー』が、二〇二〇年一二月にそれぞれ全国公開されて話題を呼んだ。ＹｏｕＴｕｂｅで総視聴回数が二、〇〇〇万回超えたミニマリズムの動画は、ｍａｍｉ著『ものは捨てても、ワタシは「好き」を捨てられない』（インプレス）として二〇二一年一月に単行本化された。また、これはローカルな話題で恐縮であるが、北海道大学の大学生協書籍部では、ミニマリズム本のコーナーが一棚設けられている。いまやミニマリズムは、大学生の教養の一部になったのであろうか。今後の展開が見逃せない。

＊

以上、この「あとがき」では、本書の狙いとコロナ禍の消費現象について、それぞれ記してきた。最後に、本書の編集をお引き受けいただいた勁草書房の橋本晶子様に、心からお礼を申し上げたい。まだ十分に整理されていない本書の草稿を、最後まで粘り強く検討していただいただけでなく、早い段階で的確なコメントをいただき、それによって本書の水準と統一感を高めることができた。加えて、勁草書房の関戸詳子様には、まだ本企画が生煮えの段階で、企画にかかわる的確なアドバイスをいただいた。そのおかげで全体の内容にかかわる不足を大きく補うことができたように思う。執筆者を代表して、編集者のお二人に心より感謝の気持ちを表したい。

二〇二一年四月　コロナ禍の死者増大に心を痛めつつ

橋本　努

注

1 「女子大生ブーム牽引「ＪＪ」事実上の休刊」『朝日新聞』二〇二一年二月四日。
2 「ファッション誌　将来に不安、おしゃれも堅実に」『朝日新聞』二〇二〇年九月一七日生活一面。
3 http://www.fcn.co.jp/thesis/syougyoukai180910/（二〇二一年三月二〇日閲覧）。
4 https://www.yano.co.jp/press-release/show/press_id/2637（二〇二一年三月二〇日閲覧）。
5 https://ecdatalab.nint.jp/2020/11/09/handmade/（二〇二一年三月二〇日閲覧）。

6　本書第五章執筆の根本志保子による聞き取り調査に基づく。
7　「プラごみ：家庭プラごみ急増　巣ごもりテークアウトや宅配拡大　政令市平均、６月は15%増　リサイクル現場の負担、懸念」『毎日新聞』二〇二〇年一二月二二日西部朝刊二四頁。
8　「使い捨てプラ製品「有料化」や「代替素材」義務づけへ」『朝日新聞』二〇二一年三月一〇日朝刊三頁。
9　「ＣＯ２世界排出、コロナ下７％減、今年見通し」『日本経済新聞』二〇二〇年一二月一二日朝刊五頁。
10　株式会社良品計画「四半期報告書」参照。
https://ssl4.eir-parts.net/doc/7453/yuho_pdf/S100KI56/00.pdf（二〇二〇年三月二一日閲覧）。

＊本書はＪＳＰＳ科研費ＪＰ１７Ｋ０３６５０およびＪＰ２０Ｋ０２０８５の助成を受けたものである。加えて第５章はＪＰ１８Ｋ１１７６０、第６章はＪＰ２０Ｋ０１５７８およびＪＰ１９Ｋ２３１７４の助成をそれぞれ受けたものである。

人名索引

た　行

な　行

は　行

事項索引

商品・サービスを考える』（開成出版、2019)、執筆に「消費者政策における消費者団体の役割と有用性」『現代消費者法』45号ほか。

根本志保子（第5章）
2004年一橋大学大学院経済学研究科博士後期課程修了、博士（経済学)。現在、日本大学経済学部教授。執筆に「消費——消費者は環境に責任があるのか」『現代の経済思想』（橋本努編、勁草書房､2014）ほか。

斉藤　尚（第6章）
2013年早稲田大学大学院政治学研究科博士後期課程修了、博士（政治学)。現在、北海道大学大学院経済学研究院准教授。主著に、『社会的合意と時間』（木鐸社、2017）ほか。

鈴木康治（第7章）
2005年早稲田大学大学院社会科学研究科博士後期課程修了、博士（学術)。現在、第一工科大学工学部情報電子システム工学科准教授。主著に、『経済人類学入門』（作品社、2020）執筆に、『経済社会学キーワード集』（経済社会学会編、ミネルヴァ書房、2015）ほか。

執筆者一覧

橋本　努（序章、第8章）

奥付参照

畑山要介（第1章）

2014年早稲田大学大学院文学研究科博士後期課程修了、博士（文学）。現在、豊橋技術科学大学総合教育院講師。主著に『倫理的市場の経済社会学』（学文社、2016）ほか。

小田和正（第2章）

2020年北海道大学大学院経済学研究科博士後期課程修了、博士（経済学）。現在、北海道大学大学院経済学研究院、専門研究員。主論文に「Reiner Keller の知識社会学的言説分析――社会学的知識分析の新たな展開に向けて」『社会学評論』（日本社会学会、71（4）：688-703、2021）、「社会学的時代診断学の基本構図と諸機能――K. Mannheim による構想を起点として」『ソシオロジ』（社会学研究会、64（3）：39-57、2020）、「ホーリズムとしての知識社会学――知識社会学の根本問題の解決に向けて」『現代社会学理論研究』（日本社会学理論学会、14：83-95、2020）。

神野由紀（第3章）

1993年筑波大学大学院芸術学研究科修了。現在、関東学院大学人間共生学部教授。主著に『趣味の誕生』（勁草書房、1994）、『百貨店で〈趣味〉を買う』（吉川弘文館、2015）、編著に『趣味とジェンダー　〈手づくり〉と〈自作〉の近代』（青弓社、2020）ほか。

丸山千賀子（第4章）

2000年奈良女子大学大学院人間文化研究科修了、博士（学術）。現在、金城学院大学生活環境学部教授。主著に『消費者問題の変遷と消費者運動　消費者政策の基礎』（開成出版、2015）、『消費者志向経営　企業と

編著者略歴

1967年生。1996年東京大学大学院総合文化研究科相関社会科学専攻博士課程単位取得満期退学、1999年学術博士。

現　在　北海道大学大学院経済学研究院教授

著　書　『社会科学の人間学』(勁草書房、1999)、『ロスト近代』(弘文堂、2012)、『現代の経済思想』(編著、勁草書房、2014)、『ナッジ!?』(共編著、勁草書房、2020)、『自由原理　来るべき福祉国家の理念』(岩波書店、2021) ほか。

ロスト欲望社会

消費社会の倫理と文化はどこへ向かうのか

2021年6月25日　第1版第1刷発行
2021年11月10日　第1版第2刷発行

編著者　橋《はし》本《もと》　努《つとむ》

発行者　井村寿人

発行所　株式会社　勁《けい》草《そう》書房

112-0005 東京都文京区水道2-1-1　振替 00150-2-175253
(編集) 電話 03-3815-5277／FAX 03-3814-6968
(営業) 電話 03-3814-6861／FAX 03-3814-6854
堀内印刷所・松岳社

©HASHIMOTO Tsutomu　2021

ISBN978-4-326-60338-1　Printed in Japan

JCOPY <出版者著作権管理機構 委託出版物>
本書の無断複製は著作権法上での例外を除き禁じられています。
複製される場合は、そのつど事前に、出版者著作権管理機構
(電話 03-5244-5088、FAX 03-5244-5089、e-mail: info@jcopy.or.jp)
の許諾を得てください。

＊落丁本・乱丁本はお取替いたします。

https://www.keisoshobo.co.jp

G・P・オドリスコル Jr.
M・J・リッツォ
橋本努・井上匡子・橋本千津子訳
時間と無知の経済学
ネオ・オーストリア学派宣言
A5判 四四〇〇円 50158-8

吉野裕介
ハイエクの経済思想
自由な社会の未来像
A5判 三五二〇円 10232-7

橋本努編
現代の経済思想
A5判 六〇五〇円 50402-2

A・セン
大庭健・川本隆史訳
合理的な愚か者
経済学=倫理学的探究
四六判 三三〇〇円 15217-9

A・セン
志田基与師監訳
集合的選択と社会的厚生
A5判 三三〇〇円 50186-1

M・モース
有地亨訳
贈与論［新装版］
A5判 四一八〇円 60212-4

那須耕介・橋本努編著
ナッジ!?
自由でおせっかいなリバタリアン・パターナリズム
四六判 二七五〇円 55084-5

G・ミラー
片岡宏仁訳
消費資本主義!
見せびらかしの進化心理学
四六判 三八五〇円 29925-6

＊表示価格は二〇二一年一一月現在。消費税は含まれております。

勁草書房刊